集英社文庫

プラハの春

上

春江一也

集英社版

プラハの春 ㊤

目次

下　目次

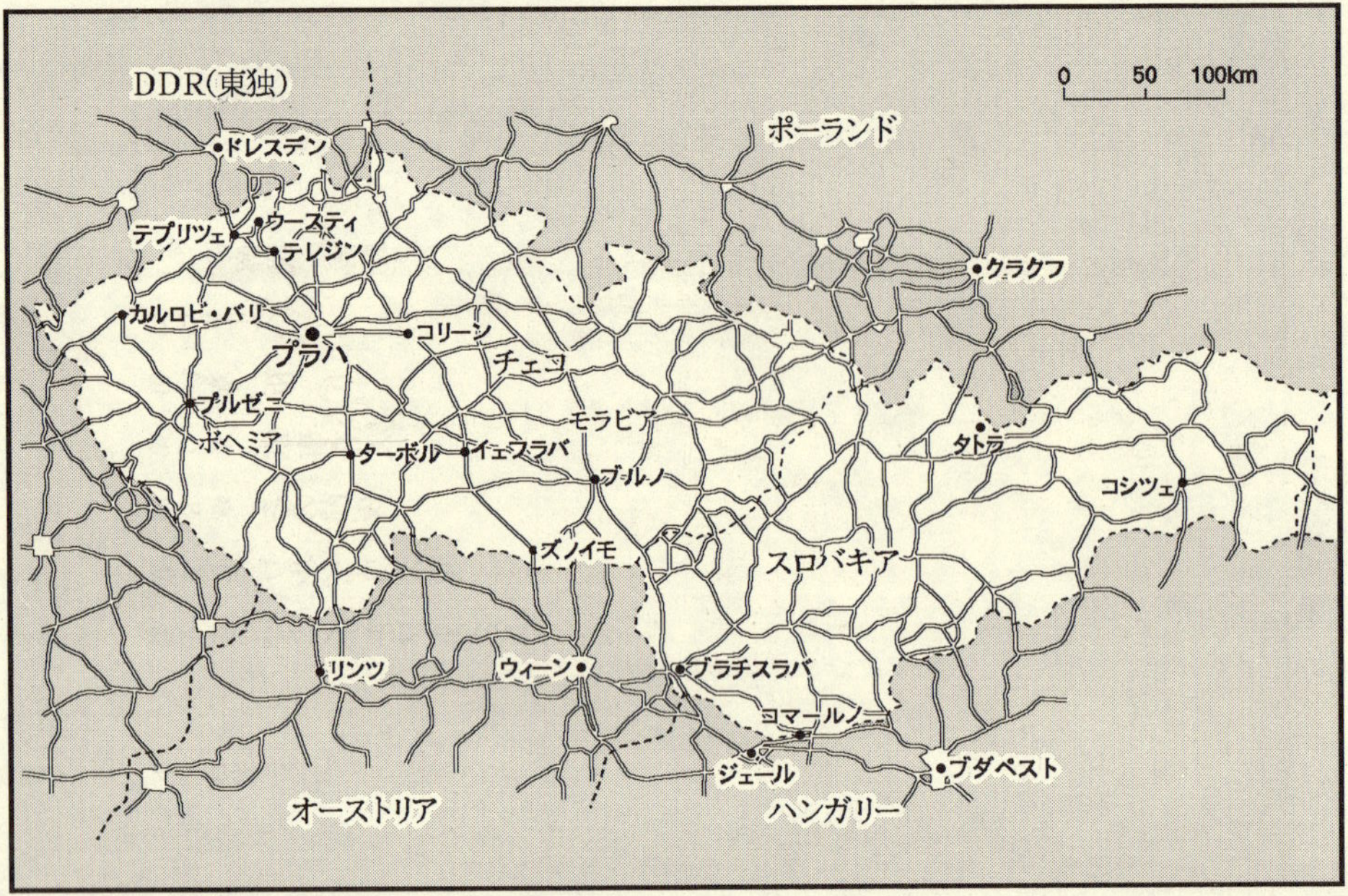
DDR(東独)
ポーランド
0 50 100km
ドレスデン
テプリツェ
ウースティ
テレジン
クラクフ
カルロビ・バリ
プラハ
コリーン
チェコ
プルゼニ
モラビア
ボヘミア
ターボル
イェフラバ
ブルノ
タトラ
コシツェ
ズノイモ
スロバキア
リンツ
ウィーン
ブラチスラバ
コマールノ
ジェール
ブダペスト
オーストリア
ハンガリー

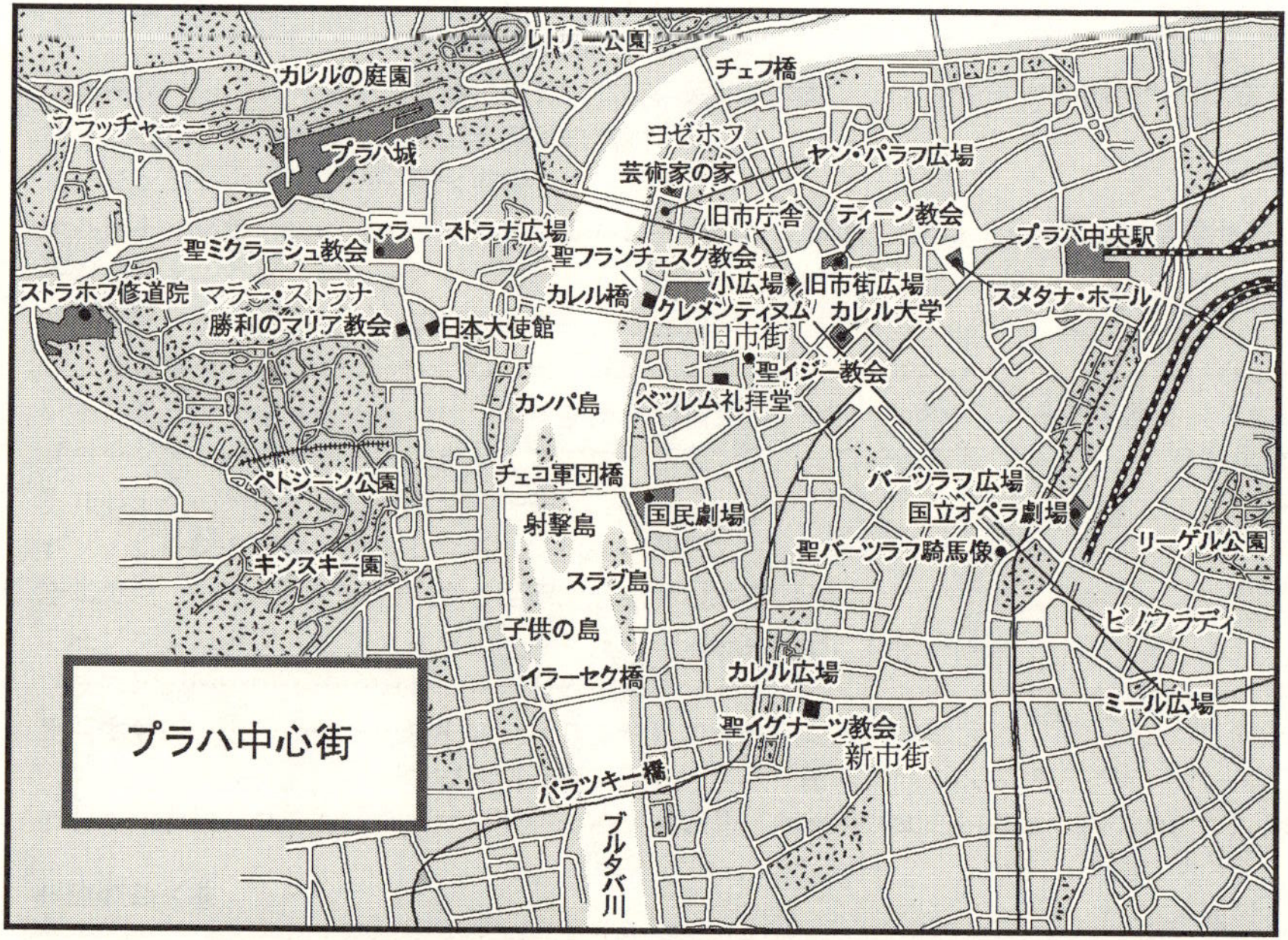
プラハ中心街
レトノー公園
カレルの庭園
チェフ橋
フラッチャニー
プラハ城
ヨゼホフ
芸術家の家
ヤン・パラフ広場
旧市庁舎
ティーン教会
マラー・ストラナ広場
聖ミクラーシュ教会
プラハ中央駅
聖フランチェスク教会
小広場
旧市街広場
カレル橋
クレメンティヌム
カレル大学
ストラホフ修道院
マラー・ストラナ
スメタナ・ホール
勝利のマリア教会
日本大使館
旧市街
聖イジー教会
カンパ島
ベツレム礼拝堂
ペトジーン公園
チェコ軍団橋
バーツラフ広場
国民劇場
国立オペラ劇場
射撃島
聖バーツラフ騎馬像
リーゲル公園
キンスキー園
スラブ島
ビノフラディ
子供の島
カレル広場
イラーセク橋
ミール広場
聖イグナーツ教会
新市街
パラツキー橋
ブルタバ川

主要登場人物

カテリーナ・グレーベ……カレル大学ドイツ語講師。元ドイツ社会主義統一党（SED）党員。DDR（ドイツ民主共和国）市民にして反体制活動家
堀江亮介……在チェコスロバキア日本大使館・二等書記官
シルビア……カテリーナの一人娘
ハインリッヒ・シュテンツエル……カレル大学文学部講師、言語学者
稲村嘉弘……亮介の同僚、大使館二等書記官
ヤン・パラフ……カレル大学文学部学生
モニカ……同女子学生
ユルゲン・マイヤー……在プラハDDR大使館公使、実は治安機関「シタージ」の出先責任者
ラインハルト・シュナイダー……カテリーナと離別した夫、「シタージ」中央作戦参謀局長
ウィルヘルム・ベーナー……「シタージ」第一次官
ユルゲン・ヘス中佐……DDR秘密特務機関要員
イジー・ペリカン……プラハ国営放送総裁
ドゥプチェク……チェコスロバキア共産党第一書記、「プラハの春」改革運動を指導
スボボダ……同大統領
ブレジネフ……ソ連共産党書記長
フサーク……ソ連に協力した保守派共産党員。ドゥプチェクを追放して党第一書記となり改革運動を弾圧した

一九六八年、「プラハの春」から八月にかけて、忘れ得ない日々をともにしたチェコスロバキアの人々を追憶し……、また人生の苦境と試練のとき励ましてくださった多くの方々に感謝し……、そしてE・Gに捧げる。

プロローグ

桜の季節が過ぎてまもない、暖かい夕暮れだった。都内永田町の総理大臣官邸正門に、黒塗りの乗用車が次々と吸い込まれるように到着していた。

一九九二年（平成四年）四月二十四日夕刻のことである。車から降り立つ人々は、国賓としてて日本を訪れていたハベル・チェコスロバキア共和国大統領夫妻のため、宮澤《みやざわ》首相夫妻が催す公式晩餐会《ばんさんかい》に招待された客だった。その招待客のひとり、堀江亮介《ほりえりょうすけ》は、平河町の事務所から歩いて総理大臣官邸に向かった。亮介は民間の国際交流活動を支援する団体に、外務省から派遣され部長職にあった。といっても職員三十人ほどの小さな公益法人で、自家用車などなくハイヤーを用意する身分でもなかった。それに官邸まで歩いても十分とかからない距離でもあったのだ。

十日ほど前、堀江亮介は、毛筆で宛名《あてな》が書かれたハベル大統領歓迎晩餐会への招待状を受け取った。突然だった。差出人は内閣総理大臣宮澤喜一《きいち》とその夫人。亮介はけげんに思った。招待される理由がよくわからなかったからだ。派遣されていた団体で、亮介はチェコスロバキアにかかわる仕事をしていなかった。

昔、チェコスロバキアの首都プラハの日本大使館に在勤し、帰国後、本省欧亜局東欧第二課に配置されチェコスロバキアを担当したことはあった。それはもう二十年以上も昔、世界が東西に二分され、米国とソ連を軸に対立していた冷戦の緊張がふと緩み、冷たい北風がかすかな春風とせめぎ合っていた微妙な時代のことであった。

晩餐会に招待されたのは、外務省が所管する団体を代表する職員ということで、たまたま順番だったのであろう。亮介はそう考えた。

招待状に平服とあったのが幸いだった。ずっと昔、西ベルリンで買って大事にしていたモヘヤの紺のスーツ、この日のために高島屋で特別に誂《あつら》えた仕立ておろしの白いワイシャツ、クリスチャン・ディオールのネクタイ。精一杯のおしゃれをしたつもりだった。だが、身に着けているもののうち一つだけ、晩餐会にふさわしいものがあった。プラハで贈り物にもらったモーゼル・ガラス製のカフスボタンだ。

一九六七年三月、二十五年前になる。このカフスボタンを贈り物にもらうきっかけとなったためぐり逢《あ》い。かかわりの不思議と思いもかけない展開だった……。あの日々の記憶は薄らぐどころか、思い出すたびに、生々しくよみがえった。

気がつくと、亮介は自民党本部の前を通り過ぎていた。参議院議員会館の角を右折し、国会議事堂裏の広い通りに出た。道路の両側に続く街路灯のポールに、赤、白、青三色のチェコスロバキア国旗と日の丸がはためいている。国賓を迎える儀礼なのだ。総理大臣官邸のすぐ近くまで来ていた。夕暮れの青い空気に霞《かすみ》がかかっているように見えた。

亮介は総理大臣官邸の大広間に立っていた。手にしたアペリティフのグラスがなじまず落ち着かなかった。談笑する人々で賑《にぎ》やかだ。何人かの元首相、閣僚、国会議員、財界人、学者、ジャーナリスト、音楽家、スポーツ関係者など、テレビや新聞、雑誌でよく見かける顔ぶれがほとんどであった。気後れしたわけではない。しかし、場違いなところへ迷い込んだ当惑が亮介をぎごちなくしていた。

「やあ、堀江君、しばらくだね。元気?」

快活な声に亮介はわれに返った。滝沢久雄外務省欧亜局長だ。滝沢には要職につく人が持つ特有の貫禄《かんろく》がある。しかし、人懐っこい童顔と相対する人の心を包み込むような話しぶりは、昔のままである。

「ご無沙汰《ぶさた》しております。元気でおります。局長のご活躍を陰ながら嬉《うれ》しく思っておりました」

亮介は話しかけられたのが本当に嬉しかった。この人は要職についても変貌《へんぼう》することがなかった。旧知のつもりで挨拶《あいさつ》しても、よそよそしくそっけない態度をとる人が少なくなかった。余計なことをしたのかなと気まずい思いをした。仕方がないことかもしれない。課長、参事官、審議官、局長と官僚の階段を上るにつれ、要職につく人は背負った責任の重さに絶えず緊張を強《し》いられるのだろう。

しかしこの人はそうではなかった。省内のエレベーターに偶然乗り合わせても、言葉をかけてくれる。新聞記者に取り囲まれているとき、いや、どこかの国の高官か大使らしい人物と一緒のときも、気がつくと、ほんの一瞬だが視線を合わせてくれた。

「ありがとう。今日は君に会えると思ってたよ。なんといっても、今夜の晩餐会の隠れた主役なんだから」

　童顔が微笑《ほほえ》んだ。

「何でしょうか？　お言葉の意味がよくわかりません。実は、なぜわたくしが総理のお招きを受けることになったのか、よくわからないのです」

「まだ知らなかったの？　東欧課長は何も説明していないの？　じゃあ、まだ黙っていたほうがいいのかな」

　その話しぶりは、仕掛けたいたずらを楽しむ少年のようだった。

　セピア色に変色した古い写真のような光景が亮介の脳裏をかすめた。もう三十年ほど昔になるのだろうか。東京の茗荷谷《みょうがだに》の外務省研修所で、この若き日の局長と合同研修やソフトボール大会で顔を合わせたことがあった。外務省に採用された喜びと誇り、採用試験の種類は違っていても、希望に燃える若者たちだった。お互いにまだ官僚の体臭を身に着けていなかった。

「こんばんは」

　張りのある声がした。平野信貴東欧課長がそこにいた。

「おう、ごくろうさん。うまく行っているようだね」

　局長はねぎらいの言葉をかけた。

「大統領一行は順調に日程をこなしています」

　平野東欧課長が局長に報告した。

「お忙しそうですね。招待リストに加えていただいて光栄です」

亮介は課長に礼を述べた。

「堀江さん、実は、ちょっとした仕掛けがありましてね。総理が読まれる歓迎スピーチに、あのチェコ事件を報告された堀江書記官の公電が引用されているのです」

課長が切り出したのを、待ち構えたように局長が引き取った。

「わかった？　招待された理由が。説明させてもらうとこうなんだ。ハベル大統領が文人大統領であり、著名な劇作家ということもあってね。紋切り型のスピーチでなく、少し工夫しようとわたしが言い出したんだ。君のあのときの公電を思い出したんだよ。探してもらって読み返したんだが、やっぱりよい。よしこれで行こうということになったんだ。いろいろ意見はあったけど、結局、引用させてもらうことになった」

局長の説明を聞きながら、亮介は複雑な心境だった。喜ぶべきことなのであろうが、気恥ずかしさに言葉がなかった。遠い日の偶然の手柄を突然ほめられる戸惑いだった。

「そうだったのですか。何と申し上げればよいのか……」

亮介は口ごもるばかりであった。局長と課長に挨拶する人々があいつぎ、会話がとぎれたのをきっかけに亮介は一歩さがった。

今頃《いまごろ》になって、あの公電が話題になる運命、いや、めぐりあわせの不思議を思った。たしかに歴史的事件の現場で目撃し、経験したことを報告する公電を多数打電した。総理のスピーチに、どの公電が引用されるのだろうか。

一九六八年八月二十一日未明、ソ連軍に制圧されるプラハの光景が生々しく記憶によみがえった。亮介は、息苦しくなるのをなだめるように、ドライシェリーを飲み干した。

ホールの人々が動き出した。百人になろうかと思われる招待客は、控えの間から大食堂に向かい、その入り口でハベル大統領夫妻に挨拶する手はずになっていた。行列ができていた。外務省の儀典官が肩書きと氏名を読み上げ、ひとりずつ進み出て国賓夫妻と挨拶の握手をするのだ。亮介は列の最後に並んだ。

見ると、大統領夫妻の後ろに代表団の主だったメンバーが並び、にこやかなチャスラフスカ女史の姿もあった。鶯色《うぐいすいろ》のスーツと白いブラウスに真珠のイヤリングとネックレスという地味な服装だった。だが東京オリンピックの花といわれた女子体操のゴールドメダリストだ。華《はな》やかな往時の面影はそのままだった。しかも風格とともになにかしら威厳が加わっていた。年配の婦人にふさわしく少し太ってもいた。それは闘士の重み、貫禄でもあった。「プラハの春」の改革運動にかかわったため、厳しい弾圧と迫害を受けながらも志を曲げず、自由と民主主義、そして人権のため、二十年以上の歳月を闘い抜いたのだ。

一九八九年、スターリン主義的な共産党の一党独裁が自壊していく過程で進行した「静かな革命」あるいは「ビロード革命」は静かなことこの上なく、ビロードのようになめらかに展開した反共・民主革命だった。そして「ハベルをフラッチャニー（大統領府であるプラハ城）へ」を合言葉に、市民の圧倒的な支持を受けた良心の反体制活動家バーツラフ・ハベルが大統領に選出された。その新政権のもとで、チャスラフスカ女史は大統領顧問に抜擢《ばってき》され、側近として訪日代表団に加わっていたのである。

行列は進んだ。大統領夫妻は招待客ひとりひとりと丁寧に握手を繰り返した。亮介の順番になった。職名と氏名が呼ばれ、進み出た。少し緊張していた。差し出された大統領の手は温かかった。そして、意外に逞《たくま》しい労働者の手の感触があった。握手をしながらじっと見つめた。五十六歳の働き盛り、長身の大統領の目は鋭く、闘い抜いた者の厳しさがある。かたわらにたたずむ、白いダリアの花のように大柄なオルガ夫人が微笑みとともに差し出した握手の手を受け、亮介はひとしおの感慨を覚えた。

「プラハの春」が冬の季節に転じた苦難の日々、獄中にあった病弱の夫を絶対の愛情で支えたのはこの人だったのか……。

大食堂に入ると、管弦楽団がドボルザークの『ユーモレスク』を演奏していた。軽快なメロディが華やかな雰囲気を盛り上げていた。亮介は席に着いて左右の客に挨拶し、名刺を交換した。著名な大学教授と官邸詰めの新聞記者だった。歓迎の拍手がわき上がった。宮澤首相夫妻に先導され、ハベル大統領夫妻が入場し、メインテーブルに着いたのだ。

食事のサービスが始まった。まずスープが出た。招待客それぞれに置かれたメニューを見ると「コンソメスープ・野菜入りシェリー酒風味」とあった。ワインは「シャルルマーニュ・一九八六年」、よく吟味された辛口のフランスワインだ。末席に座る亮介は、メインテーブルを見ることはできなかったが、食堂全体の歓談のざわめきに、首相夫妻と国賓夫妻のうっとけた雰囲気が感じられた。

スプーンを口に運びながら亮介は落ち着かなかった。

一九六八年八月二十一日未明に耳にした、けものじみた呻《うめ》きの谺《こだま》は何だったのだろう。プラハの街を包み込んでいた異様な物音、いや叫び声が耳の底に響き始めていた。あれは「プラハの春」が絞め殺される呻きだった。あの日以来の持病である神経性不整脈が起こる前兆だった。不整脈をやりすごすために、息を殺して忌まわしい記憶がよみがえるのを抑えようとしていた。

雅楽を編曲したものと思われる曲が流れ、魚の料理が出た。さわらの照り焼きだ。一流シェフの味がした。亮介は料理を楽しみワインを味わい、両隣の客と歓談するという晩餐会のマナーに従おうとしながら、いまひとつ身が入らなかった。晩餐会は順調に進み、バックグラウンド・ミュージックが楽しげなスラブ舞曲風のメロディに変わった。給仕人が主菜の子羊肉のローストの盆を差し出すのを受けて、亮介は、肉二切れと添え物の野菜を少々皿に取った。入れ替わりに別の給仕人がグラスに赤ワインを注いだ。血の色に見えた。心臓を抉《えぐ》るような記憶が脳裏をかすめ、動悸《どうき》が乱れた。

断続的に銃声がし、群衆が逃げ惑った。また銃声がした。抱きとめようと広げた腕に、甘えるように倒れ込んできた白いブラウスが、みるみる血に染まり、抱きとめた柔らかい肉体が物体に変わっていった。支えきれない重さになった。いきなり背骨をたたき折られたような衝撃だった。亮介は息がつけなかった。一瞬のうちに収縮しきって、潰《つぶ》れそうになった肺からほとばしったのは悲鳴だった。亮介は絶叫していた。

「撃《う》たれた。救急車を、救急車を！」

狂ったように絶叫していた。たちこめる硝煙と銃声、群衆の怒号と悲鳴、大地を揺るがせ疾走する戦車の轟音《ごうおん》と排気ガス、救急車のサイレンと血のにおい……。

急に静かになった。宮澤首相のスピーチが始まろうとしていた。亮介は息を詰めて耳を傾けた。地鳴りは耳の底から消えていた。首相は淡々とした調子で歓迎晩餐会を催す喜びを述べた後、力強くハベル大統領に呼びかけた。

大統領閣下！

わたくしは冒頭に一通の外務省の公電をご紹介したいと思います。一九六八年八月二十一日の未明、突如襲来したワルシャワ条約軍の戦車にプラハの街は席巻されました。二十二日十三時四十三分にプラハで発電されたこの電報は、在プラハ日本大使館のある若い書記官の報告を伝えるものです。

この書記官は、侵略者に抵抗する学生たちのリーダーに対し、「わたしは、少しでも多くのことを正しく知り、少しでも多くの人々に語り伝えよう。わたしはきみたちの悲しみを死んでも忘れないよ」と約束したと報告しています。

彼の見たプラハにどんなだったのでしょう。

「静かな美しいプラハの市街は、一夜にして硝煙と戦車の走る轟音と学生のシュプレヒコールに包まれてしまった。いつも微笑みを忘れなかったドゥプチェクはどこへ行ったのか。チェコスロバキアは自らの統制力を失った。変わらないのは、ブルタバの静かな流れのみである」と、彼は東京に報告しています……。

第1章　ブルタバの流れ

国境

一九六七年、早春。雨模様の空は、ますます暗く低くなった。墨を水に溶いたようにまだらな雨雲だった。遅い朝食の後、ウィーンのホテルを出発したとき、まだ幾分明るかった空は、オーストリアとチェコスロバキアの国境が近くなるにつれ、強い風とともにとうとう雨になってしまった。

堀江亮介は、速度を落とし運転するフォルクスワーゲンが横風を受け、ハンドルを取られそうになるのを感じ、ワイパーのスイッチを入れた。

ウィーン郊外北西方約三十キロの町、シュトッケラウからE84号道路を北上、ホラブルーンの町並みを過ぎたところだった。雨になってしまった復活祭の月曜日、町は人影もまばらで、行き交う車も少なかった。

イェツェルドルフから小さな村を幾つか走り抜け、オーストリア側国境の町クラインハウグスドルフまで六キロ余りの間、道路は次第に勾配《こうばい》を強め、やがて左右に葡萄《ぶどう》の段々畑が広がった。つづら折りの坂道を登り詰めると、そこは標高差約百メートル余り、チェコ・モラビア高地の国境地帯である。

亮介は、この道をクーリエという任務で少なくとも十回は往復していた。それだけに走り慣れた道路であったが、国境にさしかかるといつも緊張した。クーリエとは外交文書を運ぶ仕事のことであり、外交伝書使ともいう。

堀江亮介、在チェコスロバキア日本国大使館二等書記官、二十七歳。一九六二年外務省入省、外務事務官、経済局勤務のあと一九六五年九月以来、プラハの日本大使館に勤務する大使館員のかけだしだった。それだから亮介がクーリエという任務を果たさなければならなかったのだ。

初めての在外勤務で張り切っていた。外交官という任務に与えられた名誉と特権、その責任の重さをかみしめながらも夢多い若者には違いなく、好奇心のかたまりだった。クラシック音楽と絵が大好きで、性格は神経質なところもあったが、どちらかといえば明るく陽性で行動的だった。悲劇のオペラを見て涙を流す一面もあった。それに議論好きであり理屈っぽいところもあった。

初めて経験する共産党支配体制下の社会で、なにかと自由を制約される外交官生活だったが、ノイローゼになることもなくプラハの暮らしを楽しんでいた。

そんな亮介でも、クーリエは重苦しい公務の一つだった。

ウィーンの日本大使館まで館員が交替で定期的に往復した。「パウチ」と呼ばれる東京の外務本省あて外交行嚢《こうのう》を送り届け、同じく本省から送られてくる大使館あてパウチを持ち帰るのだ。パウチは安全上、西側諸国にある日本大使館を経由し発受されていた。したがってクーリエという任務は、かなり緊張を強《し》いられる仕事であった。外交文書を狙《ねら》う謀略やスパイ工作の危険を想定し、行動しなければならなかったからだ。

社会主義国であるチェコスロバキアの国境を越えるとき、ものものしい国境警備のせいで圧迫感はいっそう重くのしかかるのがいつものことだった。

だが、今日はウィーンで休暇を過ごした帰りだった。パウチを持っていなかった。気楽だった。服装もラフな格好をしていた。リーバイスのジーンズに、黒のハイネックセーターはカシミヤだった。そしてパステルブラウン色のバーバリー・ブルゾン、踝《くるぶし》まである黒のブーツをはいていた。程よい痩《や》せ身によく似合い、本人も気に入っていた。

亮介が幾分贅沢《ぜいたく》なものを身に着けるようになったのは、安物を幾つも持つのではなく上等な品を一つ持てと、先輩に教えられたためだ。あこがれていた先輩の真似《まね》をした。外務省に入ってから、研修所の指導官や所属課の先輩たちに、必須語学としての英語はもちろん、フランス語やドイツ語など第二外国語をはじめ、外国政府や大使館にあてる口上書という公文書の起案、それに公電や公信の書き方など実務を厳しく鍛えられた。明治の外交官から受け継いだ気骨と上品さを漂わせる先輩たちが、まだ少なくなかった。教えられたのは実務だけではなかった。礼儀作法も仕込まれた。テーブルマナーや酒の飲み方はもちろん、ブリッジ、社交ダンスやレディをエスコートするエチケットまで教わった。亮介が同年代の若者に比べ、身のこなしが少し違う理由のひとつだろう。

坂を上り詰めると、あたりは薄いガスがかかっていた。ワイパーが雨水をはねのけたフロントガラスの前方に「国境まで三キロ」の標識が見えた。最後のカーブを曲がると直線道路。チェコ側国境警備隊の監視塔が雨に煙っていた。

「国境・制限速度時速五キロ」、亮介は徐行し停止ラインに車を止めた。

オーストリア側国境検問所は、雨の中でひっそりしていた。出国する車は、亮介のフォルクスワーゲンだけだった。エンジンを止めると雨の音が急に大きくなった。フロントガラスに雨水が流れ、風で車が小さく揺れた。パスポートと車検証が入ったバッグを抱えて飛び出すと、冷たい雨風に亮介は思わず身震いした。ウィーンで過ごしたイースターの休暇中、好天と暖かい陽気に恵まれたのが嘘《うそ》のようであった。国境検問所とはいえ、検査場は何の設備もなく、亮介は小さな事務所まで雨の中を十メートルほど走らなければならなかった。

事務所のドアを開けると、カウンター越しに顔見知りの初老の係官が、いつものように人のよさそうな微笑《ほほえ》みを亮介に向けた。

「グリュス・ゴット（こんにちは）。ひどい雨になったね」

暇をもてあましているのか興味を持ってなのか、日本のことを話題にしたがる人であった。鳶色《とびいろ》の制服が太めの腹を窮屈そうに包んでいた。

「本当にひどい天気になってしまった。この雨の中をプラハまでじゃ、気が重いよ」

亮介はポケットからハンカチを出し、濡《ぬ》れた髪を拭《ふ》いた。室内は暖かく心地よかった。コーヒーの香ばしいにおいがたちこめ、若い係官がマグカップを片手に新聞を読んでいる。カウンターの花瓶には、卵の殻に色とりどりの模様を描いた復活祭の卵をつるした小枝がさしてあった。

「きれいだろう。うちの孫が作ったんだ。日本でも復活祭に卵を飾る習慣があるのかね」

カウンターをはさんで向かい合った係官が、おやっ！　という顔をしておどけた。

「今日は、例のものがないね。まさか忘れてきたんじゃなかろうね」

亮介がいつもなら抱えている黒いアタッシェケースのことだった。

「休暇なんだよ。休暇にまで、あれにつきまとわれちゃかなわない」

亮介は笑った。

「そりゃそうだ」

係官は血色のいい丸顔をますます丸くして笑った。屈託のない生活を楽しむ証《あかし》でもあった。受け取ったパスポートを持って机に戻った係官は、慣れた手つきでスタンプを押しながら聞いた。

「チロルあたりまで行ったのかね」

「いや、ウィーンだよ。四日いて、昼は美術館、博物館を歩き回り、夜はオペラに通ってた。カルメン、ラ・ボエーム、マダム・バタフライ。最高だった」

亮介は、念願の本場オペラの素晴らしさを心ゆくまで味わったのだった。オペラファンの亮介が六カ月も前から狙っていた特別シリーズ・プログラムであり、ウィーン大使館の知人に頼んで、大枚九百シリング（一九六五年当時、本省勤務俸給の半月分に近い金額だった）を支払い、やっと手に入れた切符であった。楽しみにしていたイースター休暇の、メーンイベントだった。

「それはよかった。ところで今日は朝からチェコへ入った車は十一台だ。お若いの、あんたが十二台目というわけさ。雨で道路が滑りやすいから運転に気をつけて」

親切な言葉とともに、係官が亮介にパスポートを返した。

「ダンケ（ありがとう）」

受け取ったパスポートのページには「出国」のスタンプがあり、一九六七年三月二十七日の日付があった。

「グーテ・ライゼ（よい旅を）」

係官の別れの言葉を背に、事務所のドアを開けた亮介は、雨の音に紛れて誰《だれ》かの声を聞いたような気がした。遠い声だった。そしてなにかしら浮き立つような気分を感じた。

雨の中を駆け抜けて車に戻った。エンジンをスタートさせた。雨が霙《みぞれ》まじりになっていた。遮断機のバーが上がり、信号ランプが赤から青に変わった。亮介は徐行し、国境線を越えた。今度はチェコ側の信号が青になり、ダンプトラックが激突しても壊れそうにない、高さ一・五メートルほどの鋼鉄製電動扉が重々しく開いた。そばの監視塔から自動小銃を構えた警備兵が見下ろしていた。

（入ったら出られなくなるのではないか）

入国しようとする旅行者が、ものものしい雰囲気に、独特の緊張と不安を覚える瞬間である。屋根つきの広い検査場に入ると、フォルクスワーゲンの空冷エンジンが、特有の乾いた爆音を響かせた。

外交官ナンバーを見た国境警備隊の兵士が手招きし、停止位置を示した。冷たい尖《とが》った目をしている。いつものように一般とは別の外交官専用駐車位置であった。すぐそばの国境警備隊庁舎から将校が出てきた。亮介はエンジンを止め、窓を開けた。

将校が挙手の敬礼をした。細い顔に長身だった。

「ドブリィ・デン（こんにちは）」

「ドブリィ・デン」

亮介もチェコ語で応《こた》え、パスポート、外交官身分証明書、車検証、自動車保険書類を手渡した。将校は愛想笑いを浮かべて受け取ったが目は笑っていなかった。鋭い目つきで車内を一瞥《いちべつ》すると、将校は建物の中へ戻った。犬を連れた警備兵がいた。構内では、チェコから出国するオーストリア・ウィーンナンバーのベンツが一台、検査を受けていた。税関の係官がトランクルームに上半身を差し込むように荷物を調べるのを、中年の男がうんざりした顔つきで見守っていた。

構内の北側、高い金網のフェンス越しに、靄《もや》にかすむモラビア高地の丘陵が広がっていた。遮《さえぎ》るものがない草原は、不法越境を防ぐ無人地帯であり、国境線に沿って鉄条網が張りめぐらされ、要所に立つ監視塔から警備兵が昼夜二十四時間、監視していた。それどころか国境地帯の一部には、対人地雷が仕掛けられていた。

国境のすぐそばまで手入れが行き届いた葡萄畑や耕地が広がり、「国境」という標識しかない開放的なオーストリア側国境に比べ、チェコ側国境地帯の風景は威嚇的《いかくてき》で非人間的な緊張を漂わせていた。実際、国境地帯でチェコ人が不法越境しようとして射殺されたとか、迷い込んだ野鹿《のじか》の群れが地雷に触れて死んだのが目撃されたというニュースが、オーストリア側でときおり報道された。もちろんこのような事件について、チェコ国内で報道されることは少なかった。

チェコスロバキア社会主義共和国、中欧の小さな国である。正確にはチェコとスロバキアの二つの国に分かれる。人口千六百万、面積十二万七千平方キロ。日本の約三分の一だ。

何よりも音楽と文学の国であり、芸術の国だった。繊細で優美なカットグラスは世界一だ。また重・精密機械工業も盛んだった。高性能小型航空機や「シュコダ」という小型乗用車を独自に生産していることはあまり知られていない。そしてピルゼンビールに代表される醸造技術はヨーロッパ屈指であり、白ワインも良質だった。

チェコスロバキアは本来、オーストリアをしのぐ実力を持つ国だった。歴史的にもハプスブルク帝国の中核をなしていた。そして神聖ローマ帝国の首都であったプラハは、ウィーンより由緒のある都会だった。

第一次世界大戦後一九一八年、ハプスブルク帝国三百年のくびきを脱し、チェコスロバキアはようやく自由と独立を手にした。しかしわずか二十年後、一九三八年、チェコスロバキアはナチス・ドイツの野望に屈した。大国の独善と傲慢《ごうまん》そのものであった。ミュンヘン協定に引き裂かれ、分解消滅しなければならなかったのだ。同盟国の英国とフランスが、ヒトラーの恫喝《どうかつ》に怯《おび》え、「平和のために」という呪文《じゅもん》とともに、小国チェコスロバキアを生け贄《いにえ》にしたのである。チェコは一九三九年、ドイツに併合され、スロバキアはナチス・ドイツの傀《かい》儡《らい》国家となった。

そして一九四五年、ドイツ第三帝国の敗北により終結した第二次世界大戦後、チェコスロバキアは、再び独立国家としてよみがえった。だが、この新生の希望に満ちた独立も束の間のことであった。ソ連による東欧支配の強化と、米・ソ冷戦の激化にともない、チェコスロバキアは、中欧の要衝の地にあるために自由と独立を奪われることとなった。歴史は繰り返すどころか、三度目の悲劇であった。

一九四八年二月、共産党が無血クーデターを強行、親西欧派のベネシュ大統領を追放し、親ソ政権を樹立したのである。ソ連の陰謀だった。以来、チェコスロバキアはソ連ブロックに組み込まれ、ソ連邦との同盟と社会主義を国是とし、国家の存立を確保しなければならなかった。オーストリアから西独に連なる西部国境は、チェコスロバキアにとって単なる国境ではなく、敵対する米・ソ二大陣営、西側・資本主義ブロックと東側・社会主義ブロックが対峙《たいじ》する冷たい戦争の最前線でもあった。そればかりかチェコスロバキアは、DDR（ドイツ民主共和国＝東独）、ポーランド、ハンガリーそしてソ連と国境を接し、地図で見ると楔《くさび》のように東欧に食い込んでいた。チェコスロバキアはソ連の東欧支配の重要な一角を占めていた。

国境管理にかなり厳しいものがあった。しかしこの国境は、本当のところ、内側に向けて威嚇的であり、侵入者よりも自由を求めて西側へ脱出しようとする人々を阻止するのが狙いだった。多くの人々が共産党の一党独裁と偏狭な抑圧に反発していた。国境を開放しておけば数十万、いや、百万を超える人々が祖国を去ったかもしれなかった。

国境警備隊庁舎の外壁に、「万国のプロレタリア団結せよ」「ソ連邦との兄弟的同盟と不滅の友好」というスローガンの垂れ幕が雨に打たれていた。亮介は、ぼんやり眺めていた。華《はな》やかなウィーンで過ごした休暇の楽しかった日々が、別世界の出来事のようであった。人の気配がし、あわてて窓を開けた。先刻の将校がパスポートを差し出した。国境通過の検査は終わった。亮介はエンジンをスタートした。

国境の検査場を出ると、霙まじりの雨がフロントガラスをたたいた。ワイパーが重くなったようだった。ヒーターを入れた。プラハまで約三百五十キロ。好天であれば五時間の行程だが、この雨の中、六時間はかかると亮介は計算した。

「ま、ゆっくり行きましょう」

自分に言い聞かせるように呟《つぶや》いた。欧州中央部、北海道より高い緯度に位置するこの国は、内陸性気候と重なって寒冷な期間が長く、春先四月でも平均気温は摂氏十度前後と低かった。それに復活祭の頃《ころ》は天気が変わりやすく、雪が降ることも珍しくない。春は五月にならなければやってこなかった。

国境から約三十キロ、最初の大きな街ズノイモを過ぎるあたりから急に霙が晴れてきた。

低地に下りてきたのである。雨足も弱まり明るくなって、見通しがよくなった。アクセルを踏んで少しスピードを上げた。愛車はマリンブルーの「かぶと虫」、フォルクスワーゲン1300。エンジンは快調であった。

亮介は、このズノイモあたりから広がる、起伏に富んだモラビア丘陵の田園風景が好きだった。四季それぞれに変化する自然は、古い教会の鐘楼、とうもろこしを軒先につるした農家、小さな池、家畜小屋、水車小屋と小川、街道沿いの古い家並みなど、人々の生活風景と重なって、中世の絵にあるような情景を見ることができる。民族衣装を着た老女や娘たち、酔いつぶれた農夫を想像し重ね合わせると、亮介はブリューゲルの絵そのものの世界に迷い込むような幻想にとらわれるのであった。

丘陵にまたがる広大な集団農場、養豚や養鶏の大がかりな施設、穀物を保存するサイロなど、社会主義の成果を誇示するモニュメントのような建造物と共産党の宣伝看板は、せっかくの風景になじまなかった。亮介は国境での緊張を忘れ、雨のモラビア田園地帯のドライブを楽しんでいた。

イェフラバまで五キロの標識が見えた。カーブが多いE59号線にしては見通しがいい直線道路になった。両側は農地との境界に植えられたさくらの並木だった。六月になると見事なサクランボがたわわに実るのだ。

去年のことだった。ちょうど収穫作業の真っ最中で、ここを通りかかった亮介が車を止めると、作業の手を休めたおばさんたちが寄ってきて、もぎたてのサクランボを両手一杯にプレゼントしてくれたことがある。農家の人々は素朴で親切であった。

少し先の右側に、パーキングエリアがあるはずだった。亮介はひと休みしたくなった。パーキングエリアといっても、灌木《かんぼく》の林を拓《ひら》いた八百平方メートルほどの広さで、砂利が敷いてあるだけの仮設駐車場であった。もちろん、休憩の設備やトイレがあるというものではないが、通りがかりの長距離ドライバーたちが、車の中でちょっと昼寝をしたり、気分転換の休憩をするには格好の場所になっていた。亮介は、右折サインを出して速度を落とした。

母と娘

パーキングエリアに入ると、ほぼ中央に赤い乗用車が駐車していた。東独製のワルトブルグだった。亮介はその少し手前に車を止めた。雨は小降りになっていた。

と、まるで亮介を待ちかねていたように、乗用車のドアが開き、女性が降り立った。傘もささずに急ぎ足で近づいてくる。なにか切迫しているような雰囲気に亮介は一瞬戸惑ったが、ハンドルを回し、窓を少し開けた。小雨が降り込んできた。

「エクスキューズ・ミー（すみません）」

英語だった。チェコ人ではなかった。しかし耳にした発音は英米人でもなかった。亮介は窓を大きく開けた。女性はせき込むように話しかけてきた。亮介は息をのんだ。端正な白い顔がのぞいていた。水色の大きな瞳《ひとみ》が、驚いたように亮介を見つめた。

「エンジンがかからないのです。助けてくださいませんか。バッテリーがあがったようなのです。いろいろ試したのですがだめなんです。でも、助かったわ」

女性は英語を話していながら、「助かったわ」というところだけ「ゴッツァイ・ダンク」とドイツ語だった。言葉に安堵《あんど》の響きが感じられた。メカに弱い亮介は、戸惑ったが断るわけにはいかなかった。

「わかりました。でも、ケーブルを持っていないんです。お持ちですか」

亮介は英語で尋ねた。

「ヤー、ジッヒャー（ええ、もちろん）」

ドイツ語だった。

「お手伝いしましょう」

亮介もドイツ語で応えた。

女性は小走りに車に戻ると、トランクを開け、ケーブルを取り出した。亮介はワーゲンを赤い乗用車の側に移動させ、ボンネットを開けるため車から降りた。小雨が冷たかった。

女性は意外に敏捷《びんしょう》だった。慣れた手つきでボンネットを開け、ケーブルをバッテリーに繋《つな》いだ。亮介はその片方の端子をワーゲンのバッテリーに繋いで振り返ると、女性はすばやく運転席に戻り、窓を開けた。

亮介が合図の手を挙げると、女性はエンジンキーを回した。二度、三度……。スターターはびくともしなかった。亮介は雨を避け、車に戻って見守った。

エンジンをかけようとする真剣な横顔に見とれていた。ビーナスが祈るかのようであった。何度も試みたが、スターターはまったく反応しなかった。頭を振りながら亮介へ向けた女性の顔は、泣き出しそうだった。亮介は車から降りて、

「だめなようですね」

ワルトブルグの中をのぞきながら話しかけた。

亮介は、ふと後ろの座席に視線をずらした。少女がぐったり横になっていた。

「娘のシルビアです」

女性が言った。

「風邪気味だったのを、無理に連れ出したのがいけなかったようです。具合が悪くなってプラハに急いで戻る途中なのです」

声を詰まらせたかと思うと後部座席を振り返り、娘に話しかけた。

「シルビア、ごめんなさいね。ママが悪かったわ。こんな目にあわせて」

亮介は、難しいかかわりを持ったことを悟った。ワルトブルグはとても動きそうになかった。少女はかなりの熱があるようで、呼吸が速い。亮介はアスピリンを持っているのを思い出した。旅行するとき、用心のため頭痛や腹痛の常備薬を持って出るのを習慣にしていた。

「アスピリンでよければ持っているんですけど」

「えっ。アスピリンがあるのですか」

女性は救われたような声を上げた。亮介は車に戻ると旅行カバンから薬を取り出した。アップルザフト（ジュース）の小瓶を探しながら考えた。

（あの親子を放っておくわけにはいかない）

イェフラバまで行って、警察に知らせるか自動車修理サービスを手配するにしても、救助の手が届くまで、相当な時間がかかるであろう。それにあの女の子はひどい熱を出している。肺炎にでもなったら大変だ。相手が望めば、ワルトブルグに見切りをつけ、ワーゲンに同乗させ、プラハまで戻るのがよいのではないか。これも何かのめぐりあわせなのであろう。亮介はそう考えた。

やっかいなことになったとは思ったが、そのことを負担に感じることはまったくなかった。むしろそうするのが当然だと思った。赤いワルトブルグは、結局、動かなかった。電気系統に故障があるのだろうが、素人の手に余るトラブルであった。

亮介は女性にアスピリンとアップルザフトを与えた。

「これからどうするか考えてみましょう」

亮介は自分の車に戻ろうとした。冷たい雨に濡れたせいか、かなり疲れを感じていた。休憩しようとしてパーキングエリアに入ったとたん、この騒ぎに巻き込まれたのだから。

女性が車から降り、小雨の中に立った。あきらめたのか落ち着きを取り戻していた。女性は亮介に礼を言った。そして手短にトラブルの事情を説明した。

カテリーナ・シュナイダーといい、ＤＤＲ、つまり東独人である。二年前からプラハに滞在、カレル大学でドイツ語の講師をしている。娘のシルビアは十二歳。春休みを利用、二週間の予定でDDRから遊びに来ていた。ブルノまで小旅行の帰路、風邪気味だったシルビアの気分が悪くなり、このパーキングエリアで休憩した。出発しようとしたら、車が動かなかった。思いがけなく助けていただき感謝している、と。

車に戻った亮介は考え込んでいた。亮介も自己紹介した。日本大使館員であると言ったとき、女性の表情に怯えの影が走り、当惑するように呟いたことが妙に気にかかった。

「あなたは、外交官だったのですか……」

女性は、外交官ナンバーに気づいていなかったのだ。亮介は、社会主義国の市民が西側・資本主義国の人間と接触することにさまざまな制限があることを知っていた。それに社会主義国では、西側の外交官はスパイという教育と宣伝が意図的に行われていた。とりわけDDRでは、どの国よりも厳しい隔離政策が取られ、徹底した当局の監視網が張りめぐらされていた。もっと具合が悪いことに、日本とDDRの間には国交関係がなかった。日本だけでなく米、英、仏をはじめ西側諸国のほとんどは、西独との特殊な関係を発展させる一方で、DDRの存在を無視していた。

この女性の立場からすれば、亮介とかかわりを持ったことは、偶然であれDDRに非友好的な外交政策をとる国の外交官と接触したことを意味した。スパイの嫌疑でもかけられようものなら、どんなことになるか。考えるだけでもおぞましいことであった。動揺するのは当然だった。

亮介が「どうするか考えてみましょう」と言ったのは、相手の難しい立場を配慮してのことだった。「どうするか……」と言ったのは、女性に判断を任せるためだった。

道路から少しはずれ、灌木の林に囲まれたパーキングエリアは静けさの中にあった。ときおり、木立ちの向こうを走り去る自動車の音が聞こえた。しかしエリアに入ってくる車はなかった。フォルクスワーゲンの屋根に響く雨の音が細くなっていた。

亮介はあたりを見回した。黒い木立ちに薄い緑のスプレーを吹きつけたように、無数の木の芽が膨らんでいた。春の気配が立ち込めていた。

何気なく、雨が流れるガラス越しに、すぐそばの赤い乗用車を見た。後ろの座席に座った母親が、抱き起こした娘に話しかけていた。しかし何を話しているか聞こえるはずがなかった。車の中の母と娘の光景は、ソフトフォーカスで撮影した映画のシーンを見るようであった。おさげの頭が揺れてうなずいた。母親が娘の口にアスピリンを入れたようだった。アップルザフトの小瓶を娘の口にあてがい、支える母親の手が少しずつ上に上がった。女の子は一気に飲み干した。熱がある体に冷たいジュースはきっとおいしかったのであろう。亮介は自分の好意が受け入れられたことが嬉《うれ》しかった。ジュースを飲み終わった娘は再び横になったのか、母親はのぞき込むように話しかけていた。しばらくして、女性は顔を上げた。考え込んでいるように亮介には見えた。

眠気を誘うような雨音を聞きながら、亮介はウィーンで見たオペラを、とりとめもなく思い出していた。

奔放なジプシー女カルメン、不幸せなお針子ミミ、誇り高く純情一途《いちず》な蝶々《ちょうちょう》夫人。それぞれのヒロインの悲劇的な死。それにかかわる男たちの悲しみ。何気ない出会いに始まり、自らの意思で選んでしまう運命に翻弄《ほんろう》され、破局に至る人生の不安と不条理。男と女の間に存在する永遠の悲劇性。記憶によみがえるカルメンの序曲やマダム・バタフライの胸を打つアリアの断片とともに、亮介は情念の世界をさまよい、疲労感に引きずり込まれるように眠り込んでしまった。そして夢を見た。

古い街の細い路地を歩いていた。幾度も角を曲がってずいぶん歩いた。亮介は自分がどこにいるのかわからなかった。どこへ行こうとしているのかもわからなかった。不思議なことに、路地の両側の建物や家並みは、オペラの舞台の書き割りのように薄っぺらく立体感がなかった。亮介はだんだん不安になってきた。急いで歩き、また幾つもの路地を曲がった。これは迷路だ。亮介は迷路に迷い込んだことにようやく気づいた。不安は少しずつ高まった。同じところをぐるぐる回って、永遠にこの迷路から抜け出すことができないのではないか、と。それでいて亮介は誰かに導かれているようであった。どこかでドアが開く音がして、名前を呼ばれたような気がした。優しい声だった。

目が覚めた。亮介は重い眼であたりを見回した。雨は小やみになっていた。腕時計を見ると、午後一時半だった。三十分ぐらい眠ったのだろうか。乗用車のトランクを閉める音がした。あの女性だった。顔を上げた女性と、車の中で振り向いた亮介の視線が合った。女性は微笑んで軽く会釈した。亮介は手を挙げて応え外へ出た。冷たい空気が心地よく、眠気によどんだ頭がすっきりした。女性が歩み寄ってきた。

身繕《みづくろ》いし化粧を直したのか、見違えるほどだった。亮介は改めて女性を意識した。髪を振り乱し、車を動かそうと必死になっていたのが別人のように思われた。紺色のスラックスはそのままだったが、いつのまにか白い厚手のニットのセーターに着替え、形のいい胸に水晶石のペンダントが揺れていた。

雨に濡れた亜麻色の長めの髪は、まだよく乾いていないのか、ウェーブがかかっていた。ドイツの女性にしては細身で、百六十八センチある亮介とほぼ同じ背丈だった。年齢は三十五、六であろうか。整った顔立ちに水色の大きな瞳が魅惑的だった。意志の強そうなはっきりした眉《まゆ》、ほどよい高さの鼻、ふっくらとした唇に引いた薄いルージュが、知的な雰囲気を漂わせていた。微笑みに母性的なふくよかさと気品があった。ラファエロが描く聖母マリアを連想した。が、どこか深い憂いがこもっていた。

「お疲れになったようですね。すっかりご迷惑をかけてしまいました」

女性はよく通る優しい声で話しかけてきた。

「いつのまにか眠り込んで、失礼しました」

亮介はちょっと緊張して答えた。

「さて、どうしましょうか」

取り繕《つくろ》うように続けた。

「わたくしは、構わないのですが、あなたがお困りでなければ」

変な言い方だった。亮介はあわてて言い直した。

「いや、プラハまで同乗していただいても、わたくしは、いっこうに構いません。でも、それがあなたにご迷惑でしたら、イェフラバまですぐですから、そこまで引っ張って行きましょうか。街の入り口のガソリンスタンドまで行けば、多分、修理工場に連絡してもらえるはずです。牽引用《けんいんよう》のワイヤーならあります」

女性は真っ直ぐに亮介の目を見て、ためらうことなく答えた。

「ご迷惑でなければ、プラハまで乗せていってくださいませんか。この車、以前にも電気系統が故障して、直るまで二週間もかかったことがあるのです。きっと、また同じ故障です。娘は早く戻りたいと言いますし、お言葉に甘えることにします。でも、本当に、ご迷惑ではないのでしょうか。わたくしはＤＤＲ人です」

亮介は女性の決心を察した。ただ、「わたくしはＤＤＲ人です（イッヒ・ビン・デー・デー・エル・ビュルガーリン）」という言葉に、屈折した響きがあるのを聞き逃さなかった。

亮介は、相手の心を引き立てるようにきっぱり答えた。

「じゃあ、ご一緒しましょう。少し窮屈かもしれません。でも、途中で故障することは絶対ありませんから、ご安心ください。確実にプラハまでお連れします」

女性は、希望が受け入れられたことがよほど嬉しかったのか、胸に手を当てて明るく微笑んだ。素直なとてもいい笑顔だった。感情の表現がのびやかなのだ。

「ありがとうございます。きっとシルビアが喜びますわ。あの娘ったら変なこと言うんですよ。その日本の人、きっとわたしを助けに来たのよって」

女性は微笑んだ。魅惑的とはこういう人のことを言うのであろうと、亮介は心の底から思った。見張った大きな瞳が輝いている。

「荷物はどれくらいありますか。フォルクスワーゲンただ一つの欠点で、荷物のスペースがあまりないのです」

亮介はわれに返って尋ねた。車のトランクは、ウィーンで調達した食料品や果物・野菜などで一杯だったのだ。

「はい、小さいスーツケースと娘のリュックサックだけです。他にも少しありますが、どうでもいい物なので車に残しておきます。明日、プラハでレッカー車を手配します」

女性はしばらく間をおいて続けた。

「こうしてあなたとお話ししていると、つい先程お目にかかったばかりという気がしないわ。ずっと昔、どこかでお目にかかったみたい……。それにしても、こんなところでフェルン・オスト（極東）から来た日本の外交官に助けていただくなんて、本当に奇跡だわ。それもドイツ語を話す人に。信じられないわ」

亮介は思わず笑ってしまった。

「信じられないわ」というドイツ語の、「ウングラウプリッヒ」という言い方が、まるで火星人にでも遭《あ》ったような驚きの響きがあったのだ。

「そうですね。天文学的確率の出会いになるのでしょうね」

あいづちを打ちながら、亮介も遥《はる》かな記憶がよみがえるような不思議な魂の疼《うず》きを感じた。

「そろそろ出発しましょうか」

亮介は女性に促した。

「お邪魔でしょうが、よろしくお願いします」

女性は改めて礼を言った。雨は上がり、空も明るさを増していた。

三　人

三人を乗せたフォルクスワーゲンは、雨あがりのE59号線をモラビア丘陵地帯からボヘミア平原にさしかかっていた。

雨雲が切れ、雲間から漏れる幾筋もの太陽の光に、平原の村や丘陵の暗い森が、そこだけスポットを当てたように浮かび上がる光景は、聖書をモチーフにした中世の宗教画を見るようであった。

車の中には不思議な優しさが満ちていた。見知らぬ者が、それもヨーロッパ人とアジア人という、それぞれにとって、遠い外国の人間が肩を寄せ合っているのに、違和感はまったくなかった。亮介は三人でどこかへ旅行し、ずっとこうして走ってきたような錯覚さえ覚えた。もっとも亮介は女性と多く話すことはなかった。

アスピリンが効いたのであろうか。出発してまもなくシルビアは、後ろの座席に横になって眠っていた。話し声で起こしたくなかったのだ。しかし本当のところ亮介は矛盾した感情をもてあましていた。この女性について、もっといろいろなことを知りたいという衝動と、知りすぎることへの不安であった。女性の硬い雰囲気も気になった。ＤＤＲ官憲の立場からすれば、外国人との会話は情報交換であり、それはスパイ行為と見なされるのだ。

ぎごちなくはあったが優しい沈黙が続いた。ふと、亮介の隣、助手席に座っている女性が半身を後ろに向けると、手を差し伸べ娘の様子を見た。

「よく寝てるわ。あらっ、熱が下がってるわ。お薬が効いたみたい」

小さな声で、嬉しそうに言った。姿勢を戻した女性の顔がすぐそばにあった。金木犀《きんもくせい》のようないい匂《にお》いがした。女性は微笑み、亮介に話しかけた。

「あなたの優しいご親切に、どんなお礼をすればいいのかしら」

道路が直線になった。亮介はほんの一瞬、女性の目を見つめると、またすぐ視線を前方に戻した。なんという瞳であろう。青く澄んだ深い湖をのぞくようだった。見つめると催眠術にかかりそうになる。

「どういたしまして。あまり気にしないでください」

亮介は月並みな返事しかできなかった。言葉がとぎれ、沈黙が続いた。女性はときどき黙って亮介に微笑みかけた。微笑みが何かを語りかけるのだ。表情に言葉があった。ただそれをどう読み取ればいいのか。亮介は思いめぐらしながら、一方で自分の好意の寡黙が誤解されないか不安であった。短い会話がとぎれると、女性の微笑みにかすかな陰りがよぎった。

女性がまとまった質問をしたのは、亮介のドイツ語をほめたときだった。「どんな方法で勉強したの」ということから始まった。カレル大学でドイツ語の講師をしているという女性からすれば、興味を持って当然だ。亮介は大学で第二外国語としてドイツ語を選択し文法を中心に基礎的な学習をしたこと、外務省に入省し研修所で本格的な訓練を受けたこと、などを説明した。また、日本のドイツ語学習人口や外国語教育に占めるドイツ語の地位について質問を受けた。亮介は丁寧に答えた。女性はもっといろいろ聞きたいようだった。しかしあくまでも控え目であった。

短い会話がとだえ、また微笑みと沈黙が車の中を支配した。エンジンの単調な爆音が響く。コリーンまで二十キロとの標識が見えた。あたりはボヘミア平原の平坦《へいたん》な農地が広がり、集団農場の小麦畑がプラハ郊外まで続いている。

空は明るくなって薄日さえ射し始めていた。一人であれば少しスピードを上げるところだったが、しかし、亮介は注意深く運転した。事故を起こしたら大変だという緊張感と同乗させた責任がそうさせるのだ。信頼を裏切りたくなかった。だいたい時速五十キロ平均、最高でも六十キロで走った。

女性はうつむいてなにか考え込んでいるようであった。きちんと合わせたスラックスの膝《ひざ》の上に組まれた両手に水色のハンカチが絡み、左手の薬指には結婚指輪があった。亮介は改めて意識した。

うつむいていた女性の体が小さく揺らいだ。うたた寝していたのだ。亮介はハンドルを握り直し、スピードを落とした。プラハが近くなって行き交う車が増えていた。亮介は二人を起こさないよう、丁寧に車を走らせた。後ろから来た車は当然のように追い越していった。

亮介はとりとめもなくこの女性とその娘のことを考え、うたた寝する女性にそっと視線を走らせ観察した。白いうなじが細く頼りなかった。花弁のような桜色の耳朶《みみたぶ》に、水晶石の小さなピアスが光っていた。無防備に居眠りする姿は哀《かな》しげで、ひびが入ったマイセン陶磁の人形のような風情であった。

旅行の途中で急に発熱した娘、そして雨の中で動かなくなった赤いワルトブルグ。思いがけないトラブルによほど疲れていたのであろう。緊張が解け、気が緩み、つい心ならずも眠ってしまった。そんな感じのうたた寝であった。バックミラーで後ろの座席を窺《うかが》うと、娘もよく眠っている。亮介はなにか大きなものを託されているような気がしていた。

とりあえずこの母と娘をプラハまで、無事に送り届けなければならない。責任感が亮介を支配していた。フォルクスワーゲンは快調であった。

コリーンまで五キロ。標識が見えた。前方に古い町並みが見えてきた。雨に洗われたせいか、見慣れた教会の黒い尖塔《せんとう》に金色の十字架がいつもより明るくきらめいている。

亮介は街の入り口にあるガソリンスタンドで給油しようと思った。メーターは十リットルの目盛りを指していた。燃費のいいフォルクスワーゲンだ。プラハまで十分のはずだったが、念のため給油しておこうと考えた。手洗いにも行きたかった。

後ろの座席で起き上がる気配がした。バックミラーをのぞくと、シルビアが座っていた。

「ママ、イッヒ・ハーベ・ドゥスト（ママ、お水飲みたい）」

かわいい声が聞こえた。うたた寝していた女性がはっとしたように目を覚ました。娘の声に本能的に反応したかのようだった。

「バス（どうしたの）？」

女性は半身を後ろへ向けた。亮介は徐行して車を道路の端に寄せ停車した。トランクにあるアップルザフトを出そうと思ったのだ。女性が亮介を少し恥ずかしそうに見た。

「ごめんなさい。いつのまにかすっかり居眠りしてしまって、恥ずかしいわ」

「お疲れだったようですね」

亮介は精一杯の笑顔で応えた。

女性はドアを開け外へ出ると座席の背もたれを倒した。「かぶと虫」はツードアなので、後ろの座席に座るのは厄介《やっかい》だ。女性は娘の側に乗り込んでドアを閉めると、娘を膝に抱いて具合を見た。

「熱が随分さがったわ」

嬉しそうな声だった。振り返った亮介と目が合った。明るい瞳が感謝を訴えていた。女性はハンカチで娘の汗ばんだ顔を拭きながら、その額に軽く口づけし、弾んだ声で話しかけた。

「よかったわね、シルビア。もう大丈夫よ。もうすぐお家だから頑張ってね」

亮介は嬉しかった。同乗させたのは正しかったのだ。

「喉《のど》が渇いたの？　アップルザフト持ってきてあげる」

亮介は娘のシルビアに話しかけた。

「ダンケ（ありがとう）」

シルビアは、嬉しそうに、少女らしいはにかみをもって答えた。表情に生気がよみがえっていた。母親によく似た娘だった。

「ありがとう。本当に何から何までご心配いただいて」

女性の瞳が潤んでいるように見えた。亮介の心にあった魅せられた者のおののきは消えていた。いや、むしろこの出会いの運命に挑みたいという気持ちさえしていた。シルビアが言ったように、二人を助けるために亮介はここへ来たのだ。約束された出会いだったのだ。三人の魂は、何かの力に導かれてここに集ったのではないか。

亮介はトランクルームを開けるレバーを引くと車から降りた。ひんやりした空気が心地よかった。思わずのびをした。無意識のうちに緊張していたのか、肩が凝っていた。ワーゲン「かぶと虫」のトランクルームは、普通の車と違って、後ろではなく前にあった。前へ回ってボンネットを上げると、ウィーンで買ってきた野菜や果物のにおいがした。アップルザフトの小瓶はすぐ見つかった。

（そうだ蜜柑《みかん》があった……）

オペルンリンクとケルントナーリンクの間、ウィーンの銀座通り、ケルントナーシュトラーセに入り二百メートル余り、聖シュテファン寺院に向かって左に入るノイア・マルクト。日本大使館があるビルのすぐ斜め前に、「ビルト」という、高級食料品を専門に扱う店があった。在プラハ日本大使館員にとって、クーリエの際、もう一つの大事な仕事は買い出しであった。物資が乏しく、品質やサービスに十分な配慮がない社会主義経済体制の国で、不自由な日常生活を強いられる館員は、この買い出しを楽しみにしていた。この店は大使公邸の設宴、つまり大使が催すレセプション、それに昼食会や晩餐会の材料を調達し、館員が注文した私用品の買い物をするのによく利用されていた。当然、店の上得意客として丁重に扱われた。その買い物を当て込んで、ときどき日本の柿《かき》や梨などがエキゾチックな高級果物として輸入され店頭に並んだ。亮介が復活祭の休日に入る前日、その店で見つけたのが、この蜜柑だった。かなり高価であったが三キロ買ったのだ。その蜜柑が入っている袋もすぐ見つかった。車に戻ると、母と娘の微笑みの眼差《まなざ》しが亮介に向けられた。

「いいものがありましたよ」

亮介は助手席に乗り込むと、すぐドアを閉めた。冷たい外気がシルビアによくないと思ったのだ。アップルザフトを差し出した。

「ありがとうございます。ほら、大好きなアップルザフト。よかったわね。あなたがいい子だから、こうして神様が守ってくださるのよ。素敵な日本の方に助けていただいて、本当に神様に感謝しなくては……。おばあちゃんがいつも言ってるとおりでしょ」

女性は娘と亮介の二人に話しかけているようだった。

「どうもありがとう」

シルビアは、なにか話したいようであったが、はにかんで言葉にならなかった。母親がアップルザフトの小瓶を開けて手渡した。シルビアはおいしそうにひとくち飲み、見守る亮介を見て微笑んだ。母親によく似ている。亮介は改めてそう思った。

亮介は袋から蜜柑を取り出すと、女性に勧めた。

「いかがですか。これ日本の蜜柑という果物なんです。ウィーンで見つけたのです。おいしいですよ。オレンジとは違うのですが、ま、同じ種類と言っていいでしょう」

「あら、これマンダリンっていう果物かしら。おいしそう。こんな珍しいものいただいていいのかしら」

女性は珍しそうに眺めた。シルビアはおそらく初めて見たのであろう。子供らしい好奇の眼差しを向けた。亮介はもう一つ取り出すと勧めた。

「食べてみる? これ、ぼくの国の代表的な果物なんだよ」

母親に飲みかけの小瓶を手渡すと、シルビアは両手でそっと受け取った。亮介は自分も一つ取り出して皮をむいた。狭い車の中に蜜柑の香ばしい匂いが立ち込めた。つられるように女性も小瓶を置いて亮介に倣《なら》った。シルビアがその手もとを、何が出てくるのだろうという目つきで眺めた。正直なところ亮介も喉が渇いていたのだ。皮をむくとほぐした実を口に入れた。甘い果汁が広がった。

「おいしい！」

思わず日本語でつぶやくと、女性がびっくりしたように亮介を見た。

「あっ、失礼。シュメクト・グート（おいしい）」

ドイツ語で言い直した。

「あら、日本語だったの。何ですって日本語で？　オイシ？」

女性は楽しそうに笑った。そして、同じようにほぐした実を口にすると、瞳を大きく見張って「オイシ！」と言った。シルビアが声を上げて笑った。母親がシルビアの口に一つ入れた。こんどはシルビアが「オイシ！」と真似をして言った。少しおかしい発音だった。三人が一緒に笑った。シルビアは少し熱がさがったのか確実に元気を回復しつつあった。母親も嬉しそうに元気を取り戻していた。車の中にいっそうの優しさが漂った。長く続いて欲しいと思ったドライブは、もうすぐ終わろうとしていた。


ブルタバ川畔、ラシーノボ通りにある女性のアパートに着いたのは、夕刻六時半を回っていた。陽が陰ろうとしていた。アパートの建物は古びて陰気だった。

小さなスーツケースとシルビアのリュックサックを、アパート入り口のドアまで亮介が運んだ。しかし建物の中には入らなかった。

「じゃあ、わたくしはここで失礼します」

亮介は馴々《なれなれ》しくしたくなかった。それに人目があった。誰か監視しているかもしれないのだ。亮介は女性と近づきになりたいのに、人目を恐れてもっともらしく振る舞う自分に、たまらない自己嫌悪を覚えた。女性の整った白い顔が気のせいか、寂しそうだった。

「ありがとう。ご親切、一生忘れません。あなたって本当にいい方ですね。楽しかったわ、ドライブ。何もお礼ができなくてごめんなさい……」

女性が右手を差し出した。握手だった。亮介はそっと握った。細い華奢《きやしや》な手だった。女性は思いがけない力で握り返した。シルビアが亮介を見上げていた。亮介は女性の手を離すと、シルビアに話しかけた。

「よかったね、大丈夫？　早く元気になってね」

その時、あの残りの蜜柑をプレゼントしようと思いたった。

「ちょっと待っててね」

亮介は車に戻ると車のトランクを開け、バナナを五、六本取り出すと、蜜柑の袋に入れた。バナナは東欧の国では貴重品だった。

「はい、これゲシェンク（お土産）」

シルビアに渡した。びっくりしたようだった。シルビアが母親を見上げた。

「そんなこと……」

女性は少し戸惑った。亮介の目を水色の瞳が見つめた。亮介もじっと見た。このままずっと見ていたいと思った。女性の瞳からふっと緊張が消えた。

「ありがとう。シルビア、いただきなさい。いただいていいのよ」

親の優しい声だった。

「ありがとう」

シルビアは何と言っていいのかわからないようだった。そして全身で喜びを表した。女性の瞳が改めて亮介を見つめた。水色の瞳に涙がこぼれそうだった。亮介は車に戻るとエンジンをかけた。

「アウフ・ビーダーゼーン（さようなら）」

女性とシルビアが手を振った。

「アウフ・ビーダーゼーン」

亮介も答えた。ギアを入れてアクセルを踏んだ。いい別れの言葉だと思った。アウフ・ビーダーゼーン。直訳すると「また、会いましょう」という意味だった。

陽射《ひざ》しが陰る街路にたたずみ手を振る女性とシルビアが、バックミラーの中でみるみる遠ざかっていった。

大使館

翌朝早く目が覚めた。

亮介はベッドの中で、しばらくぼんやりしていた。昨日のことが夢のように思われた。母親とその娘をラシーノボ通りのアパートまで送り届けたことが……。

マカレンコバ通り十八番地の自分のアパートにたどり着いたのは、夕刻七時過ぎであった。荷物を車から降ろして四階まで運んだ。かなり疲労していた。シャワーを浴び、黒パンにハムの軽い食事を取り、ベッドに横になったらそのまま眠ってしまったのだ。

約束を果たした安堵感とともに名残惜しさがあった。もう一度会ってみたい。そんな気持ちの高まりに亮介は狼狽《ろうばい》した。忘れてしまうべきことだった。そういえば、DDRの女性とその娘をプラハまで乗せたことがあった――その程度の思い出にすべきであり、やがて記憶からも完全に消えてしまう。それだけ、ただそれだけの出来事だ。自分に言い聞かせた。しかしそれでいて亮介は、心のどこかで、二人にまた会えるよう願っていた。

意識がはっきりしてくると、休暇ぼけの頭が仕事の頭に切り替わっていった。

大使館の机の上には、仕事が山積みになっているだろう。亮介は飛び起きた。目覚まし時計を見ると六時を回っていた。いつものように短波ラジオのスイッチを入れた。BBC放送を聞くためだ。ボリュームを上げキッチンに入った。ポットに水を入れ、ガスレンジにかけた。冷蔵庫からハムとバナナ、それにチーズとヨーグルトを取り出し、居間の食卓に運んだ。いつものことだがウィーンから戻ると、しばらくの間、食卓は賑《にぎ》やかだった。

ニュースは、ウ・タント国連事務総長のベトナム問題解決提案を北ベトナムが拒否したこと、ローマ教皇パウロ六世が人々の進歩についてと題する復活祭の回勅で、社会正義を実現し貧困と飢餓をなくすため、世界的計画を進めるよう訴えたことなどを報じた。亮介は聞き流しながらキッチンへ戻り、コーヒーをいれた。

ふと、ラジオから「チェコスロバキアの雪解け」と聞こえた。耳を澄ますと、ニュース解説だった。急いで居間に戻った。

「チェコスロバキアで、ようやくスターリン主義の厚い氷が本格的に解け始める兆《きざ》しがある。去る一月、五〇年代の暗黒時代、反国家活動のかどで投獄されていた五人の作家が再審の結果無罪になって以来……」と解説は約三分続いた。亮介は注意深く聞いた。BBC放送の解説はざっとこんな内容だった。

「チェコスロバキアは、一九五六年、フルシチョフのスターリン批判に臆病《おくびょう》なまでに慎重であった。その後、一九六一年ソ連共産党第二十二回党大会で、再びスターリン批判が行われたのをきっかけに、ようやくスターリン時代に犯したチェコスロバキア共産党の誤りを自己批判した。チェコスロバキアの人々の歴史的経験と政治的成熟度からすれば、マルクス・レーニン主義を否定しないまでも、この自己批判をきっかけに、本来、あるべき社会主義を模索する運動に発展することが十分予想される。歓迎すべきことである。しかし、東欧諸国の改革運動の歴史に照らせば、ハンガリー事件を思い出すまでもなく、こうした運動が、悲劇に終わることがないよう祈りたい」

歯切れよく率直で、いかにもBBC放送らしい解説であった。亮介は興味深く聞いた。最近、チェコスロバキアでは、著名な作家同盟の機関紙『リテラールニー・ノビニ』を中心に、党員作家やジャーナリストの現体制を批判する発言があいつぎ、注目されていた。二月のチェコスロバキア共産党中央委員会総会では、ヘンドリフ党中央書記官がこのような傾向を指摘し、「マルクス主義の主観的変形」「非社会主義的な異質のイデオロギーを持ち込もうとする陰謀」として警告していた。「こうした運動が、悲劇に終わることがないよう祈りたい」という解説の結びの言葉がなぜか心に残った。亮介はぬるくなったコーヒーを飲み干し、早めに出勤することにした。

トレンチコートを着て腕時計を見ると七時だった。玄関のドアをあけると管理人のオルメルが、最上階であるこの四階に、ちょうど上がってきたところだった。旧式のエレベーターは故障したまま、もう二カ月あまり放置されている。水が入ったバケツとモップを持っていた。オルメルはバケツを置くと、かぶっているハンチングにちょっと手を掛け「グッド・モーニング」と微笑んだ。どういうわけか、彼はいつも英語で話しかけてくるのだ。

「グッド・モーニング」

亮介も挨拶《あいさつ》した。六十代半ばであろうか、上品な老人で口数の少ない人だった。小柄で痩《そう》身《しん》、几帳面《きちょうめん》な立ち居振る舞いが元銀行員を連想させた。昔はきっといい暮らしをしていたに違いない。そんな雰囲気を漂わせる老人であった。プラハではよくそうした老人や老婦人を見かけた。たいていアパートの管理人やメイド、レストランの給仕人だった。

共産党政権の社会主義化政策で財産を没収され、あるいは追放され職を失い落ちぶれた人たちだった。つまり共産主義者たちの復讐《ふくしゅう》のブラックリスト、「階級の敵」に分類された人たちだ。老人に階段の掃除はきついことだろう、こんなことを考えながら亮介は階段を降り、一九二〇年代に建てられたというアパートの重々しいドアを押した。

いい天気だ。冷たい空気が心地よかった。愛車フォルクスワーゲンはすぐ前の道路に止めてある。いつものくせで、亮介は愛車に「おはよう」と声をかけた。昨日、雨の中を走ったため汚れていた。大使館の管理人アンデルトに洗ってもらおうと思った。車のドアを開けた。かすかにいいにおいがした。香水だ。運転席に座ると、昨日のことが改めて思い出された。あの女性がそばに座っているような気がした。亮介はエンジンをスタートさせた。軽い爆音が、朝の閑静な住宅街の石畳の路地に響いた。

プラハ六区のマカレンコバ通りから一区マラー・ストラナの大使館まで、車で十分余りの距離だった。まずミール広場に出て左折、イェチナ通りの緩やかな坂道を下るとカレル広場。そしてブルタバ川にかかるイラーセク橋だ。聖者像で有名なカレル橋の上流二つ目の大きな橋だ。橋を渡りきって三番目の十字路を右折するとマラー・ストラナに続くカルメリツカ通り。七キロ余りの通いなれた道であった。

亮介が感心していたのは、このルートの道路が石畳であったことである。いや、プラハ市内中心部のほとんどが石畳で、レンガほどの大きさの石がモザイクのように敷き詰めてあった。あらゆる種類の車が走り、市街電車まで通る石畳の道は傷みやすい。しかも冬の雪や凍結のため、でこぼこになってしまうのだ。この傷んだ石畳の道路は、丹念に手作業で修復しなければならなかった。春先、その修復工事があちこちで始まっていた。プラハの街に対する市民の愛着は、並大抵のものではなかった。

プラハは第二次世界大戦の戦災をほとんど受けなかった街である。ドイツ占領下にありながら戦場にならなかったのは奇跡であった。ドイツの降伏直前、市民が蜂起《ほうき》し小規模の戦闘があった程度で、損害はほとんどなかった。十二世紀頃の石造りの建物が、中世そのままに残り、十四世紀には神聖ローマ帝国の首都として、「すべての都の母」といわれた往時の風格がしのばれた。大使館があるマルテスケー・ナームニェスチーは、当時プラハ城下の新しい居住区として造られ、貴族や騎士の館が建てられたという。この街は二十世紀の今でも、自動車より二頭立ての馬車が似合っている。日本大使館の建物は、十八世紀に造られた騎士の館で、トゥルバ宮殿と呼ばれたこともあった。亮介はその大使館に着いた。あたりはまだひっそりしていた。

この日、亮介はたちまち仕事の渦に巻き込まれ、大使館の日常勤務に戻った。休暇明けの常で、仕事がたまっていたのである。

九時過ぎ、亮介は出勤した上司や同僚に挨拶の後、秘書に大使の在室を確認し、大使執務室のドアをノックした。

「どうぞ」

聞き慣れた声の返事があった。亮介は、ロココ風の金の縁取り装飾が施された重いドアを開けた。

「おはようございます」

元気よく挨拶した。二十畳はある広い大使執務室の奥、中沢武夫《なかざわたけお》大使は大きめの執務机に広げた新聞を読んでいた。大使は老眼鏡越しに、ちょっと上目遣いに亮介を見ると、たちまち柔和な笑顔になった。

「やあ、お帰り。どうだったかねウィーンは……」

小柄な大使が立ち上がった。厚いペルシャ絨毯《じゅうたん》を踏んで亮介は大使に歩み寄った。

「いい顔してるな。何かいいことがあったみたいだぞ。まあ、掛けたまえ」

大使は促した。亮介は大使に見透かされたようで、少し緊張しながら大使執務机の前にある椅子《いす》に座った。大使も腰を下ろした。

「はい、念願のオペラを堪能いたしました。中華料理もおいしくて、ほとんど毎晩通いました」

亮介はかいつまんで休暇のあらましを報告した。大使は部下の休暇報告を一緒に楽しんだように聞いた。

「途中で車が動かなくなって立ち往生していた母親とその女の子を助けて、プラハまで連れてきました。大変喜ばれました」

亮介は付け加えた。

「それはいいことをした。われわれだって、通りがかりの人に助けてもらうことがあるかもしれないのだから。まあ、クーリエの旅行でもなかったわけだし、いい人助けをしてよかった」

大使は部下の善行を喜んだ。クーリエのときは、見知らぬ人物を同乗させることは、禁じられていたのである。パウチの安全のためだった。

報告のあと亮介は、大使から幾つか仕事の指示を受け退出した。三階の事務室に戻りながら、亮介はわだかまりを感じていた。同乗させた女性とその娘がＤＤＲ人であったことを話しておくべきだったのかと迷ったのだ。

亮介はこの大使を敬愛していた。外務省の大先輩としての尊敬はもちろん、温厚で沈着な人柄と優雅な身のこなしにあこがれていた。格調高い英語力を駆使し外交交渉にあたる大使の姿は、若い亮介にとって、これから登ろうとする山のようなものであった。

第二次世界大戦の前後、米国や中国大陸で外交官として活躍した経験と見識から、大使は、すべての国際紛争は領土や資源の争奪をはじめとし、宗教、文化そして民族を原因とするものであり、外交官の任務は、それぞれの要因をよく理解することに始まる、と説いた。だが、他民族の考えを理解し、その文化や宗教にまで理解を深めることは決して易《やさ》しいことではない。相手の誇りや喜びは当然のこと、苦しみ、悲しみ、怒りそして恐怖といった紛争の衝動を、どれだけ受け止めることができるかにかかっている。本国政府と任国の間に立って仲介役を務める外交官は、何よりも人間的であらねばならず、人間としての正義感と人類愛にもとづいて行動すべきである、というのが大使の持論であった。

また、大使は日中戦争の間、中国大陸に在勤していた。中国要人と日本軍部の板挟みになって、無知で粗野な軍人の横暴に屈し、中国の人々の民族としての誇りを傷つけ踏み躙《にじ》ることが多く、これを阻止できなかった苦悩の体験をしばしば語った。

大使公邸でのディナーが終わり、客が帰ってしまった後のくつろいだひととき、大使はソファにゆったり座り、ブランデーを傾けながら、若い館員に外交官としての心構えとともに日本外交のあり方を説くのがいつものことだった。亮介は、大使のそんな談話を楽しみにし、多くのことを学んだ。

在チェコスロバキア日本国大使館は、大使以下七名の正規館員と九名のチェコ人スタッフからなる小規模な大使館であった。一般館員は上司の指揮下に幾つかの仕事を兼任しなければならず、亮介は政務補佐のほか電信を兼任していた。

政務はチェコスロバキアの内政・外交・経済等の動きを調査し分析する仕事だ。もちろん関連の情報を収集するのも大きな任務である。

他方、電信は文字どおり大使館と外務本省、あるいは各在外公館との間の電報を発受する仕事であり、大使館の情報発受機能の中枢であった。この電信担当官という任務は、大使館最高の機密である暗号コードや、その関連の機器を取り扱うため、機密保持に特別の責任を負い、神経が休まることがなかった。それに電信案が大使の決裁を得て、電信担当官の手もとに来るのが遅くなったり、電信案が多数ある場合、発電作業はしばしば深夜までかかった。

大使館員として亮介の仕事はこれだけにとどまらなかった。チェコ側政府および関係機関との交渉、協議、日本からの要人や代表団を世話する通訳、見学、案内などの便宜供与、他の国々の外交官同僚との会食やパーティと、体は幾つあっても足りなかった。こうした日常業務は激務であったが、誇りと責任感そして若さが支えになっていた。その意味でも、今回の休暇は亮介にとって気分転換と英気を養う貴重な休息であった。

事務室に戻った亮介は、チェコスロバキア共産党機関紙『ルデー・プラボォ』と国営通信社CTKが出す英文ニュースに目を通した。五日分をまとめて読むのは大変だった。しかし政務担当官として、日々のチェコスロバキアの動向を把握しておかねばならなかった。もちろん重要な記事は、電信あるいは公信で本省に報告しなければならない。

一通り目を通したが、特に注意を払うべき記事はなかった。しかし、三月に入って立て続けに調印されたチェコスロバキアとポーランド、ポーランドとDDR、チェコスロバキアとDDR、それぞれの間に締結されていた友好協力相互援助条約の改定について、幾つかの記事があった。この条約改定そのものについては、すでに本省に報告してあった。ただ、期限満了とはいいながら自動延長ではなく、なぜ条約を全面改定する必要があったか、いろいろな憶測があった。大使から受けた指示の中にも、この新条約について関連情報を集めるようにということがあった。亮介はその記事を切り抜いた。

電話が鳴った。同僚の稲村嘉弘《いなむらよしひろ》書記官だった。食事に行こうという誘いに、もう昼時になったことに気づいた。亮介は二つ返事で応じた。外務省入省同期生であるうえ、彼も独身で二人はなにかとうまが合うのだ。どちらかといえば行動的で陽性な亮介に対し、彼は静かで芯《しん》が強い対照的な性格であった。また亮介よりやや小柄で眼鏡をかけていた。

大使館から徒歩で三分余り、連れ立ってカレル橋のそばにあるレストラン「ウ・トゥシ・プシュトロス（三匹の駝鳥《だちょう》）」へ行った。特別な料理があるわけではなかったが、近いのが取り柄でよく通うレストランだ。例によってビール一杯と豚肉のチェコ風ソテーにサラダを取った。食事の会話はあまりはずまなかった。亮介が奇妙に無口だったのだ。

「どうした。元気ないな。遊び過ぎたんだろう」

稲村は訝《いぶか》った。

「たぶん、オペラの観すぎだよ」

亮介はごまかした。DDRの女性とその娘のことを考えていたのである。二人は当たり障りのない会話をして食事を終えた。

大使館に戻ると亮介は気を取り直し、仕事に取り掛った。館内回覧の書類がまだ手付かずで、机の上に積み上げてあった。回覧書類は、本省や他の在外公館からの公信あるいは電信を中心とするさまざまな文書であり、なかには急いで処理しなければならない案件も含まれていた。亮介の神経は次第に仕事に集中していった。午後三時からの館内会議のため一時間余り中断したが、遅れを取り戻すため仕事に没頭した。

結局、この日、亮介が大使館を出たのは午後九時過ぎであった。たまっていた仕事をほぼ整理し、心地よい疲労と空腹を感じながら仕事を切り上げたのだ。

時間は、感情の高ぶりを優しく鎮めてくれた。それに仕事にも疲れていた。DDRの女性とその娘に対する感情は、一日の時の隔たりに、薄いベールがかかったように淡くなっていた。大使館を出た亮介は、途中で夕食を取ることにした。国民劇場の向かい側、「カフェ・スラービア」に立ち寄った。このカフェは、かつて二〇年代の古き良き時代、音楽家や舞台芸術家そして文学者の溜《た》まり場であったと言われ、その雰囲気はほとんどそのまま残っていた。旧式の家具や調度品のたたずまいと若いカップルのひそひそ話、物憂い表情でひとりワイングラスを傾ける初老の紳士、それがとても絵になるカフェだった。

食事を終えて店を出た後、路地に車を止め少し歩いた。近くのブルタバ川から吹いてくる風が少し冷たかった。しかしその風に刺《とげ》はなかった。プラハの春はすぐそこまで来ていた。

カレル橋

休暇明けの週は瞬《また》く間に過ぎて金曜日になった。この四日間、亮介はたまっていた仕事を片付けるのに多忙だった。日々の雑務のかたわら、休暇前からのテーマ、チェコスロバキア、DDRそしてポーランドの間に、それぞれ改定締結された友好協力相互援助条約について、懸案の報告をまとめていたのである。亮介がまとめた報告書の内容は次のようなものだった。

条約改定の外交政策上の狙いとしては、DDRとチェコスロバキアそしてポーランドの間の国境画定であり、第二次世界大戦の結果である二つのドイツの存在を固定すること、つまりDDRの脆弱《ぜいじゃく》な国際的存在を条約によって補強しようとしたのである。黒幕はもちろんソ連だった。

一九六六年、自主路線を推し進めるルーマニアが、ソ連や東欧諸国を出し抜いて西独を承認し、外交関係を樹立したのである。危険な兆候だった。とりわけDDRの独裁者ウルブリヒトは、他の東欧諸国がこれに倣い、頭越しに西独との外交関係を結ぶことを恐れた。DDRは西独を敵視することによって、存在理由を主張してきたのである。つまりDDRは、NATO（北大西洋条約機構）の軍事的脅威、特に西独の軍国主義と復讐主義に対抗する神聖な国家とされていた。そのテーゼが神通力を失うことを恐れていた。しかもDDRは、軍事同盟の中核としての地位を確保しようとしていた。DDR人民軍は、事実上、ワルシャワ条約軍の盾、「第一戦略部隊」であった。

そしてもう一つの狙いがあった。経済改革と自由化を進めようとするチェコスロバキアをはじめ、民族意識が高いポーランドの動きを警戒するDDRが、巧妙に仕組んだ相互監視体制を作り上げることだ。ウルブリヒトはモスクワの番犬といわれていた。

スターリン以上のスターリン主義者といわれるDDRの独裁者ウルブリヒトは、隣国の改革の動きに異常なほど敏感であった。自由化や民主化の動きが自国に及ぶのを、何より恐れていた。DDRは、西独とともに第二次大戦に敗北したドイツを分割し、人工的に造られた国家であった。しかも二十五万の駐留ソ連軍と「ベルリンの壁」、そしてSED（ドイツ社会主義統一党）といわれる共産党の一党独裁、国家治安警察による抑圧的で徹底した人民監視によって成り立っていた。しかも猜疑と憎悪、そして独善のイデオロギーに追従する共産党員という名の権力の司祭たちが、絶対的に支配する王国であった。

　亮介は報告をまとめた充実感とともにくつろいだ気持ちで、事務室の机に向かいぼんやりしていた。忙しい日々にあって、ふっと訪れる空白の時間であった。机の上の小さな置き時計は、十二時になろうとしていた。いつもなら昼食に行こうといって、誘ったり誘われたりする相棒の稲村は、クーリエでウィーンに出かけ不在だった。手っ取り早くいつものレストランにするかどうか、亮介は迷っていた。それほど空腹でもなかったのだ。電話のベルが鳴った。受話器を取ると一階受付の、シモノバ夫人だった。

「あのう、お客様ですが」

　当惑したような声だった。

「お客様はドイツ人の女の子なんです」

　亮介は、あっと思った。びっくりすると同時に心の中で何かがはじけた。

「ああ、知ってますよ、その子。シルビア・シュナイダーという子でしょ」

「ご存じだったのですか。失礼しました。やはりあなたのことだったのですね」

　シモノバ夫人は拍子抜けしたような声で言った。亮介は電話を切ると三階から駆け降りた。

胸がときめいた。あの母親も一緒だろうか。淡い期待に、四日間の空白が一瞬に埋まった。二階の踊り場まで来ると、階段の下で、シルビアが待ちかねたように見上げていた。母親の姿はなかった。亮介はがっかりしながら、なぜかほっとしていた。

「こんにちは」

上気した顔でシルビアが亮介を見つめて微笑んだ。

「やあ、もう元気になったの。シルビアが訪ねてくれるなんて夢にも思わなかった。本当に驚いた」

すっとかわいい右手が差し出された。亮介はその手を軽く握って握手した。

「突然お邪魔してごめんなさい。でも、お目にかかれてとっても嬉しく思います。先日はありがとうございました。今日はママに代わってお礼を申し上げに参りました」

シルビアの改まった態度と言葉遣いが、大人《おとな》っぽく見えた。それでいて暗記してきた言葉を忘れないうちにとでもいうように、一気に口上を述べるのが微笑ましかった。亮介は玄関ホール隅の応接ソファに誘った。

「ママ、お元気？」

座りながら尋ねた。シルビアは向かい合って行儀よく座った。はにかんではいたが、ものおじしない目で亮介を真っ直ぐに見て言った。目もとが母親にそっくりだった。

「はい、とても元気です。あのう、これママからのお手紙です」

シルビアは白いバスケットから封書を取り出した。印象がすっかり違っていた。プラハまで一緒に戻ったときのシルビアは、熱を出して弱々しかったせいか、幼い印象だった。しかし目の前に座るシルビアは生き生きとし、おしゃまで活発な少女に見えた。

「それから、これママとわたしのお礼の贈り物なの」

シルビアは赤いリボンが掛かった小箱を差し出した。

「ありがとう。ママからのお手紙、嬉しいな。それに贈り物だって?」

亮介はときめきとともに封書と小箱を受け取った。

「開けていい?」

尋ねると、シルビアが笑顔でうなずいた。封を切ると、青いインクで書かれたいかにも女性らしい優雅な筆跡のレターが出てきた。丁重な感謝の言葉に始まり、故障した車の処置のこと、シルビアを医者に見せたが心配することはなかったことを伝えていた。レターは二ページあった。亮介はざっと目を通した。

「お手紙届けてくれてありがとう。後でゆっくり読んでいいでしょう?」

亮介は手紙を大事に、上着の内ポケットにしまった。

「贈り物、開けてみて」

シルビアが待ちかねたようにせがんだ。

「何だろう。胸がどきどきする」

亮介はリボンを解きながら、シルビアの視線を感じていた。亮介がどんな顔をするか見逃すまいとしていた。

箱を開けると、カフスボタンが入っていた。円形の銀の台座に、水色の半球形のガラス細工がはめ込んである。よく見るとガラスの中に、濃いブルーの微小な丸い斑点が無数にちりばめてあり、若向きだが派手さを程よく抑えた上品なデザインのものだ。

「うわあ、これは素敵だ。ぼく、こういうの欲しかったんだ。ありがとう。ママが選んだの?」

亮介は嬉しかった。贈り主の真心と趣味のよさが直感できた。十分吟味され選ばれた品に違いなかった。シルビアが嬉しそうに、そして得意そうに言った。

「モーゼルっていうお店で昨日買ったの。何にしようかとママと随分考えたの。日本の外交官にあげる贈り物だから、立派なものでなくちゃだめって、ママが言ったの。でも、これにしようって言ったの私よ。私が選んだの。本当に気に入った?」

「もちろんだよ。本当にありがとう。大切に使います。とびきりのおしゃれをするときに……。さすがにモーゼルのカフスボタンだ。素敵だね」

亮介は幾度も眺めた。モーゼルは古い歴史を持つ、プラハで最高級のガラス工芸品の店であった。花瓶や水差し、灰皿の類はもちろん、動物、鳥、魚などをデザインした品は芸術品といってよく、ドルやマルクなど西側の外貨でなければ購入することはできなかった。亮介は女性の心遣いを感じた。自分のしたことがそんなに喜ばれ、感謝されていると考えると嬉しかった。

「ママによろしくね。ありがとう。こんなに素敵な贈り物。一生の宝物だ」

シルビアは亮介の言葉にうなずき、嬉しそうに両手を組んで胸に当てた。母親にそっくりのしぐさだった。亮介はカフスボタンを小箱に戻し包み直した。

二人の会話にシモノバ夫人が聞き耳を立てていた。興味津々《しんしん》という感じであった。好奇心なのであろうが亮介は気になった。亮介はシルビアもDDR人であることを忘れてはいなかった。独善と果てしない猜疑に支配される国では、子供の言動でさえも密告の対象になるのだ。

シモノバ夫人はいい人ではあった。しかし亮介のみならず、大使館員は現地職員に気を許していなかった。彼らは、チェコスロバキア外務省の機関である外交団サービス局から派遣されていた。外国大使館が独自に現地職員を採用し、雇用することは禁じられていたのである。当然のことながら、現地職員たちはチェコ側当局の統制下にあった。しかも彼らは当局、つまり内務省外事警察に、見聞きした大使館内の動静を定期的に報告する義務があり、情報提供者の役割を果たしていたのである。

当局に睨《にら》まれ、せっかくの職場を失わないようにするには、信頼を得なければならず、現地職員たちは、好むと好まざるとにかかわらず、当局の言いなりにならなくてはならない弱い立場だった。一方で、彼らにとって西側の大使館で働くことは大変魅力的なことであった。一般より高い給与水準だけでなく、給与の一部をドルやマルクなどの外貨で受け取ることができるのだ。外貨を持つということは、外貨ショップで、普通の国営商店では手に入れることができない西側のさまざまな品物を、買うことができるということでもある。

亮介はシルビアと、もっと話したかった。しかしここは適当な場所ではないと思った。シモノバ夫人が聞き耳を立てているのに気づいたシルビアが神経質になっていた。亮介は哀しく腹立たしかった。こんな子供までもが、他人に警戒心を持つ相互監視と不信の社会体制に対する憤りであった。

「シルビア、これからどうするの？　ぼく、出かけようとしてたんだ。その辺まで歩こうか」

「いいわ、カレル橋の向こうの電車の停留所まで」

シルビアがちょっと澄まして答えた。

「ナ・スフレダノウ（さようなら）」

シルビアがシモノバ夫人にチェコ語で挨拶した。ばつが悪そうな夫人の視線だった。外は暖かく、気持ちがよかった。大使館のすぐ前の音楽学校で、ピアノを弾くのが聞こえた。ショパンの練習曲だ。並んで歩くシルビアが少しはにかんで嬉しそうに、亮介の手を取って見上げた。亮介は、その手をそっと握り締めた。と、シルビアも強く握り返してきた。ずっと手を繋いで歩いた。いつのまにかマルテスケー・ナームニェスチーを抜け、カレル橋の橋塔の下にいた。春めいた風に誘われたのか、このプラハ随一の観光名所は観光客でいつになく賑わっていた。橋のたもとで老人がアイスクリームを売っていた。

「アイスクリーム、食べる？」

「うん、食べる」

明るい声だった。亮介は一コルナを出して二つ買った。煙草《たばこ》の箱二つ分ほどの大きさで、パラフィン紙に包んであるだけの質素なアイスクリームだが、中身は見かけとは違った、とてもおいしいアイスクリームだった。一つシルビアに渡した。

「ありがとう。アイスクリーム大好き。でも、あの日本の果物の何だっけ? あれおいしかった。ママは一つか二つしか食べなかったけど、残りはわたしがみんな食べちゃったの」

包みを上手に開くと、シルビアはアイスクリームにかぶりついた。健康な白い歯だった。

「オイシ」

シルビアが思い出したように言った。

「覚えてたの? オイシではなくてオ・イ・シ・イ」

亮介は発音を直してやった。

「ガンツ(とても)、オイシイ」

シルビアがドイツ語と日本語をごっちゃにして言った。亮介は笑った。ブルタバ川の春の風に吹かれ、アイスクリームを食べながらカレル橋を歩き、立ち止まっては、たわいのないおしゃべりをした。ここなら盗み聞きされる心配はない。

亮介は改めてシルビアを眺めた。赤いチェックのワンピースに白いストッキングと赤い靴。そして白いバスケット。ツォフというドイツ風の三つ編みおさげ髪に赤いリボン。なかなかのセンスであった。通りすがりの人が、シルビアに視線を当てたまま行き過ぎ、思い出したように振り返った。橋は眺望を楽しむ、そぞろ歩きの人々で賑やかだった。

この橋はカレル四世によって一三五七年に工事が開始され、十五世紀に完成した石の橋であった。その後十八世紀に橋の両側欄干《らんかん》の上に、キリストや聖人たちの像が三十体並べられた。像は現在まで二百年余り、歴史的遺産として大切に保存されてきたのだ。聖フランシスコ・ザビエル像のそばに二人は立ち止まった。

「ねえ、シルビア。この橋の聖人像、どれが誰だか知ってる？」

「知らない。でも、橋の右側最初に立ってる、聖バーツラフは知ってる」

シルビアが答えた。ボヘミア最初の王であった。

「この像は聖フランシスコ・ザビエルっていうんだよ。十六世紀にはるばる日本までキリスト教の布教に行った人なんだ。わかるかな？」

「ヤーパン（日本）まで行ったの？」

シルビアがザビエルの像を見上げた。

「そうだよ。四百年以上も昔なんだ。今なら飛行機で簡単に行けるけど、その頃は風まかせの船に乗って、何カ月もかかる危険な旅だった。暴風雨に遭うかもしれないし海賊に襲われるかもしれなかった。それでも日本へ行ったんだ。勇気がある人だね。きっと神様を信じていたからできたことなのだろうね」

亮介は説明した。難しかったのか、シルビアは興味を示さなかった。黙ってアイスクリームを食べていた。電車の停留所まですぐだった。

「わたし、明日ＤＤＲに帰るの」

シルビアがひとり言のように呟いた。

「そう、一人で?」

亮介は尋ねた。

「うん、でも、ドレスデンまでおばあちゃんが来てくれるの。そこで乗り換えてカール・マルクス・シュタットまで行くの。駅までハインツおじさんが迎えに来てくれるわ。エルツゲベルゲっていうところ、知ってる?」

「知らないけど、遠いの? ぼく、シルビアはベルリンに住んでると思ってた」

「パパはベルリンだけど、わたしはおばあちゃんのとこなの」

寂しそうに言った。複雑な家庭の事情があったのだ。何気ないやりとりにシルビアの人生がかいま見えた。二人はカレル橋を渡りきっていた。シルビアは食べ終わったアイスクリームの包み紙を丁寧に畳むと、歩道わきの屑籠《くずかご》に捨てた。

「ねえ、シルビア。なんだか急に悲しそうだね」

シルビアは黙っていた。停留所に集まる観光客グループが賑やかだった。スロバキア地方の人たちらしく、スロバキア語を話している。シルビアはグループの一番後ろに並んだ。電車が来た。列について歩きながらシルビアが言った。

「ありがとう。プラハまで連れてきてもらって、本当にありがとうございました。それからアイスクリームおいしかった。今度は夏休みにプラハに来るの。また会える?」

改まった言葉に少女らしい媚《こ》びがあった。

「シルビアがいい子だったらね。ママにも聞いてみなくっちゃ。ママによろしく。カフスボタンとても喜んでたって言ってね」

亮介はシルビアの手を離した。シルビアはタラップを上がった。

「アウフ・ビーダーゼーン（さようなら）」

振り返ったシルビアが手を振った。ドアが閉まった。ガラス越しに何か言ったようだが聞こえなかった。少女は微笑んでいた。

「アウフ・ビーダーゼーン」

亮介も手を振った。電車を見送ってからもしばらくの間、亮介は停留所に立ち尽していた。これからどんな展開になるのだろう。カレル橋をゆっくり戻った。川面を渡る風が心地よかった。目の前に広がるプラハ城の見慣れた眺めが、いつになく華やいで見えた。春霞《はるがすみ》に包まれる聖ビート大聖堂の尖塔と城郭、カレル橋の塔、そして欄干に並ぶ聖人像群、ブルタバの流れに舞う水鳥、いかにも古都プラハ、華麗この上ない百塔の街の風景だった。亮介は、春風に乗ったシルビアの声を、もう一度聞いたような気がした。

「また会える？」

尾　行

亮介は尾行され監視されているのに気づいた。初めは気に留めなかった。プラハに在勤する西側諸国の外交官が尾行されるのは、珍しいことではなかった。それに亮介自身これまでにも、尾行されているように感じることがあったが、確認することはできなかった。しかし今度は様子が違っていた。明らかに尾行され監視されている。三日前、大使館からアパートに戻る途中、ソ連製の黒い乗用車ボルガにつけられた。そして白昼、市内を歩いていて尾行された。

四月七日金曜日、亮介は市内中心部のバーツラフ広場にある「ヤルタ・ホテル」に向かった。昼食に招待されていたのだ。約束の時間は十二時三十分、相手は日本の大手商社のウィーン駐在員であった。東欧諸国の市場調査のためワルシャワ、ブダペストを回り、プラハに立ち寄ったもので、最近のチェコスロバキア情勢について担当書記官の話を聞きたいというのが招待の理由であった。ウィーンの日本大使館を通じてアポイント依頼があり、直属の上司、石崎六郎《いしざきろくろう》参事官の指示で、亮介が行くことになった。

プラハは相変わらず好天が続いていた。亮介はホテルまで歩いて行くことにし、少し早めに大使館を出た。カレル橋を渡って旧市街の路地を抜けるつもりだった。旧市街には、細い路地が網の目のように通じていた。しかもその路地をはさむ何気ない建物の内部に、隣り合う建物や別の路地に抜けるパッサージェがあった。この迷路のようなパッサージェは、土地の人だけが知っているけもの道のような通路で、大使館のチェコ人職員に教えてもらったのだ。パッサージェを利用すると、大使館からバーツラフ広場の「ヤルタ・ホテル」まで、ゆっくり歩いても二十分余りの距離だった。

尾行の気配を感じたのはカレル橋の上だった。シルビアとこの橋を渡ったのはちょうど一週間前のことだ。元気でいるのだろうか。亮介はシルビアに思いをはせていた。

春めく好天に、観光名所は道行く人々で賑やかだった。ほとんどが地方からのおのぼりさんか、ソ連からの観光客だった。やぼったい服装とロシア語ですぐわかった。突然、派手な民族衣装をまとった一団と擦《す》れ違い、何気なく振り返ると、十メートルほど後ろを黒い革のコートを着た中年の男が歩いてくるのに気づいた。亮介は何食わぬ顔で歩き、聖フランシスコ・ザビエルの像まで来たところで立ち止まった。見上げるふりをして窺うと、中年の男はいつのまにか反対側の歩道にいてプラハ城を眺めていた。亮介は再び歩き始めた。カレル橋を渡りきって振り返ると男の姿はなかった。

数日来の尾行は、DDRの女性にかかわりがあると思われた。自分を直接の目標としてのことではない。マークされていた人物、つまりあのDDRの女性にかかわったため、尾行されているのだ。亮介はそう考えた。かかわったといっても、車が動かなくなって困っているところを助けてプラハまで送り届けただけのことではないか。

その後、思いがけなく、シルビアが大使館に亮介を訪ねてきた。それも監視されていたのだろう。だとすると、尾行者とその背後の組織が何故《なぜ》これほどまでに監視するのか。亮介はあれこれ推測した。尾行者が秘密警察関係者であることは、まず間違いなかろう。

女性はやはりスパイの嫌疑を受けているのであろうか。自分は協力者と見なされ尾行されった。スパイというまがまがしい言葉が亮介の心に重く沈んだ。亮介は妄想《もうそう》を振り払った。水色の大きな瞳、深い湖のように澄んだ瞳が思い浮かんだ。尾行者の側は、亮介が大使館外のどこで、どんな人物に会っているのか調べているようであった。おそらくあの女性に会うかもしれないと考えていたのであろう。

カレル橋からクシショフニツカ通りを横断し、路地に入ると、人通りが少なくなって石畳を踏む靴音が響いた。亮介は冷静だった。尾行されながらむしろ尾行者を観察したいと思っていた。背中に神経を集中し、尾行者の気配を窺った。いつも通り抜けに使うパッサージェの建物がすぐそこだった。しかし亮介はパッサージェを通り抜けるのをやめた。尾行者をまこうとしていると誤解されたくなかった。不必要に尾行者を挑発する行動は避けようと思った。女性がどういう状況にあるのかまったくわからなかった。亮介は自分の軽率な行動が、女性を窮地に追い込むことがあってはならないと気づかっていた。

プラハまで同乗させた亮介の善意が、新しいトラブルの種になったのかもしれなかった。出会いの日、雨の駐車場で、亮介が日本大使館員であると名乗ったとき、女性の表情にかすかな怯えが走ったことを思い出した。偶然のめぐり逢いは、女性とシルビアを、そして自分を不幸に導く運命の企みであったのか。企みの罠《わな》にはまってはならない。亮介は改めてそう自分に言い聞かせた。尾行者の気配は消えなかった。

腕時計を見た。約束の時間までまだ二十分もあった。亮介はゆっくり歩いた。やがて路地の前方が丁字路になった。左に折れると旧市街広場に、右へ行くとナ・プシーコピエの繁華街へと通じるはずであった。右折の角まで来て亮介に路地を振り返った。カレル橋の上で見た男が距離を置いて歩いていた。若い娘が三人、何がおかしいのか笑いころげて行き違った。自転車に乗った男がペダルの音をきしませて追い越していった。明るい春の陽射しに路地はのどかであった。その同じ空間で不審な男に尾行されていた。突然の緊迫が、見えないカプセルのように亮介を包み込んでいた。

プラハ生まれのユダヤ人小説家フランツ・カフカが、好んでテーマにした平凡な日常生活が突然失われる不安を実感した。亮介は大学時代、ドイツ語の授業で読んだカフカの短編小説の記憶をたぐっていた。路地を追われて逃げ回るシーンがあったはずだ。カフカもきっとこの路地を歩いたのだろう。彼の生家はこの旧市街にあった。路地の先が賑やかになって、ナ・プシーコピエ通りの雑踏が石畳に響いてきた。

「ヤルタ・ホテル」に着いたのはちょうど約束の時間であった。パッサージェを抜ける近道を避けたため、少し時間がかかっていた。早めに大使館を出たのが幸いだった。

初対面の高田は、いかにも気鋭の商社マンという雰囲気を漂わせる人物だった。亮介より年長の三十代半ばであろうか。七・三に分けた乱れのない髪、縁なしの眼鏡、グレイのビジネススーツ、おそらくロンドン仕立てだろう。幅の広いピエール・カルダンの派手な柄のネクタイとワインレッドのポケットチーフ、いいコンビネーションだ。Vラインにすきがなく、真珠のカフスボタンがきまっていた。恰幅《かっぷく》がよくエネルギッシュな印象を受けた。快活で歯切れのいい率直な話しぶりも好感が持てた。

ホテルのレストランで食事をしながらの会話は高田の巧みなリードと豊富な話題で、むしろ亮介のほうが学ぶことが多かった。

高田はウィーンに駐在して四年。東ヨーロッパを担当し、石油化学プラントをはじめ幾つかの大型商談をまとめた実績を控え目に披露した。今回プラハを訪問したのは、スロバキアのブラチスラバ近郊に化学肥料プラントを建設する商談を進めるのが目的であり、併せて最近のチェコスロバキア政治情勢を調査するためであると説明した。

食事をしながらの会話であったが、高田の質問は鋭く、チェコスロバキア情勢について勉強の程が窺えた。亮介は緊張して質問に答え、説明した。

給仕人が料理の皿を片付けた。尾行され神経を尖《とが》らせていたせいか食欲もなく、話に夢中になったこともあって、亮介は注文したチェコ風とんかつ、スマジェニー・ジーゼクを半分しか食べなかった。何しろ皿からはみだすほどの大きさだった。高田は健啖《けんたん》であった。同じ料理を取ったのだがきれいに平らげ、特別に注文したクネドリキという、チェコ独特の卵の黄身と小麦粉で作る茹《ゆ》で団子まで食べてしまった。ピルゼンビールを飲み干すと、高田は言い訳でもするように言った。

「いやあ、まったくチェコ人と付き合って商売するには胃袋も武器の一つでしてね。素質はあったんですが、いつのまにか大食らいになってしまいました。家でかみさんにあきれられていますよ」

亮介は吹き出してしまった。高田もつられて笑った後、改まった態度で声を低めて切り出した。

「実は、先程お話ししましたように、弊社はブラチスラバの化学肥料プラント輸出商談に二年前から取り組んでおります。ライバルはイタリアとオランダの企業なのですが弊社のオファーが有利で、最後の詰めの段階にありました。総額二百万ドルの大型プロジェクトです。この輸銀融資の話もついています。弊社としてはなんとしても成約したいと思っております。このプロジェクトはソ連のウクライナ・ルボフから西スロバキアのシャーラまで、総延長約四百四十キロのパイプラインではるばる送られてくる天然ガスを利用し、窒素肥料その他の化学品を製造しようというのです。チェコスロバキア政府は、これを次期五カ年計画の基幹プロジェクトにしていました。本年六月パイプラインの完成を目前に、関係者の熱意は並々ならぬものがありました。ところが今年になって、最後の交渉段階で当事者の反応が鈍くなり、二月以降、交渉は事実上中断してしまったのです」

通りかかったウェイターを呼び止めると、高田は亮介にデザートを勧めた。亮介はコーヒーだけ注文した。高田は紅茶であった。

「化学工業省の係官が漏らしたのですが、昨年から本格的に導入された新経済管理システムをめぐり、党・政府レベルで保守派と改革派の対立が深刻になっている気配があるのです。つまり新システムの導入により、保守派は従来の中央集権的な既得権と統制力が失われるのに抵抗し、反対に改革派は党の統制をできるだけ緩めようとしています。

ご承知のように社会主義国では、大型投資計画を進める場合、党の指導のもと政府がこれを実行する形になります。ところが党を代表する中央委員会化学工業部長がこちこちの保守派党員なのに、政府側・化学工業省第一次官は、絵に描いたようなテクノクラート出身の進歩的党員なのです。この二人はそれぞれの勢力を代表するホープと期待されているだけでなく、この国の化学工業の将来を左右することができる実力者といわれています。実は、内密なことを耳にしました……」

高田はあたりを見回すと一段と声を低めて話し出した。亮介は思わず身を乗り出した。

「改革派はこの天然ガス化学プラントを新経済管理システムのモデル・プロジェクトにしようともくろみ、保守派の影響力を排除しようとしたというのです。当然、保守派の党中央委員会化学工業部長が激しく反発、プロジェクトをボイコットし凍結する措置を取ったのだそうです。交渉が中断したのは当たり前でした」

興味ある情報だった。亮介は公電で本省に報告する価値があると咄嗟《とっさ》に判断した。

「党と政府の組織関係からして、党中央委員会の部長は、所管する各省大臣の上位にありまず。すべての官僚の任免や昇進はもちろん、失脚させるのにさえ決定的な影響力を持っているということです。官僚である一次官がなぜこれほどまでに党指導部幹部と対決することができるのか、わたくしには理解できません。

いずれにしても弊社の天然ガス化学プロジェクトは、買い付け側内部の政治的な駆け引きの道具とされているのです。技術スペックや価格ないし支払い条件などで党と政府の実務責任者だもめているのであれば、私どもも妥協の道を探ることができます。しかし権力闘争の道具にされているのであれば、うっかり口をはさむわけにはいきません。中立を保つしかありません。弊社といたしましては当面、この国の政局がどうなっていくのか見守るしかないのです。正直なところ、わたくしども商売人にとって、保守派でも改革派でもどちらでもいいのです。一体、この国を誰がリードしていくのか。今回プラハを訪問したのは、その辺の判断材料を集めるのが本当の目的なのです。日本大使館の担当書記官がチェコスロバキアの政治情勢をどう見ておられるか、差し支えない範囲でお話し願えませんか」

高田は真剣だった。亮介は話を聞きながらどう説明すべきか考えた。チェコスロバキアの微妙な政治情勢がさまざまな波紋を呼んでいた。高田がもらした貴重な情報に応えなければならなかった。

「六〇年代はじめ、破綻《はたん》を来した計画経済を回復させるには思い切った手法を導入するしかありませんでした。誤解を恐れずに言えば、少しだけ資本主義の手法を取り入れようとしたのです。企業や労働者の自主性を認めるとともに、社会主義経済原則での需要と供給を実現し、生産性と経済効率を高めようとする試みでした。ソ連のリーベルマン方式とか、東欧諸国もそれぞれのやり方で経済改革を進めました。チェコスロバキアはむしろ出遅れていました。保守派の抵抗が強かったのです。改革派の試みは抑えられていました。しかし六二年、六三年と二年連続して経済成長が前年比マイナスになる深刻な経済停滞に直面したのです。ようやく経済改革が真剣に論議され、基本政策が決定されました。

ところがこれは保守派・改革派が同床異夢にまとめた政策でした。実施の段階で対立が生じるのは当然でした。ノボトニー大統領兼党第一書記は、一月の年頭演説でこう言ったのです。『新経済管理システムの導入は決して容易なことではない。その理由は率直に言えば、われわれはあまりにも古いやり方に慣れ過ぎてしまっているからである』と。

一応、保守派を牽制《けんせい》しました。それが三月の党中央委員会総会では、二枚舌を使ったのです。『われわれの社会主義経済は、中央で計画・運営する経済であって自由市場関係にもとづくものではない』、そう改革派に警告したのです。つまり保守派の巨魁《きょかい》ノボトニー大統領は、アクセルを踏みながらブレーキをかけたのです。狡猾《こうかつ》な駆け引きです。チェコスロバキアの政治情勢はかえって緊張し、こんがらがってしまいました。

保守派と改革派の綱引きは、このところ改革派に有利になっているようです。どうにもならなくなった経済状況は、ともかく新経済管理システムを実行するしかないのです。技術者や労働者もそのことをよく理解しています。もう後戻りはできないのです。

しかも事態は、好むと好まざるとにかかわらず、社会主義政治理念とそのシステムを、どう再生させるかということに論争が発展しつつあります。つまり、経済改革が民主化運動に発展する徴候が出ているのです。スターリン主義批判に名を借りて、その実共産党の一党独裁と恐怖政治を批判する傾向は、当局の警告にもかかわらず収まる気配はありません。党内の進歩的勢力がひそかに煽動《せんどう》しているのではないかとさえいわれています。知識人党員にリードされる改革派の主張が、言論の自由や複数政党制を求める民主化運動にエスカレートし、西欧型民主主義に傾斜するようなことになれば、ソ連との関係が危なくなるのは確実です。もしソ連がこの運動を反革命と判断する場合、一九五六年のハンガリー事件の二の舞になりかねません。チェコスロバキアの改革運動は、悲劇的な結末を迎える可能性があります」

亮介はいつかＢＢＣ放送のニュース解説で聞いた言葉を無意識に口にしていた。高田は亮介の説明に耳を傾け、メモを取っては、暗い表情で考え込んでいた。話に一区切りつけ、亮介は一息ついた。ぬるくなったコーヒーの残りを飲み干した。

「最悪の場合、チェコスロバキアの政治情勢は相当混乱するというわけですね。やはり天然ガス化学プラント商談はとりあえず中断すべきなのですね」

高田は自分に言い聞かせるように呟いた。二人の沈黙が続いた。

あのＤＤＲの女性はチェコスロバキアの政治情勢になにかかわっているのだろうか。尾行されたのもそのためなのだろうか。亮介は、復活祭の休暇以来の出来事を脈絡なく思い起こしていた。突然、思い浮かんだ推理が亮介の心を凍らせた。

（尾行者はＤＤＲの秘密警察ではないのか）

まさか、そんなことあるはずがない。いくらなんでもチェコスロバキア社会主義共和国は主権国家じゃないか。もちろんＤＤＲは同盟国だ。特殊な関係もあるだろう。だからといってチェコ国内でＤＤＲが警察権を行使できるだろうか。馬鹿な！　亮介は自分の突飛な推理を打ち消した。いや、そうじゃない。ソ連のＫＧＢはおろか、ナチ時代のゲシュタポをしのぐといわれるＤＤＲ秘密警察のことだ。奴《やつ》らならやりかねない。要員をプラハに送り込んで活動させるのは朝飯前だ。亮介はいつのまにかそう確信していた。重い心をどうすることもできなかった。

高田が考え込む亮介に話しかけた。

「どうされましたか。なにか疲れていらっしゃるようですね。お忙しいところをご足労願って申し訳ありませんでした。でも、とてもよい勉強になりました。さすがですね。もちろんお話は個人的なご意見として承りました。直接お名前を出して引用するようなことはいたしません。ありがとうございました」

高田の亮介に対する気遣いと、感謝の言葉だった。

「お役に立つことができれば嬉しいです。いろいろ独断と偏見でお話ししました。高田さんのお話もとても参考になりました。貴重な情報でした。政治情勢がいろいろなところに影響を及ぼしているのがよくわかりました。でも本当に、これからこの国はどうなるのでしょうか。他人《ひと》ごとと思えませんね。心配です」

亮介は話しているうちに少し平静を取り戻していた。

「頑張ってください。共産主義の国に在勤する西側外交官の仕事がどんなに大変か、東欧を回っていますのでよく理解しているつもりです。お若いのにさすがに日本の外交官です。頼もしいですね。今度ウィーンに来られるときは是非声をかけてください。家内の手料理でよろしければ喜んでおもてなししますよ。またお話を伺わせてください」

高田は何かを吹っ切るように明るく話しかけた。亮介は高田のお世辞が照れくさかった。

ホテルを出たのは二時過ぎであった。亮介はタクシーを拾った。尾行されているのかどうか、もうどうでもよかった。疲れていた。

「ヤポンスケー・ベルビスラネツトビー（日本大使館へ）」

行き先を告げた。

「ドブジェ（わかりました）」

若い運転手は無口だった。バーツラフ広場は金曜日の午後ということもあって、かなり賑わっていた。菩提樹《ぼだいじゅ》の見事な並木に若芽が萌《も》えていた。

『プラハの春』音楽祭

五月になった。毎年のことだがメーデーが終わり、九日、ナチス・ドイツの敗北を祝う解放記念日までの間に、プラハは一斉に新緑のベールに包まれる。極限まで膨らんだ木々の芽が、一夜のうちに爆発するように開くのだ。そして若葉の新緑は日ごとに濃くなっていく。この時季、晴れた日、市街地東部高台のペトシーンの丘から見晴らすプラハの美しさは、世界の都市景観の中でも、一、二を争うものといって過言ではない。

ブルタバの流れをはさみ、両岸に広がる新緑とライラックの薄紫の花に包まれた百塔の街はあでやかによみがえり、冬の日、暗く陰鬱《いんうつ》に蹲《うずくま》る町並みと同じとは思えないほど変貌するのだった。人々は生気を取り戻し、とりわけ娘や女性たちがそれぞれ艶《あで》やかに変身した。公園で遊ぶ子供たちの喚声も、ひときわ生き生きとしていた。

そのうららかな春の陽の下で、保守派と改革派の暗闘は厳しさを加えていた。表面的にチェコスロバキアの政治情勢はそれほど動いていなかった。しかし底流は複雑さを加え、新聞をはじめマスコミの報道から目をそらすことができなかった。世界のマスコミもチェコ情勢に注目し、経済改革をめぐる権力闘争や民主化運動についての報道や論評が急に増えていた。

五月三日開催された党中央委員会では、経済改革に関する諸問題と深刻な経済状況が取り上げられた。改革派リーダーとされるチェルニーク副首相は、基調報告の中で「現在の情勢は、旧《ふる》い経済管理制度がもはや有効ではないにもかかわらず、旧制度が依然として影響力を保持しようとしている。他方、新経済管理制度が実施されているのに、いまだなんらの大きな影響力を発揮できないでいる。このため事態は複雑化している」と、保守派の抵抗を厳しく批判、改革派の攻勢は続いていた。

亮介は忙しく過ごしていた。まず新聞やラジオの報道から重要な政治的出来事や論評を、本省に報告する電信や公信を起案する大事な仕事があった。電信起案作業は限られた時間内に終わらなくてはならなかった。重要な情報はその日のうちに発電するのが原則で、ときには昼食を取る暇もないほど忙しかった。大使の決裁が終わった電信案はすべて、電信担当官である亮介が発電処理した。電信案は各担当官から持ち込まれるので、多いときは二十通を超えることがあった。それに本省や他の日本大使館から直接転電されてくる多数の電信があった。そのすべてを処理し終え、大使館を出るのはしばしば夜九時、十時を過ぎてのことだった。

激務の中で、亮介は、その後も自分が尾行され監視されているのかどうか、注意を払う余裕はなかった。もちろん尾行された原因がDDR人母娘を同乗させたことにあるというのは想像にすぎなかった。しかし亮介はそう信じた。女性の身の上に何かが起こっているに違いない。彼女を案じる思いは強くなっていた。復活祭のめぐり逢いから一ヵ月半余り、その思いはどこか焦点が定まらずにいた。それが、尾行されたのをきっかけに、亮介は彼女の存在を意識するようになっていた。まず何よりも無事を祈る思いであり、守ってやらなくてはという衝動であった。

なぜ監視されているのか。問題は監視されている女性にあるのではなく、監視する側にあるのではないか。尾行者はDDR秘密警察関係者ではないかという推理が正しいとすれば、彼女はDDR体制にとって問題の人物ということになる。謎《なぞ》めいた女性は、亮介の心に次第に大きな存在となっていた。亮介は、カフスボタンの贈り物に添えられていた彼女の礼状を思い出しては繰り返し読んだ。

「……めぐりあわせは不思議なものですね。日本の若い外交官に助けていただくなんて夢にも考えないことでした。シルビアは日本の方にお目にかかったのは初めてでした。いろいろ優しい心遣いをいただいてどんなに嬉しかったことか。プラハまでのドライブは、忘れられない楽しいひとときでした。もちろんあなたの思いやりを痛いように感じておりました。わたくしたちにとって、外国の方とお近づきになることはとても難しいことなのです。もしあなたが米国や英国の外交官でしたら、プラハまで同乗することをお願いすることはなかったでしょう。でも、あなたのご親切に甘えたことが、かえってご迷惑をかけることになるのではないかと恐れ、心配しております。

それにしても人間の営みとはなんと不条理に満ちたことなのでしょうか。純粋な善意が思いがけない災いの原因になることがあるのですから。しかし人間である限り、誠実な思いやりと優しい心を失いたくないものです。たとえ善意が災いのもとになるようなことがあっても……。あなたの優しい心がいつまでも光を失わないよう願ってやみません。

お目にかかってお礼を申し上げたかったのですが、ご迷惑をかけてはと思い直し、シルビアを伺わせました。それから、ささやかなお礼の品をお届けします。きっとシルビアが自慢するのではないかと思います。シルビアが選びました。気に入っていただければ嬉しく存じます。ご活躍とご多幸を心からお祈りいたします」

手紙の中で、女性は亮介に迷惑をかけることを気遣っていた。女性自身の状況に、亮介が巻き込まれることをあらかじめ予測していたのではないかと考えられた。亮介は、米国や英国の外交官であったら、プラハまで同乗を依頼することはなかったという、女性の手紙の言葉にこだわっていた。

その夕べ、亮介は中沢大使夫妻とともにスメタナ・ホールのロビーにいた。『プラハの春』音楽祭開会式コンサートの前半が終わったあとの休憩だった。

五月十二日、十九世紀チェコ近代音楽の祖といわれる国民的音楽家ベドジフ・スメタナ生誕の日に開会される『プラハの春』音楽祭は、三週間にわたりさまざまな音楽プログラムを繰り広げる。プラハ市民が誇りとし、世界の音楽愛好者が注目するチェコの国家的行事だ。音楽祭は、初日冒頭スメタナの交響詩『わが祖国』に始まり、最終日ベートーベンの『第九』をもって終了するのが慣例になっていた。

この間、国民劇場、芸術家の家、ティル劇場はもちろんのこと、プラハ城の聖ビート大聖堂をはじめ聖イジー教会、聖ヤコブ教会、大修道院長邸庭の野外舞台と、プラハ市内いたるところで毎夕、大小さまざまなコンサートやオペラのプログラムが賑やかに繰りひろげられる。

ロビーに出た聴衆はまだ感動に酔っていた。指揮者はチェコの名手バーツラフ・ノイマン、それにチェコ・フィルハーモニーだった。スメタナの名曲を聞くのに、これほど豪華な組合わせはない。

「ブラボー、ブラボー」の連呼が飛び交い、人々は足を踏み鳴らし感激の拍手を送った。ノイマンは何度も指揮台に戻り歓呼に応えた。そうして聴衆はようやく席を立ったのだった。ロビーにまでその余韻が漂っていた。

「素晴らしかったわ。ボヘミアの人々の魂に触れたような気がするわね」

小柄な大使夫人が少女のように上気して言った。三人は人込みの中を歩いていた。

「本当だ。ボヘミアの民族叙事詩を交響詩にしたのだから、君が言うようにチェコ人の心そのものなんだね」

中沢大使は夫人に応えた。

「堀江君、いかが。あなたのようなクラシック・ファンにはさぞかし感激でしょうね」

大使夫人が亮介に話しかけた。亮介は本場で本物を聞いた感動に浸っていた。

「あの第一曲導入部分のハープのメロディ。聞いた瞬間息ができないほどでした。これまで何度かこの曲を聞いたことがあるのですが、こんなに感激したことはありません。第二曲のモルダウ。チェコの人々にとって、民族有為転変の歴史の流れをじっと見てきたのがこのモルダウだという思いがあるのではないでしょうか。喜びのときも悲しみのときも、チェコ人にとってモルダウ、いやブルタバは、彼らの心のよりどころだったのでしょう」

亮介の印象だった。

「そう、喜びも悲しみもモルダウに、というわけね」

大使夫人がうなずいた。縁なしの上品な眼鏡が和服によく似合った。

「モルダウはドイツ語だが、チェコ語ではブルタバ。心の故郷のような自分の国の川を外国語で呼ばなければならなかったところに、チェコの歴史の悲劇があるのだろうな」

大使が呟いた。ロビーは談笑する人々の声で賑やかだった。

「スメタナは、五十近くになって母国語であるチェコ語を勉強したそうだ。ドイツ・オース

トリア文化がそれほど圧倒的にチェコ人を支配していたということなのだろう。スメタナだ
自分のアイデンティティを確認し、さらに同胞に対し、民族的覚醒《かくせい》を呼びかけたのがこの交響詩だと解説されている。喜びも悲しみもモルダウか……。堀江君、なかなかの文学的表現だ」

大使が亮介を見て微笑んだ。亮介は少し照れた。

「あら、あなた知らなかったの。堀江君は文学青年なのよ。彼の森鷗外論《もりおうがい》、とても勉強になったわ。ほら、あの有名な『舞姫』、堀江君の解説を聞くと本当に感激しちゃうの。わたし鷗外って、あまり好きではなかったんだけど、堀江君の作品解説や人物のエピソードを聞いて見直したの。森林太郎っていう人かわいそうな人だったのね」

話が思いがけない方向に進み、亮介は当惑した。たしかに、『舞姫』が鷗外自らの体験をモデルにした告白の文学作品であることを、大使夫人に解説したことがあった。最愛の人を捨てなければならなかった明治のエリートの悲劇を……。

「それは知らなかったな。でもドイツ語を専攻したんだから、鷗外先生は君の先輩というわけだ。敬意を表するのは当然だ」

大使が笑った。亮介も笑った。ロビーはますます賑やかになり、ワインやシャンパンを飲んでいる人もいる。広いロビーの隅にバーがあって行列ができていた。

「おや、ダビド外務大臣だ。ちょっと挨拶してこよう。君も来なさい」

大使は夫人を促した。見ると七、八メートル離れたところに外務大臣夫妻がシャンパング

ラスを持って幾組かの大使夫妻に取り囲まれ談笑していた。

『プラハの春』音楽祭開会コンサートに外務大臣が各国大使夫妻を招待するのが恒例になっていた。亮介が大使に同行できたのは、中沢大使がクラシック好きの亮介のため、チェコ外務省の儀典長に頼んで、特別に入場券を手配してくれたのだ。普通では、開会コンサートの入場券を入手するのは難しかった。亮介は大使の思いやりを感謝していた。部下が中沢大使を敬愛する小さなエピソードだった。

「じゃあ、またあとで」

大使夫人が亮介に笑顔を向け、中沢大使に従った。人込みの中を行く大使夫人の上品な着物姿が珍しいのか、人々は好奇と好意の眼差しで、大使夫妻に通路を空けた。

亮介はその後ろ姿を追いながら視線を遠くに投げて、突然、幻影を見たような気がした。視点を止めて、亮介は電流に触れたようなショックを感じた。あの人だ！　いや、人違いか。目を凝らした。あの横顔を見間違うはずがなかった。

プラハまでドライブしたフォルクスワーゲンの中で居眠りするあの人の横顔を、抑えがたく盗み見したのだから。あの亜麻色の髪も……。

女性は中年の背が高い男と話していた。亮介は動悸《どうき》を覚え、釘付《くぎづ》けになった視線をそらすことができなかった。女性は何事か真剣に話しているようだった。それも早口で。見開いた大きな瞳は怒りを抑えかねているように見えた。華やいだコンサート幕間の立ち話にしては不自然な雰囲気が見てとれた。男は、あたりを気にしながら話しかけていた。亮介は視線をそらした。

「どこかで見かけた男だ」

記憶の隅を黒い影がよぎって、亮介はいきなり頭を一撃されたような衝撃を感じた。はっきりした記憶はなかった。顔をはっきり見たわけでもなかった。しかし、自分を尾行していた黒いコートの男のような気がした。いや、たしかにあの男だった。亮介は息苦しさをこらえ、ようやく立っていた。空気が稀薄《きはく》になったように感じられ、足がひどく重かった。何故あの男が。一体あの男は何者なのか。二人はどういう関係なのか。

女性はドイツ語を話しているようだった。男はそれを理解している。ドイツ人に違いなかった。男女関係のもつれなのだろうか。次から次に妄想が浮かんでは消え、亮介は裏切られたような思いがした。

コンサート後半の開始五分前を知らせる予鈴がなり、ざわめきとともに人波が動くのを、亮介はぼんやり眺めていた。

「さあ、席に戻ろうか」

大使の声がした。

「あら、堀江君、気分が悪いの？　青い顔してるわ」

亮介の異変に、目ざとく気づいた大使夫人が心配そうに話しかけた。

「はい、ちょっと人いきれに当てられたようですが、大丈夫です」

亮介は取り繕った。

「疲れているんじゃないのか。このところ電信が増えているから大変なんだろう。無理をして体を壊さないでくれよ」

大使の気遣いの言葉を聞きながら、亮介は落ち着きを取り戻していた。たしかにこのところ疲れてもいた。

「大丈夫です」

自分にも言い聞かせるように、亮介は答えた。

コンサートの後半は、リムスキー・コルサコフの交響曲『シェエラザード』だった。千一夜物語に題材を取ったといわれるこの曲は、東洋風のエキゾチックな響きと旋律が要所に織り込まれた華麗なものだった。好きな交響曲の一つだったが亮介は気分が乗らなかった。

このホールのどこかにあの女性がいて、同じ曲を聞いているのかと思うと不思議な気分だった。なにか言い争いをしていたように見えた男と一緒に座っているのだろうか。亮介は取り留めのない思いに、演奏を上の空で聞いていた。魅せられた女性には暗い影がつきまとっていた。今、その影の部分を見てしまった。

亮介はときおり曲に引きずられ耳を傾け、女性に思いをはせていた。この曲のタイトル『シェエラザード』は、『アラビアンナイト』に出てくる賢い女性の名前だった。サルタン・シャリアールは嫉妬《しっと》深く女性はすべて不実と思い込み、情けをかけた女性と一夜を過ごすと、その翌日殺してしまう暴君だった。それを知っていたシェエラザードは、毎夜おもしろい寝物語りを聞かせ、とうとう千一夜を過ごしてしまった。シャリアールは、シェエラザードの知恵と愛情に打たれ改心し、以後シェエラザードと幸せに暮らしたという。その物語をテーマにしたのがこの交響曲だった。亮介はノイマンのタクトから引き出される華麗な曲の旋律に誘われ空想していた。女性にシェエラザードのイメージを重ねて。

あのDDRの女性は、暗い影と闘っているのではないか。寝物語で済むような相手ではなく、巨大な「ぬえ」のようなものと。偶然に目撃した光景の女性は、プラハまで送り届けたドライブの折感じた、たおやかな女性とは別人のような激しさが遠目にも窺えた。思えば女性は何かを秘める雰囲気を持っていた。その何かが、彼女が尾行され、監視される理由なのではないか。

激しい拍手が鳴り響いた。亮介は妄想から覚めた。演奏が終わったのだ。また「ブラボー、ブラボー」の歓声が飛び交い一段と激しい拍手が巻き起こった。人々は立ち上がった。大使夫妻も亮介も起立した。拍手を送った。鋭い口笛も飛んだ。足踏みが怒濤《どとう》のようにホールに響いた。花束がノイマンに捧《ささ》げられた。一つ、二つ、三つ。いや、四つだった。持ちきれなくなってノイマンがその一つをコンサート・マスターに渡し握手した。ノイマンの合図で楽団員全員が起立した。「ブラボー、ブラボー」聴衆は楽団員をたたえ、また激しく拍手した。ノイマンが楽団員に拍手を送った。亮介は拍手をしながらあたりを見回し、女性を捜した。だがその姿はどこにも見当たらなかった。

シュテンツェル

六月、初夏。プラハはすっかり濃い緑に包まれ、市内あちこちのカスタニヤの街路樹が白や薄いピンクの花の房をつけ、甘い香りを漂わせていた。そして夏至。日が暮れるのは午後十時を過ぎてのことであり、午前三時には夜が明けた。

初夏の長い一日、プラハのたたずまいと人々の暮らしに変わった兆しはなかった。国営商店の肉屋に並ぶ相変わらずの行列。年に数回しか輸入されないバナナが並んだマーケットに群がる人々。公園では、乳母車に乗せた赤ん坊と一緒に水着姿で日光浴する若い母親、芝生に寝そべって甲羅干しする中年のカップル、木陰のベンチでチェスに興じる老人たち、その側で居眠りするアイスクリーム売りの老人、見慣れた光景に、静かな日々が過ぎていた。物憂い社会主義国の夏であった。

だが晴天の強い陽射しに気温が上がり、百塔の町並みに陽炎《かげろう》が燃え立つ数日が過ぎると、明るい空に、突然、雷鳴が轟《とどろ》き驟雨《しゅうう》が襲った。二、三十分もすると雨は上がり、陽射しはまた一段と強くなる。雨に洗われた濃緑の木々の葉が、むせかえるような青い芳香を放ち樹液をしたたらせた。中欧の夏は、ときに激情的である。そのプラハで、政治の季節も熱くなろうとしていた。

亮介はちょっとした異変に気づいていた。新聞や雑誌が市内のキオスクや書店でよく売れているのだ。特にジャーナリスト同盟機関紙『レポルテール』、チェコ作家同盟機関紙『リテラールニー・ノビニ』、党青年同盟機関紙『ムラダー・フロンタ』、そしてスロバキア作家同盟機関紙『クルトゥルニー・ジボト』といった週刊紙が、発売されて数日で売り切れてしまい、買いそびれることがたびたびあった。

それに党中央委員会など党の重要な会議が開催された翌日など、党機関紙『ルデー・プラボォ』までもが売り切れた。亮介がプラハに在勤し二年になろうとする間、ありえない現象であった。週刊誌の方はそれぞれ「国内および国際政治報告と評論」「文芸評論と小説、詩」「青年向け政治および文化評論」、そして「文化・芸術および社会評論」と、どちらかといえばインテリ向けの堅い記事で編集されていた。もちろんチェコスロバキアでは、あらゆる出版物が厳しい検閲のもとにあった。当然、党が示す一定のガイドラインをはずれることは許されなかった。それでも党の政策を批判する記事や論文が発表されていたのである。

ずっと後になって亮介は読んだのだが、当時、権力の中枢にあった改革派のZ・ムリナーシは、回顧録の中でこんなふうに語っている。

「それは『プラハの春』になる二、三年も前から顕著なことだった。文化や芸術の仕事に携わる党員の間に、微妙な緊張と対立があることを少数の人々は気づいていた。もちろんそうした雰囲気を醸し出した党員は、ある程度の発言が許容されるエリート党員であった。彼らは評論や論文を、ペンネームではなく、実名と肩書きを掲げ、堂々と新聞や雑誌に発表していたのだ。検閲や自己規制といった枠がはめられていたのはいうまでもないことだが、チェコスロバキアにおける政治や文化のあり方をめぐって、かなりきわどい批判と見解が直截《ちょくせつ》に述べられていた。そして保守的な見解をもって反論する党員の立場は、どこか精彩を欠き胡散臭《うさんくさ》さが漂っていたのである」

そしてイデオロギー担当のヘンドリフ党中央委書記が、それらの記事や論文を目の敵にし、事あるごとに激しく非難していた。彼は保守派に属していた。

考えてみると奇妙なことであった。他でもないエリート党員が編集責任者を務め、党担当機関の検閲を受けて発行された雑誌の記事や論文が、党の最高機関である中央委員会の担当書記に「イデオロギー偏向」として非難されていたのだ。党中央は指導力を失いつつあった。保守派と改革派の力関係が伯仲し、党指導部に権力の真空状態が生じていたのである。チェコスロバキアの人々は、政治の風向きの変化を本能的に読み取っていた。売れている新聞や雑誌はその情報源だった。

亮介がカレル大学文学部講師ハインリッヒ・シュテンツェルに会ったのは、そんなプラハの白夜に近い夜だった。奇妙な印象を与える人物だった。年齢は五十代半ばと聞いていたが六十を過ぎているように見えた。ほとんど白髪で胡麻塩《ごましお》の不精髭《ぶしょうひげ》。レンズに三重、四重の輪が見える度が強い近眼鏡。よれよれのグレイの背広にノーネクタイ。洗い晒《ざら》しのワイシャツ。

そして一メートル九十センチはあろうかと思われる長身。細身が一段と細く見え、風が吹くと飛んで行きそうだった。けっさくなのはその笑い方で、ろくに磨いた様子もない黄色い歯を見せて、「ホウッ、ホウッ、ホウッ」と笑うのだった。しかし目が澄んでいて卑しくなかった。

シュテンツェルは、同僚の稲村のチェコ語の教師でもあった。稲村は亮介と同期入省であったが、語学研修生試験をパスし、チェコ語およびスロバキア語を専攻する特殊語要員だった。二年にわたりプラハとブラチスラバで、もっぱら語学を勉強し、大使館勤務についたのだった。

亮介は稲村からときどき彼の噂《うわさ》を耳にしていた。風変わりな人だが、学識があり、言語学の権威であると。それにどういうわけか消息通であり、国内政治情勢に詳しいということも聞いていた。またシュテンツェルは万年講師で、教授資格を持っているのに教授になろうとしないそうで、大学では、「変人」扱いされている人物と聞かされていた。亮介はどこの大学にもいる浮き世離れした「名物学者」なのだろうと想像していた。亮介はそのシュテンツェルに初めて会ったのだ。きっかけはもちろん稲村だった。

金曜日、午後七時を少し回っていた。大使以下ほとんどの館員が退出し、三階の奥まった一角にある電信室は静まり返っていた。亮介は、外務大臣にあて発電する最後の電信テープをテレックスにかけて中継公館の在英大使館を呼ぶナンバーキーを押した。すぐ繋がった。

「TAISHI LONDON」のアンサーバックを確認し、テープをスタートさせた。いつもほっとするひとときであった。館内電話が鳴った。たしか稲村がまだ館内にいるはずだと思いながら受話器を取った。やはり稲村からだった。

「今晩どうする？　暇なの？　ぼくこれからシュテンツェル先生と久し振りにあって食事するんだ。よかったら来ないか。紹介するよ。変わった人だけど、是非君に会わせたいんだ」

「いいよ。喜んで。名物先生に、やっと会えるわけだ。ところで何時に、どこ？」

「八時に『バルトシュティンスカー・ホスポダ』」

大使館から車で五分ほど、鹿《しか》の肉や鴨《かも》の料理で知られるレストランだった。家族的で気軽な雰囲気が好まれ、週末は家族連れの客で賑わっていた。

亮介がシュテンツェルを知ったのはそんな成り行きからだった。初対面ながら、亮介はその人柄がすっかり好きになってしまい、すぐにうちとけて話が弾んだ。シュテンツェルはその姓のとおりドイツ系であり、ドイツ語を話した。スラブ言語学者だけあってロシア語、セルビア語、ポーランド語にも堪能ということだった。もちろん英語もできる語学の達人であった。

そして瘦せの何とかというように実によく食べた。三人同じメニューを注文した。レバーの肉団子スープ、それに主菜は鹿の肉。添え物は例のクネドリキだった。亮介はいつか会った商社マンのことを思い出した。小食の稲村は初めから逃げ腰で、手をつける前に、鹿の肉を半分切ってシュテンツェルの皿に載せた。

「ジェクイュ、ジェクイュ（ありがとう、ありがとう）。これは豪華な夕食だ。これで二、三日は何も食べなくてよさそうだ。ありがたい。ホウッ、ホウッ、ホウッ」

子供のように嬉しそうに笑った。もちろん三人は、まずピルゼンビールを注文した。食事は、「ナ・ズドラビー（乾杯）」で始まる。席は庭に面した一角で、周りのテーブルには客がいなかった。ほとんどの客は初夏の爽《さわ》やかな空気を楽しんで、庭のテーブルについていたからだ。屋内に席を取ったのは、稲村の心遣いだった。神経痛を持病とするシュテンツェルに、初夏の長い一日とはいえ、夕暮れの風は毒だし、周りに人がいないほうが、落ち着いて話ができたからだ。実際、亮介はシュテンツェルの豊富な話題に魅了された。師弟の間のチェコ語に加え、亮介とのドイツ語の会話が入り組んで弾んだ。シュテンツェルの言葉には、どこか澄んだ悲しみがこもる響きがあった。生きていくことが耐えることであることを知り尽くした果てに、すべてをあきらめ、ユーモアに包み込んで何事も受け入れるかに見えながら、時に鋭い皮肉が閃《ひらめ》いた。

「ふむ、この鹿の肉は絶品だ。日いずる国の若き外交官にごちそうになるのは光栄なことだ。しかし施しを受けるわけにはいかん。ヨシ（稲村のこと）は、弟子だからともかく、ヘル・ホリエ、わしに何をお望みかな」

食事を終わったシュテンツェルは、ナプキンで口もとを拭きながら、改まって亮介に尋ねた。虚をつかれて亮介はどぎまぎしてしまった。

「はい、一つお尋ねしてよろしいでしょうか？」

亮介は改まって切り出した。

「今、この国の政治に、何が起こりつつあるのでしょうか？　改革派と保守派の駆け引きが厳しくなっているのはわかります。しかし結局のところ、どちらが主導権を握るのか。わたくしは、歴史の必然として改革派が勝利すると考えるのですが」

亮介は気負っていた。

「歴史の必然？　たいそうなことをおっしゃる」

万年講師の目が分厚いレンズを通してきらりと光った。

「わしが見るところ、歴史の必然なるものはない。言うなれば流れだよ。万物は流転する。流れていくのだよ。ほれ、ブルタバのように。ホウッ、ホウッ、ホウッ」

黄色い歯が見えた。亮介はあっけにとられた。稲村が亮介を見て微笑んだ。

「改革派が勝利して権力を手にすると保守派になる。これは一応歴史の必然だ。ロシア革命、大十月革命は改革派つまりマルクス・レーニン主義を信じる者の勝利であった。そしたらスターリンだ。進歩的な改革派の人間が稀代《きたい》の独裁者になってしまった。なに、ロシア革命は皇帝がスターリンに変わっただけの茶番だよ。それを歴史の必然と言いくるめ正当化し、科学的社会主義などと絶対化しようとする。権力を手にした共産党のインチキも相当なものだ。この世の中、人間がすることに絶対の真理などあるものか。ホウッ、ホウッ、ホウッ」

シュテンツェルは手厳しかった。亮介は思わずあたりを見回した。

「さしあたり、わが国の改革派は流れに乗っている。勢いがついている。この川の流れはもにや止められない。保守派は腐った堰《せき》のようなものだ。まもなくドンネェル（雷鳴）が響きわたり、堰は崩れていく。同志ノボトニーは肝を潰《つぶ》すことだろう。ホウッ、ホウッ、ホウッ」

亮介はシュテンツェルの謎めいた言葉を聞き逃さなかった。

「いずれ、改革派が勝利するのですね」

亮介は尋ねた。

「川だよ、川。川の流れだよ。大河は、幾つもの川を飲み込んで大河になり流れる。新しい川は、わが国の歴史の流れに沿う自然なものであり、流れは勢いを増すだろう。だが一つの川だけでは歴史の大河にならない。川をせき止めようと考える者がおるのは当然だ。問題はいつ、誰がどうやってせき止めるかだ。ホウッ、ホウッ、ホウッ。ま、難しい話はそろそろやめにしよう。ところで、わしの好物をもらってもいいかな。ヨシ」

愛弟子を見やって、シュテンツェルは小さなグラスをあおるしぐさをした。稲村は心得ていて、ウェイトレスを呼び、スリボビッツェを注文した。プラムの実で造る強い蒸留酒だ。ボトルとグラスが三つ届いた。

亮介は、考え込んでいた。シュテンツェルは、これから先、チェコスロバキアの政治情勢を観察するヒントを教えてくれたのだ。つまるところ改革派は一時的に勝利する。しかし結局、失敗することを予言していたのである。

「何を考えているんだ。さあ、乾杯だ」

下戸の稲村が珍しく、グラスを挙げた。

「ナ・ズドラビー（乾杯）」

シュテンツェルが音頭をとった。

「ナ・ズドラビー」

二人が声を合わせた。亮介は一気にグラスをあおった。この酒に独特の匂いとともに、焼けるような液体が喉もとを過ぎた。稲村が半分ほど飲み干してむせた。亮介は彼の背中をたたいてやった。

シュテンツェルは強かった。かなりのテンポでグラスを重ね、亮介にも勧めた。ペースにはまるまいとしながら亮介もついグラスが進んだ。

「無理するなよ。動けなくなるぞ」

稲村が心配して亮介に囁《ささや》いた。飲むほどに匂いになじんだ舌は、いつのまにかその味を楽しんでいた。歓談は楽しかった。アルコールのせいで亮介は自分が饒舌《じょうぜつ》になっているのに気づいていた。政治向きの話は深追いしなかった。カフカ、チャペック、ハシェクをめぐる現代チェコ文学論、スメタナとドボルザーク、挙句の果ては人生論、そしていつのまにか女性論になっていた。シュテンツェルはこの一連の楽しい会話をリードした。

「男にとって、女性という生物ほど悩ましい存在はあるまい。イブの誘惑に負け禁断のリンゴを口にしたアダム。神の怒りに触れ楽園エデンをイブとともに追放されたばかりか、永遠に人間の苦悩を背負わなくてはならなくなって以来のことだ。古今東西、世の男すべてにとって人生の苦悩、この大部分は女性に始まる。しかしだ、女性なくして、何の生きる楽しみがあろうか。男にとって女性はまさしく天国と地獄だ。独身のお二人には、まだ本当のところはおわかりじゃないだろうが。ホウッ、ホウッ、ホウッ」

シュテンツェルの笑い声が一オクターブ高くなったような気がした。氏の飄々《ひょうひょう》とした話は続いた。

「なにかな、お二人とも、日本の女性が一番美しいとお考えかな。わしは、プラハの女性が世界一と思うておった。プラハの女性が美しいことは、中世の頃から有名なことだった。いくつもの詩劇や文学作品の中で賛美されている。女たらしで知られるモーツァルトも、プラハを初めて訪れ、ご婦人方の美しさに感嘆した手紙をウィーンの友人に書き送っておるしな。また、ベル・エポックのパリで活躍したチェコ人画家アルフォンス・ミュシャは、スラブ叙事詩にイメージしたチェコの女性の美しさをたたえるたくさんの絵画を残した。しかし美しい人はプラハやスラブの女性だけではない。世の中には、ときに心を奪われる美女がいるものよ。失うものは何もない貧乏な老人でも、賢く、優しいムッターリヒ(母性的)な美人を身近に見ると、忘れたはずの血が騒ぐのは悩ましいものだよ」

真に迫ったシュテンツェルの言葉だった。亮介と稲村は思わず爆笑した。

「その人はフラウ・シュナイダーという人物だ」

亮介は危うくグラスを落とすところだった。

「この美女は、残念ながらチェコ人でもスロバキア人でもない。ドイツ人、いやＤＤＲのご婦人なのだ」

亮介は息をのんだ。

「彼女は、わがカレル大学文学部で講師をしておる。ドイツ語を教えているほか、ハイネやリルケの詩を講義している。男女を問わず学生に大変な人気らしい。文学部だけでなく、噂を聞いて法学部や経済学部の学生まで聴講に来るそうだ。講義の内容がひと味違っているらしい。人間的でイデオロギーの匂いがしないという評判だよ。また、詩の朗読が素晴らしく、なんでも、『ベルリーナ・アンサンブル』の舞台で朗読したこともあるそうだ」

シュテンツェルはどこか若やいでいた。氏が語ったフラウ・シュナイダー――つまりシュナイダー夫人の消息は、心に焼きついていた記憶と重なって、亮介の意識に、より現実的な存在感を刻み込んだ。

「そのシュナイダー夫人、わたしも会ったことがありますよ」

亮介は何度か口にしかかった。しかし結局言葉にしなかった。尾行された経験から用心深くなっていたわけではなかった。むしろ感傷であった。思い出を秘密にし、大事にしておきたかったのだ。シュテンツェルがシュナイダー夫人について語ったことはそれだけだった。

亮介は詮索《せんさく》するような質問はしなかった。

急に口数が少なくなった亮介を訝って、稲村が耳打ちした。

「酔ったんだろう。もうそろそろお開きにしよう」

「大丈夫だよ。でも少し酔ったかな」

亮介は答えた。なぜか嬉しい気分になった。遠くへ行っていた懐かしい人が、また、身近に戻ってきたようだった。

遠　雷

稲村が知人のチェコ人ジャーナリストから、衝撃的なニュースを聞き込んできたのは、七月にカレンダーが変わって数日後のことだった。

改革派の知識人たちが保守的な党指導部に対し、民主化の実行を求め、事実上の果たし状を突きつけたというのである。夏の嵐を告げる遠雷であった。

亮介は、シュテンツェル氏の謎めいた言葉を思い出していた。

「まもなく雷鳴が響き渡り、川の流れに腐った堰は崩れていく……」

たしかそんなことを言っていた。この作家同盟大会のことを暗示していたのだろうか。

第四回作家同盟大会は、六月二十七日から二十九日まで、プラハ市内の作家同盟本部で開催された。作家同盟本部は、旧市街と新市街の境界になっていた大通り、ナーロドニー（国民通り）にあった。十九世紀半ばから二十世紀にかけ、プラハ新市街の景観をつくったセセッション様式（ドイツ圏に広がった新しい建築様式であり、斬新なデザインと機能性を特徴とした）の五階建ての建物が本部だった。

党機関紙『ルデー・プラボォ』は、その第一面に、作家同盟大会開催の事実をさりげなく報道した。目立たないよう意図したかと思われるほど、小さな扱いの記事だし、大会の討議内容も抽象的な記述で、核心はよくわからなかった。

作家同盟という組織は、ソ連や東欧諸国の社会主義国に独特のもので、いわば知識人の労働組合とペンクラブを一緒にしたような組織であった。作家、詩人、劇作家、評論家、哲学者など、ペンをもってするあらゆる知的創造にかかわる職業を持つ人々が加盟し、その創作活動と諸権利を保障する機関で、四年ごとに開催される大会は、国家の政治や芸術・文化について重大な決議や決定を採択する。

作家同盟メンバーの多くは、戦前から合法・非合法時代を通じ、共産党を支持し支援してきた知識人であり文化人で、メンバーの大多数は共産党員なのだ。メンバーとの歴史的な関係および影響力からして、共産党としては、おろそかにできない重要な大会であった。それにしては、あまりにもそっけない報道ぶりが、亮介には不可解だった。毎週月曜日、中沢大使も出席して開かれる館内政務会議でも話題になった。

「おかしい。不自然だ」

チェコスロバキアの政治情勢に関心を持つ誰もがそう思った。この年の二月以来、たびたび繰り返された党と主要新聞・雑誌の論争からしても、何事もなかったかのような大会報道は不自然であり、かえって人々の関心を集めた。しかも保守的な党指導部を批判する論陣を張り、改革派の拠点と目された新聞・雑誌までが申し合わせたように、事実関係以外、奇妙な沈黙を守っていた。しかし時間の経過とともに、大会の混乱した状況が次第に明らかになったのである。

大会には共産党を代表してヘンドリフ党幹部会員兼中央委員会書記とパブリチェク党中央委員会イデオロギー問題委員会議長が出席した。保守派は事態を甘く見ていた。

改革派が主導権を握る大会事務局は、スターリン主義を完全に克服し、チェコスロバキアの民主主義的伝統を再評価するとともに、知的活動の分野におけるいっそうの民主化を推し進める具体的な方策を要求する決議を採択しようとしたのである。ヘンドリフは狼狽し、議事をボイコットし退場してしまった。その間隙《かんげき》に決議案が採択されてしまったのである。失態であった。決議は、一九四八年二月クーデターによる共産党政権奪取以来、党が進めてきた文化政策を全面的に否定するものだった。

「チェコスロバキア文学の民主主義的伝統は、一九四九年以降中断され、豊かな社会主義文学の経験は狭められ、創作過程は制限され、イデオロギーの厳格な一致が要求されるあまり、文学は政治的宣伝の手段と化した結果、創作活動や作品および作家にとって悲劇的な事態が引き起こされた」

決議文は改革派知識人が自由で民主的な文化政策を呼びかけた初めての公的文書であったし、「プラハの春」の民主化闘争を告げる狼煙《のろし》ともいうべきものだった。事態は保守派党指導部にとり衝撃的なものになった。ノボトニー大統領兼党第一書記は突然、休養のためと称しモスクワに飛んだ。

人々は政治的気圧配置と風向きの微妙な変化を感じとった。政治の嵐が接近していた。この国の人々の政治的感覚は、知識人と庶民とを問わず鋭敏である。いや、歴史的に蓄積された生活感覚の一部だった。それは政治の変化が個人の生活や生き方について、生死をかけた選択を迫られた数々の経験の中で、何世代にもわたって受け継がれ、磨かれてきた本能的な感覚であった。

積乱雲の中でときおり遠雷が轟く、プラハにしては珍しく暑い日。いつものように電信作業を終え、亮介は最後に大使館を出た。午後九時を回っていたが、外はまだ明るかった。

「やれやれ、今日も無事に終わった。ごくろうさん」

一日の終わり、亮介が解放感に浸るひとときの口癖だった。同僚の稲村は夏休みを取っていた。ひとりで手持ち無沙汰《ぶさた》だった。大使館のすぐそばの路上に止めておいた車に歩みより、ドアにキイを差し込みながら、亮介はワイパーにカスタニヤの葉が数枚はさまっているのに気づいた。

(何だ。子供の悪戯《いたずら》かな)

取り除こうとしてカスタニヤの葉に手を掛けると、白い封筒がこぼれ落ちた。

「アン・ヘルン・ホリエ(堀江様へ)」

裏返してみると、幼い筆跡で、シルビア・シュナイダーと署名があり、封を開けると二つ折りにしたカードが入っていた。かわいらしい手づくりの招待状だった。

「ホリエ様。七月七日、わたしは十三歳になります。七月八日土曜日、お誕生日の夕食会にご招待したく思います。おいでいただけたらとても嬉しいです。午後五時、カレル橋の聖フランシスコ・ザビエル像のところまで、お迎えに行きます。シルビア」

カードの端に、小さな文字の添え書きがあった。見覚えのある筆跡だった。

「追伸、突然のことで驚かれたことでしょう。失礼をお許しください。シルビアが楽しみにいたしております。お差し支えなければ、是非お出かけください。お目にかかることができましたら、わたくしもどんなに嬉しいことでしょう。カテリーナ・シュナイダー」

亮介はわき立つ喜びを感じた。シュナイダー夫人に会える。期待していたことだったが、それがこんな形で実現するとは考えてもみなかった。

シルビアが「夏休みにプラハに来るの。また会える?」と言っていたことを、忘れていたわけではなかった。もちろんあの女性に会いたいという想《おも》いも強くなっていた。しかし気軽に会える相手ではないことはわかっているつもりだった。

しかし、思いがけなくシュテンツェルから耳にしたシュナイダー夫人の噂は、わだかまりを解いたばかりか、いっそうの慕情を募らせる結果となっていた。しかし、亮介はその感情が本当のところ何を求めているのか自分でもはかりかねていた。

亮介は招待状をポケットにしまうと、車に乗り込んだ。復活祭のめぐり逢いのことを改めて思い出した。あれから三ヵ月余りたっているのだ。

エンジンをスタートさせようとして、突然、亮介の心の隅を不安がよぎった。考えて見ると不自然な招待状だった。招待状はカスタニヤの葉に隠し、ワイパーにはさんであった。シルビアの思いつきなのだろう。だが、本当にそうなのだろうか。また、なにか不愉快なことに巻き込まれるのではないだろうか。

喜びがいつのまにか重い心になっていた。添え書きの言葉で、シュナイダー夫人自身が亮介に会いたいという意思表示をしていた。用心深く思われる彼女を、何が積極的にしたのだろうか。まさか罠では……。亮介は自分の思いつきにうろたえた。

電信担当官という任務に、亮介は時にひどい重圧を感じることがあった。「機密」にかかわる責任は重い。電信担当官には、好むと好まざるとにかかわらず行動に制約があり、自己規制すべきことが少なくないのだ。

外務省研修所で公安関係専門家から、ソ連や東欧の諜報《ちょうほう》機関が人間の心のすきをつく巧妙な罠を仕掛け、スパイ工作に引きずり込む実例を聞かされていた。危険な任務に携わる部下に、上司の目は温かくはあったが厳しかった。先輩や後輩の中に電信を担当したため、ノイローゼになった者がいるという話も耳にしていた。

亮介は妄想を振り払い、気を取り直すとエンジンをスタートさせた。力強い空冷エンジンの爆音が頼もしく響いた。フロントボードに置いたカスタニヤの葉が小さく震えていた。亮介はギアを入れ、アクセルを踏んだ。

「よし、行こう」

亮介は掛け声をかけ、車を発進させた。

家族の光景

亮介は仕事を終え、大使館から歩いてカレル橋へ向かった。土曜日午後の開放感と爽やかな夏の空気が、亮介の心をいっそう浮き立たせた。とうとうシュナイダー夫人に会える。

亮介は五月、スメタナ・ホールのロビーでシュナイダー夫人を見かけたことを、もちろん忘れてはいなかった。あれは幻影だったのだ。亮介は自分にそう言い聞かせ、忘れようと努力していた。マルテスケー・ナームニェスチー広場を、いつものように東洋研究所の前を通って路地を抜け、モステツカ・ウリツェ（橋通り）に出て文房具店の角を右に曲がった。

文房具店のショーウィンドーに映る自分を認めて、亮介は立ち止まった。お気に入りの夏物スーツ、淡いベージュ地に細いブルーのストライプが上品に見えた。薄水色のワイシャツにウィーンのブティックで買った水玉模様のネクタイ。そして何よりもワイシャツのダブルの袖口《そでぐち》に、シュナイダー夫人とシルビアからの贈り物、モーゼルのカフスボタンがきまっていた。シルビアの誕生日のために用意した赤い薔薇《ばら》の花束を手にし、プレゼントを包んだ紫の風呂敷《ふろしき》包みを抱えた姿が気取って見え、気恥ずかしかった。亮介は歩き出した。カレル橋界隈《かいわい》は相変わらず観光客で賑わっていた。

橋塔の下まで来ると、川面を渡る夏風が心地よかった。もうすぐ会える。人込みを透かして橋の彼方、聖フランシスコ・ザビエル像のあたりに目を凝らした。と、白いワンピースの少女が裾《すそ》を翻し、手を振りながら駆けてくる。シルビアだ。弾むように走ってくる。道行く人々が何事だろうと振り返った。

「やっぱり来てくれたのね。嬉しいっ！」

シルビアが亮介に飛びついた。

「もちろんだよ。約束してたじゃないか。いい子にしていたのかな。変わった招待状で驚いちゃった。それはともかく、お誕生日おめでとう」

「ありがとう。驚かせてごめんなさい」

シルビアは悪びれずに謝った。

「いつプラハに来たの？」

「先週の日曜日。それですぐ、お誕生日にヘル・ホリエをお招きしたいって言ったら、ママ、ヘル・ホリエにご迷惑になるって許してくれなかったの。喧嘩《けんか》になっちゃって、わたし悲しかったわ。でも、ハインツおじさんが賛成してくれたの。それでママもわかってくれたの」

シルビアは息を弾ませ一気に話した。無邪気だった。亮介の心の中を、冷たい風が吹き抜けた。シュナイダー夫人は、本当のところ乗り気ではなかったのだ。シルビアは亮介の手を取ると、伸び上がるようにして手を振った。

「ハインツおじさんが一緒に来てくれたの。聖ザビエル像のところで待ってるの」

眺めるとたしかに、聖ザビエル像のそばに背の高い青年がたたずんでいた。シュナイダー夫人の弟だとすぐわかった。

「これ、お誕生日おめでとう……」

連れ立って歩きながら、亮介は薔薇の花束をシルビアに差し出した。

「うわあ素敵、赤い薔薇大好きなの。ありがとう。本当にありがとう」

シルビアは立ち止まると、改めて亮介を抱擁《ほうよう》した。こうした習慣に慣れない亮介は幾分身を硬くして抱擁を受け止めた。シルビアの柔らかい体には意外な存在感がある。数カ月見ない間に背丈も伸びたようだ。亮介は、思春期の少女の微妙な変化を感じたが、シルビアは屈託がなかった。

監視され尾行されているのではというかすかな怯えは、嬉しそうなシルビアの笑顔に、次第にかき消えていった。花束を抱え得意そうに歩くシルビアに、散策する人々が微笑みを投げかけた。やがて二人は聖フランシスコ・ザビエル像の下にたどりついた。

「初めまして。ハインツ・グレーベです」

青年が手を差し伸べた。縦縞《たてじま》模様のグレイのズボンに青い厚手の生地のシャツを無造作に着ていた。日焼けした胸に細い金のネックレスが光っている。亮介より背が高かった。亜麻色の髪はやや長め、夫人とはあまり似ていないが、やっぱりハンサムだった。

「ホリエ・リョウスケです。お目にかかれて嬉しく思います」

亮介は握手した。神経質そうな表情と細い指の感触に、亮介は青年が芸術家ではないかと思った。人懐っこい微笑みはシルビアにそっくりだった。叔父と姪《めい》というより年が離れた兄妹のようだ。いや、実際そんな感じでシルビアをかわいがっているのだろう。

「驚かれたでしょう。シルビアがどうしてもお招きしたいと頑張り、あなたのお立場を心配する母親、わたしの姉ですが、彼女が反対してもめたのです。結局、わたしが二人をとりなし、お招きしても来ていただけるかどうかは、ヘル・ホリエが決めることなのだから、おまかせしてご招待したらどうだろうと言ったのです。それで昨日、急に招待状をお届けしました。大使館に直接お届けすることを考え、シルビアと一緒にマルテスケー・ナームニェスチーまで車で行ったら、シルビアがあなたのフォルクスワーゲンを見つけて、とっさにあんなことをしたのです。不審に思われたでしょう。わたしは、本当のところ来ていただけるとは思いませんでした」

ハインツは、亮介の不安を解きほぐすように、そして招待を受けた亮介の気持ちを探るように説明した。

「そうなの、ハインツおじさん意地悪なの。お招きするのに賛成したのに、ヘル・ホリエは来ないよって言うの。わたしは絶対来てくださるって頑張ったの」

シルビアは若い叔父を見上げて睨んだ。

「そうだったのですか。驚いたのは事実です。でも、とても嬉しく思いました。カスタニヤの葉に挟んだのはシルビアだったんだ」

「そう、わたしが考えたの。だって誰かに持っていかれそうな気がして……。それにちょうど葉っぱが落ちてたの」

　シルビアが答えた。たしかにカスタニヤの街路樹があり、病葉《わくらば》がよく落ちていた。考え過ぎることはなかったのだ。

「さあ、それではご案内いたしましょう。スメタナ記念館の横に、例のできの悪い車がお待ちしてますよ。動かなくなったワルトブルグが」

　ハインツはそう言って笑った。

「大丈夫でしょうね」

　亮介も笑いながら半分本気で尋ねた。

「でも、車が動かなくなったから、ヘル・ホリエとお友達になれたのよ」

　シルビアの言葉がかわいらしかった。

「そうだね」

　亮介はあいづちを打ちながら、今日、この出会いまですべてが、動かなくなった赤いワルトブルグに始まる不思議を思った。

　偶然に手繰り寄せられるままに、ここまでやって来た。ここからまたどこへ行くのだろうか。だが、赤いワルトブルグを目にしたとたん、シュナイダー夫人に会えるという喜びに不安とわだかまりが吹き飛んでいた。

「さあ、どうぞ」

　ハインツが車の後部ドアを開けると、金木犀によく似た香りがした。

「わたしも後ろに乗るの」

シルビアが、すばやく乗り込んだ。

「おやおや、お客様に失礼じゃないのかな」

ハインツがたしなめた。

「いいの。ねえ、ヘル・ホリエ、ご一緒していいでしょう」

「どうぞどうぞ、お供させていただきます。グニェーディゲス・フロイライン（お嬢様）」

亮介はおどけた。

シュナイダー夫人の住居、ラシーノボ通り三十五番地まで車で五分余り。アパートは、十九世紀末、プラハを中心にチェコスロバキア各都市で盛んに建築された建物であった。セセッション様式の古びた建物は、メインテナンスが行き届かないのか、外壁は剝《は》げ落ちたままだ。

夫人とシルビアを、このアパートまで送り届けた復活祭の月曜日の夕暮れ、暗く荒んだ印象だった建物は、この日、明るい陽射しのもと、いつになく華やいで見えた。

シュナイダー夫人がアパートの玄関まで出迎えてくれたのだから。

「ヘルツリッヒ、ウィルコメン（ようこそ、よくおいでくださいました）」

車から降り立つ亮介に夫人が駆け寄ってきた。そして握手。久し振りの再会だ。

白いノースリーブのワンピースが若々しく清楚《せいそ》だった。赤い幅の広いベルトに赤い靴。長めの髪をフランス風の三つ編みにした女性は、初めて会ったときと感じが違っている。影が消え輝いているのだ。むきだしの白い腕がまぶしかった。

「突然のことで驚かれたでしょう？　ご迷惑なのではないかと心配してました。でも、信じられないわ。本当によく来てくださいました。あの時は、ありがとうございました」

「お招きありがとうございます。お目にかかれて光栄です」

亮介は上気していた。

「ね。やっぱり来てくださったでしょ。これいただいたの」

シルビアが得意そうに赤い薔薇の花束を母親に差し出した。

「あら、素敵なお花。よかったわね」

「わたしもお礼を申し上げなくてはなりません。このカフスボタンありがとうございました。とても気に入っています」

亮介は肘《ひじ》を曲げワイシャツの袖口を夫人に示した。

「よくお似合いだわ。よかったわ。あなたが選んだのだったわね」

夫人がシルビアに微笑みかけた。

「これでめでたしめでたしというわけだ。そうだろう？　シルビア」

ハインツがほっとしたように口を挟んだ。

年代ものの骨董品《こっとうひん》であったが、よく手入れの行き届いたソファに座り、亮介はコーヒーを飲んでいた。

食事の後のくつろいだひととき。カレル大学の招聘《しょうへい》外国人教員用の宿舎だという、この三階のアパートの居間兼食堂は、ブルタバ川に面し明るく快適だった。部屋に通されて亮介はドイツ語で「ゼア・ゲミュートリッヒ（とても心地よい）」と思わず呟いたほどだ。ちぐはぐな家具は備え付けのものと見受けたが、さりげなく置かれたマイセン焼きの花瓶や壁掛けの飾り、ソファの手造りクッションなど、要所のアクセントが古びた部屋の雰囲気を調《ととの》え華やいだものにしていた。

亮介がシルビアの誕生日のために贈った赤い薔薇が手際よく、カットグラスの花瓶に生けられ、ライティング・デスクの上に飾られた。そのそばにフォトスタンドが一つ。シュナイダー家の人々全員が納まったと思われる家族の光景がそこにあった。亮介は思わずその写真から目をそらしていた。

シュナイダー夫人が後片付けを済ませ、キッチンから戻り団欒《だんらん》に加わった。

「ごちそうさまでした。素晴らしいお料理でした」

亮介は改めて礼を述べた。シルビアの誕生日、そして亮介のために特別に用意された食卓であったのだ。

「嬉しいわ。ほめていただいて。母から受け継いだわが家自慢のお料理なの。母も祖母から教わりました」

夫人の手料理、鴨のグリルは、家庭料理の温もりと、グレーベ家の女の歴史が込められているかのような味わいがあった。

この料理、決め手はオレンジソースで、新鮮なオレンジを材料にしなければならないはずだった。しかしプラハではバナナと同じく、オレンジは年に数回しかマーケットに出ず、瞬く間に売り切れてしまう貴重品だった。見事な味のオレンジソースに、亮介は思わず尋ねたものだった。

「おいしいソースですね。でもこのオレンジどこで手に入れることができたのですか」

「苦心したのよ。オレンジジュースを煮詰めてアレンジしたの。新鮮なオレンジなんて、わたくしたちには高嶺《たかね》の花だわ」

夫人は微笑んだ。亮介は、大使公邸の野村晃《のむらあきら》料理長に、そんなことができるのか聞いてみようと思った。こくがある味だった。このアイデアと味に、亮介は物資が乏しい社会主義国に住む人々の生活の知恵以上のものを感じた。

赤キャベツをワインで煮た添え物もおいしく、馬鈴薯《ばれいしょ》を潰して小麦粉と合わせ茹でるドイツ風の団子は、クネドリキとは違った味わいがある。前菜の塩漬け鰊《にしん》ときゅうりのサラダがまた素晴らしかった。

亮介のそばでシルビアが誕生日のプレゼント、千代紙と折り鶴《づる》に夢中になっていた。急な招待で贈り物を吟味する暇もなく、ありあわせに用意したものだった。他に、亮介は大小十三羽の折り鶴を作ってプレゼントにした。シルビアの年齢に因《ちな》んだのだ。もちろんシルビアは大喜びだった。

シュナイダー家の人々と過ごす時間は瞬く間に過ぎていった。ときおり、さりげなく腕時計を見ながら、亮介は「時よ止まれ！」と叫びたい衝動に駆られていた。

八時半を過ぎたところで夫人がシルビアに促した。

「さあ、そろそろ歯を磨いてベッドの用意をなさい。今日はあなたのお誕生日のお祝いのために、特別に三十分遅くしてあげたのよ」

「ヤー、ママ。あのパジャマ着ていい？」

シルビアは素直だった。

「いいわよ。ずっと欲しがってたパジャマだもの。ハインツおじさんからのお誕生日のプレゼントでやっと念願がかなったわね」

母と娘の優しい会話であった。亮介はシュナイダー家の躾《しつけ》を感じとった。しばらくしてバスルームから出て来たシルビアは新しいパジャマを着ていた。薄いピンクの地に赤い薔薇をアレンジした模様だ。ファッションモデルのようにポーズを作って歩き、くるっと回って見せた。

「やあ、素敵だ。よく似合う」

ハインツが言った。

「ほんと、かわいいわよ」

夫人があいづちを打った。シルビアは嬉しそうだった。夫人とハインツに「おやすみなさい」のキスをして、シルビアは亮介のところへやって来た。

「ヘル・六リニ。今日は来ていただいて本当にありがとう。珍しい日本の紙の贈り物、とても嬉しかったわ。作っていただいた折り鶴、大切にします。これからもずっとお友達でいてね。おやすみなさい」

シルビアはそう言うと亮介の頰《ほお》に軽くキスをした。

「おやすみ。ぼくこそ今日はとっても楽しかった。ありがとう」

答えながら亮介は少し緊張していた。母親と諍《いさか》いをしてまで、亮介の招待に固執した少女の一途《いちず》な思いを感じとり、亮介はシルビアの存在を改めて意識した。

シルビアがいなくなると、夫人は新しいグラスと白ワインのボトルをキッチンから持ってきた。そしてくつろいだ雰囲気で亮介に話しかけた。

「ゆっくりなさってくださいね。週末だからよろしいんでしょう」

「ありがとうございます。楽しくてお暇《いとま》するのがつらくなりました」

亮介は本当のことを言った。ハインツがワインのボトルを手に取った。

「これは珍しい。モーゼルのワインじゃないか。どこで手に入れたの?」

西独のワインだった。コルクを抜くとまず自分のグラスに少しワインを注ぎ味見した。

「うまい!　久し振りだ」

ハインツはワインを注ぎ分けた。そしてもう一度、乾杯。

「いただいたのよ。カレル大学のシュテンツェル先生に」

グラスを置いて、夫人は屈託なく答えた。

「シュテンツェル先生ですか？　お目にかかったことがありますよ。愉快な方ですね」

亮介は思わず口走っていた。

「あら、ご存じだったの」

夫人はびっくりしていた。

「実は、大使館の同僚でチェコ語、スロバキア語の専門家がいるのです。親友です。彼の恩師なのです。先月、一緒に食事をして本当に楽しかったですよ」

亮介は率直に答えた。しかし、その食事の席で夫人のことが話題になったことは話さなかった。

「そうだったの。素敵な方よね。学者としてはもちろん、人間として尊敬できるわ。一風変わって見えるけど、優しい強い方よ。人生の先達としていろいろ教えていただくことがあるわ。亡くなった奥様のことを大事にされて、ずっと独身を守っていらっしゃるそうよ。ただね……」

夫人の声が少し沈んでいた。

「奥様は、ナチ時代、ゲシュタポに捕らえられ、ラーフェンスブルクの強制収容所で亡くなられたの。ご本人は何もおっしゃらないけど、そんなお話を聞いたわ」

亮介はシュテンツェル氏の風貌《ふうぼう》と言葉を思い出していた。あの人はそんな記憶を抱いて生きていたのか。しかしそんな素振りは見せなかった。感じさせなかった。本当に強い優しい人なのだろう。

それにしても夫人は変わったのだろうか。プラハまでドライブしたときの印象と違っていたからだ。夫人は何かに怯えるような固い雰囲気を漂わせていた。だが、この夕べの夫人は快活で率直だった。

夫人はワインを一口飲むと、気を取り直すかのように明るく亮介に話しかけた。夫人のしっとりした芳香を放つ成熟した女性の魅力に亮介は圧倒されていた。

「人と人の繋がりって不思議なものね。ヘル・ホリエがシュテンツェル先生のお知り合いだったなんて偶然のことなのでしょうけど、何かのめぐりあわせなのでしょうね。わたくしたちがめぐり逢ったように、せっかくのめぐり逢いを、わけのわからないものに怯え、殻に閉じ籠《こも》って拒否してしまうのは間違いだわ。でもね、シルビアがあなたをお招きしたいって言い出したとき、正直なところ、わたくしはためらいました。尾行され監視されるようなわたくしとかかわりを持つことは、あなたにとって、とりわけ西側の外交官にとってよくないことだと、とても心配だったわ」

言葉を切って夫人は亮介の目をじっと見つめた。思いがけない率直な言葉だった。

「ヘル・ホリエ、わたしの姉はＤＤＲの要注意人物なんです」

ハインツがからかうように言葉をはさんで、探るような目つきをした。

「要注意人物？」

亮介は棒を飲んだようになっていた。

「そうなの。わたくし、そのことをずっと意識してたの。あなたがわたくしたちの招待を受けてくださったら、まず何よりもこのことをお話ししておかなくてはと決心してたの。でもね、わたくしたちの招待を受けてくださるとは思わなかったわ。DDRの存在を認めない国の外交官が、わたくしたちとおつきあいしてくださるなんて、考えられないことでした。シルビアを悲しませたくなかったので反対して、ご招待をやめさせようとしたの。シルビアの願いをかなえてくださって本当にありがとう。わたくしもあなたとお友達になれて嬉しいわ」

夫人は一気に胸のつかえを吐き出すように話した。予感していたとおり、夫人はDDR体制にとって好ましくない人物だったのだ。亮介は驚きとともにその誠実な人柄に感動していた。夫人から暗い影が消えていた。

「どんなご事情があるのか存じませんが、信念をお持ちのようですね」

亮介はそう答えるのが精一杯だった。

「信念といえるほどのものかどうかわかりません。ただ、人々が心の中でおかしい、間違っているのではないだろうかと思いながら、得体の知れないものの力を恐れて口に出さずにいることを、詩に書いたり、話したりしただけなの。それから、人の命はどんな場合でも大切にされなければならないって、当たり前のことを主張したの。あなたが本当にわたくしたちのお友達になってくださるのでしたら、いつか詳しくお話ししますわ」

夫人はモナ・リザのように微笑んだ。

「でも、一つだけ申し上げておきます。わたくしたち、あなたとお友達になりたいのですけど、あなたが日本の外交官としての立場から、わたくしたちとかかわりを持つことがよいことではないとお考えでしたら、おつきあいしていただかなくてもいいの。きっとシルビアは悲しむでしょうけど。母親だからわかるのですけど、シルビアはあなたのこと大好きなんです。あこがれてるみたい」

第2章 反体制活動家

姉と弟

「いい人じゃないか。興味津々《しんしん》だったんだよ、どんな人か。明るい素直な人だね。それにしてもヘル・ホリエ、よく来てくれたものだね」

ハインツはソファに座って、飲みかけのワインを飲み干した。

「いい人でしょ。よく気がつく優しい人なの。でも、本当に、来ていただけるとは思わなかったわ」

ちょっと前に、名残惜しそうに去っていった日本の青年に、カテリーナは改めて好感を覚えた。

「同感だね。シルビアを納得させる口実に、ものはためしの招待だったのにね。来てもらえるとは予想しなかったな。日本人も、国交のない国や共産党が支配する国の人間と接触すると犯罪になるのかな。あの人外交官だろう。大丈夫なのかな」

「どうかしら、日本はBRD（ドイツ連邦共和国＝西独）と外交関係があるのだから、わたしたち敵視されているのかもしれないわ。でも犯罪になるのかどうか……。あの人、そんな素振りは見せなかったわ。プラハまで乗せてくださるって彼が言い出したのよ」

カテリーナに、もっと早くこの青年を招待したいと思っていた。ゆっくり会ってみたかった。しかし監視されている身分であり、どんな言いがかりをつけられるか不安がつきまとった。青年に迷惑が及ぶことも心配された。それに手堅く用心深いであろう外交官という職業を持つ青年が、DDR市民の招待を受けてくれるはずがないというためらいもあった。シルビアが招待を言い出し、反対したものの、会ってみたいという衝動に揺さぶられていたことを、カテリーナはひとり心に秘めていた。自分自身に説明できない想《おも》いであったからだ。

雨の駐車場で、初めて会ったときの「やっとめぐり逢《あ》った」という唐突な思い。不思議な経験であった。たぶん、病気のせいでだろうとカテリーナは考えていた。高ぶった神経に幻覚を覚えることがあったからだ。

「それにしても上手にドイツ語を話すじゃないか。感心したよ」

「わたしも驚いたの。どこかアジアの人だと思って、英語で話しかけてみたらドイツ語で返事が来たの。びっくりしちゃった。あんなところでドイツ語を話す日本人に助けていただくなんてね。偶然でしょうけど偶然じゃないわ」

青年との出会いの会話を懐かしく思い出していた。

「ヘル・ホリエ、いろいろ話したのに、政治の話はまったくしなかったね。DDRを意識していたのかな」

「そうね。きっと、わたしたちの立場に気を遣っていたのだわ」

カテリーナは、プラハまでのドライブで、青年があまり話しかけなかったことを思い出していた。

「でも、DDR大使館のあいつ、どうして姉さんがヘル・ホリエのフォルクスワーゲンに乗せてもらったって知ったのだろう」

「いつもの尾行よ。あのとき、まさかブルノまで尾行したとは思わないけど、きっとこのアパートを見張ってたんだわ。わたしのような人間は、居住地を離れる場合、大使館の担当官に旅行日程をあらかじめ申告しなければならないの。尾行したり監視するのは簡単よ。でも、張り込んでいて、わたしたちが日本の外交官の車から降りてきたので、びっくりしたのじゃないかしら。その翌日、すぐ呼び出されて聞かれちゃったの」

「まあ、しかたがないだろう。姉さんは要注意人物なんだから。ヘル・ホリエ、さすがに驚いてたね。目をまるくして絶句してた。もうつきあってくれないさ。シルビアにはかわいそうだけど。子供だからまだよくわからないんだよ、DDRのクソ野郎体制が……」

カテリーナは暗い気持ちで黙っていた。要注意人物であることを知った以上、青年が自分を敬遠するであろうと考えると寂しかった。ベルリンでも親しいはずの友人たちがみんな遠ざかっていったのだから。だが、カテリーナは、青年を信じたかった。

「ああ、おれはつくづく嫌になっちゃったよDDRが。このプラハのほうがずっとましさ。若い連中とビアホールで話しても、けっこう自由にきわどい政治論をするんだよ。DDRだったら確実に『シタージ』(DDRの国家治安省=秘密警察)に引っ張られるね」

カテリーナはハインツの苛立《いらだ》ちと鬱屈《うつくつ》がよくわかっていた。優れた才能に恵まれ、画家になる夢を持ちながら、体制ゆえのさまざまな制約で夢がかなえられないのだから。

ハインツは、パリやニューヨークにあこがれていた。自由な芸術活動を欲して、西独への出国を何度か申請し拒否されてもいた。当然、社会的不満分子としてマークされてもいた。

そして他でもないカテリーナ自身、DDR体制に裏切られ失望し、傷ついた果てに心を病んでいた。幸い、病気はプラハの穏やかな生活で一応安定しているが、カテリーナの性格と挫折《ざせつ》の記憶は、時に狂おしいほどの重圧になって心を追い詰めた。それが精神のバランスを大きく崩す原因になった。

本当ならば反国家分子として政治犯刑務所に入るべきところを、プラハの大学に客員講師として派遣された。それは党の計算された寛大な措置であり、二年余り自我を殺して生きてきた。平穏だが虚《むな》しい葛藤《かっとう》の日々に耐えていた。このまま、何事もなく過ごせば、DDRに戻り普通の生活ができるはずであった。もう波風を立たせるようなことはすまい。党から離れ、平凡な主婦として過ごそう。年老いた母親や年頃のシルビアのことを真剣に考えねばならない。カテリーナは人生の転機にあることを自覚していた。

だが、問題の解決を放棄し逃げるつもりはなかった。信念を捨てるつもりもなかった。そして、本当の自分を探すため、すべてを清算し新しい道を模索しようと考えていた。復活祭の月曜日、青年にめぐり逢ったのは、そんなある日のことであったのだ。

カテリーナは、FDJ（自由ドイツ青年同盟）の制服である青いシャツと紺のスカートがよく似合った。DDRの申し子のような生い立ちであった。

一九三一年三月、農業を営むカール・グレーベを父にスザネ・グレーベを母とし、グレーベ家二番目の子、長女として生を享《う》けた。暗い時代に生まれた。

二年もたたない一九三三年一月、ヒトラーが権力を手にしたのである。そして第二次世界大戦。カテリーナが物心ついたとき、ドイツは狂気の戦争の真っただ中にあった。

ザクセンの静かな山村、アールバッハに住むグレーベ家も戦争の暗い影に翻弄《ほんろう》された。八歳年上の兄の長男ヘルムートは、徴兵されベルリン防衛戦で戦死した。二十一歳の若さだった。おまけに父カールはナチ批判を密告され、戦争末期、四十五歳を過ぎて懲罰徴兵されたのである。弟ハインツはまだ赤ん坊であった。乳飲み子をかかえ、農園を一人で切り盛りする母を助ける多感な少女が、戦争を憎み嫌悪したのは当然だった。一九四五年五月、ドイツは敗北した。

幸運にも父カールはフランスで捕虜になり復員してきた。だが重症の結核に冒されていた。そして戦後の欠乏と混乱がやって来た。カテリーナは、社会や国家のあり方に鋭い目を向けるようになっていた。早くから社会主義にもとづく政治活動に関心を持ったのは、不思議ではなかった。

一九四九年、ギムナジウム（高校）を卒業すると、カテリーナはFDJつまり自由ドイツ青年同盟に参加した。新しい信仰に帰依《きえ》したかのようであった。社会主義イデオロギーを熱烈に学習し、その布教ならぬ宣伝と浸透に献身した。FDJは若き社会主義者の集団であり、

SED（ドイツ社会主義統一党）の青年組織として活動した。

当時、山村の保守的な村人の間で「ローテ（赤い）・カテリーナ」と呼ばれるほど過激な活動をした。そしてカテリーナは、三度目の戦争がドイツの地から起こってはならない、自由で平等な社会を実現するには、社会主義しかないと確信したのである。

集会で、若いカテリーナが激しく熱情を込めて演説するとき、ジャンヌ・ダルクのようであったという。保守的で反共的な村びとでさえ、カテリーナの演説に感銘した。優しい人柄と美貌《びぼう》、そして情熱。カテリーナにあこがれて党員になろうとした若者も少なくなかった。

やがて一九四九年十月、ドイツ民主共和国（DDR）の建国とともに、SED、つまりドイツ社会主義統一党と改称した共産党は、独裁的な国家支配体制確立のため、党組織の拡大強化に努めた。その中核がFDJであった。FDJは一九四六年三月、SEDよりも早く組織された。反ファシズム運動をスローガンとして発足したが、実際は、若いSED党員の養成機関であった。議長はウルブリヒトの皇太子といわれたエーリッヒ・ホーネッカーであった。ホーネッカーは一九七一年、ウルブリヒトの後を襲い、DDR最高権力者となった人物だ。

カテリーナは、そのFDJで優秀な活動家と目され、専従メンバーに抜擢《ばってき》された。一年後十九歳になったとき、SED入党が認められたばかりか県党組織の特別推薦により、ベルリンのフンボルト大学に入学を認められたのである。文学部でマルクス・レーニン主義を専攻した。学業成績はトップ。しかもDDRの映画公団が本気でスカウトしかけた美貌とあって、フンボルトのマドンナとあがめられた。そして大学二年のとき推薦され、モスクワ大学に二年留学した。カテリーナが完璧《かんぺき》なロシア語を話せるようになったのはそのためだった。カテリーナは、DDRがソ連との兄弟的同盟関係を永遠に強化し発展させるために養成した若き重要人材なのだ。FDJではもちろん、SEDの幹部要員として、カテリーナには輝かしい将来が約束されていた。同じように、その時もう一人注目されたFDJ活動家がいた。エゴン・クレンツである。彼はDDR体制にひたすら従順であった。エリートコースを着実に上り詰めた。だが、カテリーナはDDR体制に従順ではなかった。

組織というものは構成員に対し従順を要求する。正論であれ体制にそぐわない意見を述べようとする者を排除する。硬直した官僚体制のもとで出世の要諦《ようてい》は、意見を言わないことであり、逆らわないことなのだ。そして言われたこと以外何もしないこと。だがそれはカテリーナには我慢できないことだった。

「姉さん、何考えてるんだい」

ハインツの言葉に、カテリーナはわれに返った。

「これからどうやって生きていこうかって思ってたの」

将来について覚悟はできていた。このところ、DDR体制を嫌悪し憎悪する思いは強くなるばかりだった。チェコスロバキアの社会主義再生を模索する民主化運動の影響もあったが、社会主義の名において、ファシズムそのままに果てしなく硬直化するDDR体制がたまらなかったのである。

信念のために獄中にある政治犯を思うとき、ささいなことを理由に犯罪人に仕立てられ、悲しみと絶望に打ちひしがれた人々を考えるとき、カテリーナの心と神経はずたずたになっていった。

カテリーナは、自分のしたことが反体制活動と言われるのが、いまだに納得できなかった。党員としてDDR市民として、いや、何よりも人間として発言しただけである。普通の言葉で穏やかに、あるべき社会主義の理想と政治のあり方を語った。DDRを脱出しようとする人々に対する国境警備隊の発砲と殺人を批判し、非人間的なことをやめるよう、公の場で訴えた。党は狼狽《ろうばい》した。だが、官僚主義に硬直化したDDR体制は微動もしなかったばかりか、権力は、カテリーナに反党・反国家活動分子という犯罪者の汚名を着せた。

挫折と絶望、裏切られた理想。DDR体制の過酷な現実に傷つき、心を病んだカテリーナにつけられた病名は、「デ・ペルゾナリザツィオン・シンドローム」、つまり離人神経症であった。自分が自分でなくなるように感じられ、自分を見失ってしまうのだ。無気力に陥り、激しい発作が出ると、幻覚と強度のヒステリー症状に失神し、一時的に記憶を喪失することがあった。ある種のマインド・コントロールが破綻《はたん》し、そのショックで生じた精神的外傷が原因であった。発作的に睡眠薬による自殺を図り未遂に終わったのは、三年前のことだ。

「それで姉さん、どうするの。あと、一年でベルリンへ戻ることになるのでしょう?」

「党活動には復帰しないわ。できるはずもないけど。どっちにしても、もうごめんだわ。いろいろ考えているの。田舎に帰って、お母さんの仕事を手伝うことも考えてるの」

「そりゃあいい、少なくとも母さんは喜ぶだろうよ。苦労のしっ放しなんだから……。ぼくも随分、母さんを悲しませたから、偉そうなこと言えた義理じゃないんだけど、母さんの後ろ姿、このごろすごく寂しそうに見えることがあるんだよ」

ハインツの言葉が、カテリーナの心に重く響いた。

「わたし、普通の女になって平凡な生活をしようと思ってるの。考えてみると、いままで突っ張り過ぎてたわ。疲れちゃった。お母さんとお花や野菜を作って暮らすの。もう裏切られたくないもの。SEDもFDJも関係ないわ。でも、誤解しないでね。自分の信念まで捨てるつもりはないのよ。人間として女性として、わたしのやり方でDDR体制と闘うつもりなの。何もかもやり直すわ」

「それで義兄《にい》さんとは別れるつもりなの?」

「ええ、もう決心しているの。シルビアは悲しむでしょうけど。身の回りをきちんとして、もう一度やり直してみたいの。自分らしく生きてみたいわ。普通の女になって、本当の恋がしてみたいって思うことがあるの」

「だって、義兄さんとは、父さんや母さんの反対を押し切っての恋愛結婚じゃないか。いまさら本当の恋でもないでしょう? いい年をして」

きつい言葉だった。あの青年の面影が心をよぎった。

危険人物

かなり激しい雨が降っていた。ウィーンの銀座通り、ケルントナーシュトラーセは道行く人々も少なく、滞在している「ホテル・オイローパ」のカフェから眺める、華やかなたたずまいがかえって侘《わび》しかった。しばらくぶりのクーリエで、亮介はウィーンに来ていた。

雨の昼下がり、とりたてて予定もなく物憂い気持ちでコニャックを飲んでいた。コーヒーのあと、気持ちを引き立てようと注文したのだ。しかし心は晴れなかった。無性に人恋しかった。いや、シュナイダー夫人とシルビアに会いたかった。シュナイダー家の人々に囲まれて過ごしたのは、十日ほど前のことだった。記憶は昨日のことのように鮮明に残っている。あの日、亮介は心ゆくまで夫人を観察することができた。反体制活動家というには、たおやかすぎるイメージがどうしてもそぐわない。進歩的な思想を持つ女優といったほうがぴったりだった。

亮介がシュナイダー家の人々に別れを告げたのは、午後十時、長い夏の一日にようやく闇《やみ》のとばりが下りた頃であった。ハインツとともにアパートの玄関まで送ってくれた夫人が握手をしながら低い声で囁《ささや》くように言った。

「今度は、いつお目にかかれるのかしら」

か。

「また、明日」と言いたい衝動を、亮介はかろうじてこらえた。それは職業意識であったのか。

「あなたが日本の外交官としての立場から、わたくしたちとかかわりを持つことがよいことではないとお考えでしたら、おつきあいしていただかなくてもいいの」

柔らかい言葉ではあったが、どこか挑発するような響きがあった。

（わたしは危険人物よ。あなたのような前途ある若い外交官には好ましくない女なの。近寄らないほうが身のためよ）

夫人の言葉はそんな風にも聞こえた。それにしてもあの日、別れ際、囁くような夫人の言葉は何だったのか。甘美な記憶であった。亮介の夫人への慕情は一歩踏み込んだものになっていた。しかし同時に、亮介は不安も感じていた。シュナイダー家の人々と引き続きかかわりを持つことは、立場上好ましいことではないのかもしれない。もし、厄介《やっかい》な事件に巻き込まれたらどうするのだ。大使館員という公的立場をわきまえ行動しなくてはならない。亮介は自分に言い聞かせていた。

「外交関係に関するウィーン条約」という国際法によって、外交特権を保障される外交官の存在と行動は、本来、公的なものであり、私的なそれが制限されるのは当然であった。外交官が、ある特定の政治活動、特に反体制活動をする人物とかかわりを持つことは、状況によっては当事国政府から内政干渉という非難と反発を覚悟しなければならず、極端な場合「ペルソナ・ノン・グラータ」、つまり、好ましからざる人物として国外追放されるばかりか、国家レベルの紛争にまで発展することも考えなければならない。

ためらいが無意識のうちに行動を抑制していたのか、ハインツが車で送りましょうと言うのを遠慮し、市街電車でマカレンコバ通りのアパートへ戻ったことを、亮介は後ろめたく思っていた。翌日、夫人とシルビアにあて簡単な礼状を出しておいたのだが、夫人に見透かされているようで落ち着かなかった。

カフェは雨に閉じ込められた人々で結構混んでいた。亮介は何気なく隣のテーブルに目をやって、置き忘れられた新聞に気づいた。オーストリアの新聞『ディ・プレッセ』だった。大きな活字の見出しに、思わず新聞を手にしていた。

「プラハに苛立つウルブリヒト！　沈黙するＤＤＲの反体制運動」とする報道解説記事だった。亮介は夢中になって読んだ。

（七月十九日、西ベルリン発）

――プラハの緊迫したイデオロギー論争に耳をそばだてるＤＤＲは明らかに苛立っている。ＤＤＲ社会主義統一党機関紙『ノイエス・ドイッチェラント』は、最近の論評で「社会主義の名において、ブルジョア民主主義と修正資本主義をチェコスロバキアに密輸入しようとする悪質な陰謀が、一定の成果を挙げていることを憂慮している……。われわれはチェコ党内に健全な勢力が存在することを信頼し、帝国主義と反共主義に結託する手先に断固対決し、反撃するものと確信している。わが党は、チェコスロバキア共産党に対し相互連帯を確認するとともにあらゆる兄弟的支援を惜しむものではない」と、懸念をあからさまにした。

スターリニスト、ミールケが指揮する、「シタージ」と略称される国家治安省は、五万人ともいわれる職員を擁し、徹底した監視網をＤＤＲ社会のあらゆるレベルに張りめぐらした。「シタージ」非公式協力員、つまり密告者が、企業、学校、病院、劇場、レストランはもとより家庭にいたる、あらゆる社会生活の場、さらには、夫婦、親子、兄弟姉妹、親戚《しんせき》、友人、隣人、同僚など考えられるすべての人間関係の単位に配置されているのだ。

誰《だれ》が密告者かわからない巧妙な仕組みは、ＤＤＲ市民をして恐怖の沈黙を余儀なくさせている。それだけではない。電話の盗聴、手紙の開封、日常会話の盗み聞き、無線の傍受、尾行、逮捕、監禁と手段を選ばず、容赦なく批判者、敵対者、反社会主義分子の摘発に努めている。「シタージ」は党と国家を守る盾として剣としてすべてが許されている。

要するにＤＤＲ市民は、「シタージ」に対する恐怖と身動きできない政治的、社会的、経済的状況にあきらめ、沈黙し、体制に順応するしかないのである。もっとも、その沈黙に共産党独裁への憎悪と体制批判のエネルギーが蓄積されている事実も忘れてはなるまい――

亮介がカレル大学にシュテンツェル講師を訪ねたのは、ウィーンからプラハに戻った翌週、月曜日だった。夏休みにもかかわらずアポイントが取れたのは幸いであった。同僚の稲村が取ってくれた。亮介は彼と二人で訪問するつもりであったが、あいにく指定の時間に他の約束があり、同行できないということだった。

シュテンツァニルを訪ねようと思ったのは、もちろん、ウィーンのホテルで読んだ新聞記事がきっかけだった。チェコスロバキアとDDRの関係についてシュテンツェルの考えをただしておきたかったのだ。とりわけ、DDRの反体制活動について何か情報が得られることを期待した。それに関連して、シュナイダー夫人のことを聞き出せるかもしれないと考えた。

いや、それが本当の狙《ねら》いであった。夫人のことを探ろうとする行為に、後ろめたさを自覚しないわけではなかった。しかし、亮介は、職務として情報収集するのだと考えた。DDRがチェコスロバキアの今後の政治情勢に重大な影響を及ぼすことになる、という直感を確かめる情報を集めるのは当然の任務なのだから。

カレル大学の構内は夏休みのため閑散としていた。午後ということもあって、夏期特別講座も終わったのであろう、人気《ひとけ》はほとんどなかった。守衛に教えられたシュテンツェル講師の研究室はすぐわかった。大学本部建物三階三五八号室、奥まった一角で内庭に面していた。

ノックした。亮介は少し緊張した。

「プロッシム（どうぞ）」

シュテンツェルの声がした。ドアを開けた。

「ドブリィ……」

チェコ語で言いかけて、亮介はドイツ語に切り替えた。

「グーテンターク（こんにちは）」

八畳ほどの室内は想像と違い、書物や資料が書棚に整然と並んでいた。

「ほう、ほう、ヨシに頼まれたのでは断りきれん」

シュテンツェルは窓辺の机に座ったまま、握手の手を差し出した。眼鏡の向こうに優しい目があった。

「ご多忙のところ申し訳ありません。急なお願いにもかかわらず、すぐに時間を取っていただいて感謝いたします。どうしてもお目にかかって、教えていただきたいことがあったのです」

握手をしながら、亮介は礼を述べた。

「なんの、なんの。ヨシは元気かな。あれ以来、会っとらん。留学生時代と違って、随分こき使われているようだな。ホウッ、ホウッ、ホウッ」

「はあ、たしかにこき使われています。わたしも……」

「まあ、掛けなさい」

勧められて、亮介は椅子《いす》に腰を下ろした。

「日本人はよく働く。立派なものだ。しかし、働き過ぎるのも問題だ。ま、それはともかく、何かな、このわしに聞きたいということは?」

「はい、チェコスロバキアとDDRの関係です。ウルブリヒトはプラハの政治状況に不安を強めているのではないでしょうか。今後、このままチェコスロバキアの民主化運動が進む場合、ウルブリヒトは黙っているはずがありません。干渉してくる可能性があると考えます。つまり、改革派が主導権を握るとなると、ウルブリヒトは反革命だと言いがかりをつけかねません。危険です。DDRでは『ジタージ』が国内を徹底的に監視しているどころか、国外にまで要員を送り出して、DDR体制とイデオロギーに危険な人物を監視しているのです」

亮介は、勢い込んでいるのが自分でもわかっていた。それでももどかしく、一気にしゃべった。シュテンツェルは黙りこくっている。しばらく沈黙が続き、開け放った窓の外では小鳥のさえずりが賑《にぎ》やかだった。シュテンツェルが口を開いた。

「可能性はある。だが、DDRだけではどうすることもできまい。ウルブリヒトが騒ぎ立てたとて、さしあたりは犬が吠《ほ》えるようなものだ。番犬が……。問題はご主人様が、どうするかだ。モスクワでの休暇から戻ってきたノボトニーが、いろいろ画策しとる。あの男は、川の流れを変えることができると思っとるらしい。ご主人様が何と言ったかわからんが、あの男はモスクワから帰ってくるとしばらくは元気がいい」

相変わらずの毒舌だった。気負っていた亮介は拍子抜けしていた。

「しかし、ウルブリヒトは権力闘争の本質を見抜いておる。この男は、ナチ時代ソ連に亡命し、スターリンのそばにいながら『大粛清』を免れ、ライバルを蹴落《けお》とし、生き延びた。そして戦後、解放者としてソ連軍の戦車に乗ってベルリンに戻ってきた。

要するに、したたかな人物だ。マキャベリストだ。DDR体制のもとでは良心的な社会主義者を根こそぎにし、社会民主党を乗っ取り、人間らしい生活と権利を求め蜂起《ほうき》したベルリン暴動を戦車で押し潰《つぶ》した。挙句の果てがベルリンの壁だった。人民を囲い込んでおいて秘密警察で徹底的に監視する。本質はナチといささかも変わらん。

ウルブリヒトはノボトニーの優柔不断に苛立っている。せいぜい労働組合の議長ほどの器量でしかないのに、反ナチ抵抗運動に参加し捕らえられ、強制収容所にいた共産党員ということが功績になって、はずみで権力の座に座ったのがノボトニーだ。ウルブリヒトに比べると小物だ。ま、いずれノボトニーは自滅する。問題はそれから先なのだ。改革派がチェコスロバキアの権力を奪取すれば、ウルブリヒトは、なりふり構わず干渉してくるに違いない」

シュテンツェルの鋭く明快な説明に、亮介は引き込まれていた。

「ウルブリヒトの独裁は完璧のように見える。しかし独裁は所詮《しょせん》、独裁だ。人民が沈黙しているからといって、人民は屈服しているわけではない。その沈黙を独裁者は恐れる。ひとりひとりの人間の心の中まで監視しようとする。考えてみると滑稽《こっけい》なことよ。人間の心に盗聴器をつけることができるかな。ホーウッ、ホーウッ、ホウッ」

「本当にそうですね」

あいづちを打ちながら、亮介はシュナイダー夫人の言葉を思い出していた。

(人々が心の中でおかしい、間違っているのではないだろうかと思いながら、得体の知れないものの力を恐れて口に出さずにいることを、詩にかいたり、話したりしただけなの……)

「どうかしたのかな?」

「はい、いや……、お話を伺っていてちょっと思い出すことがあったのです」

亮介はためらっていた。シュナイダー夫人のことをどう切り出すべきか。抑えきれない思いが口をついていた。

「あのう、先日、レストランでお話をしたとき、おっしゃっていたシュナイダー夫人。実は、わたくしも、思いがけないことから、いや、自動車が動かなくなって困っていらっしゃるのを助けてあげたことから、存じあげているのです」

「ひょう、これは驚いた。あの美女を知っているとは。どうだ、魂がとろけるようなご婦人だろう。あれは天女かもしれん。それでどうしたのかな」

話題が変わって、シュテンツェルの表情が優しくなった。

「ええ、先生のことをとてもほめていらっしゃいました。二週間ほど前、お嬢さんの誕生日にお招きを受けたのです。弟さんのハインツも一緒でした」

「おう、おう、それは羨《うらや》ましい」

「実は、その時、シュナイダー夫人がご自分でおっしゃったのです。なにかＤＤＲ当局に監視されていらっしゃると。あまり詳しくは説明されませんでしたので、それだけのことになっています」

シュテンツェルの目が厳しくなるのを亮介は気づいていた。

「ふむ、そうだったのか。そんなことがあったのか」

シュテンツェルはしばらく考え込んでいた。亮介は不安だった。話さないほうがよかったのかもしれない。軽率を悔いていた。

「夏休みの前後、大学の図書館で彼女に二度ほど会って立ち話をした。なにか以前と感じが違っておった。悩んでいるようだった。待てよ……、あれは、作家同盟大会が終わった直後のことだった。いつも静かな彼女には珍しくなにか興奮しているようだった。こんなことを言うていた。『大会の決議文、読みましたわ。とても勇気づけられました』とな」

穏やかな表情に戻ったシュテンツェルは、亮介の目をじっと見て話した。

「あの人は用心深い人だ。ヘル・ホリエ、彼女はあんたを信用したから打ち明けたのに違いない。ならばわしも少し話してよかろう。実は、詳しいことはわからないが、彼女は普通であれば政治犯として逮捕されるところを、特別のはからいで国外に出されたらしい。それというのも、彼女の夫が他でもないDDR国家治安省の高官で、自分の妻をかばったという噂《うわさ》だ。しかも、その高官は、ホーネッカーの信頼がことのほか厚い側近と聞いた」

亮介は、驚きに言葉を失っていた。

告白

八月になって、陽射《ひざ》しが淡くなり、短い夏が過ぎようとする気配がプラハの町並みに漂いはじめていた。早くなった夕暮れの肌寒い風にふと心細さを覚え、亮介は沈んでいた。

「今度はいつ、お目にかかれるのかしら」

シュナイダー夫人が囁いた言葉を、亮介は何度思い返したことか。そのときめく思いに冷水が浴びせ掛けられたのだ。

シュテンツェルが語った夫人の秘密は、亮介の甘い幻想を打ち砕いた。伝聞にせよ、事もあろうに、夫人の夫がDDR秘密警察の高官であったとは。もうシュナイダー家の人々とかかわりを持つべきではないのだろう。ウィーンで、お土産にと思って買った夫人へのモーツァルト・チョコレート、そしてシルビアのために選んだジーンズ。ひとりよがりが虚しかった。

毎週火曜日は忙しかった。本省あて外交行嚢便《こうのうびん》の締切日であったからだ。亮介は、石崎参事官に指示され、チェコスロバキア国営通信社CTKの記事を読んでいた。締め切りに間に合うよう報告にまとめなければならない。

記事は、スロバキア人の著名な作家ラディスラフ・ムニャチコがイスラエルに亡命したというものであった。

ムニャチコはジャーナリスト出身の党員作家で、『遅れたレポート』がベストセラーになっていた。これは五〇年代、チェコスロバキアにおけるスターリン主義的暗黒時代の政治テロと見せしめ裁判をテーマにする小説であった。共産党の犯罪と誤りを大胆に暴き、ノボトニーら保守派はそれを必ずしも歓迎せず、苦々しく思っていた。亡命の理由は、ちょうど二カ月前、六月五日、勃発《ぼっぱつ》した第三次中東戦争で、圧倒的なアラブ側軍事力に果敢な戦いを挑み、完全な勝利を収めたイスラエルに対し、チェコスロバキアが外交関係を断絶したことに抗議するものであった。この措置は戦争勃発直後、モスクワで開催されたソ連・東欧首脳会議の結果であり、チェコスロバキア、ブルガリア、ポーランドそしてハンガリーがソ連に追随した。

ムニャチコは、以前からこうした一方的な反イスラエル政策を批判し、特にチェコスロバキアでは反ユダヤ主義が清算されていないことを追及していた。

たしかに、スターリン主義的政治テロの犠牲になり、拷問と見せしめ裁判で、無実の罪を問われ処刑された政治指導者の多くは、スランスキー元共産党書記長やクレメンティス元外相らのユダヤ人であった。名誉回復されるどころか新たな反ユダヤ主義は、ムニャチコ事件を改革派攻撃の口実にしようとしていた。進歩的作家の多くはユダヤ人であったからだ。

国営通信社CTKは、ムニャチコを逃亡者、裏切り者と罵《ののし》った。共産党は、除名処分を取り、「ムニャチコの独善的態度は、わが党の努力を無視し、むしろ社会主義の諸原則そのものを否定しようとしている」と攻撃した。政府は市民権を剝奪《はくだつ》し、授与した国家賞の取り消しを発表した。保守派はこの事件を改革派弾圧の口実にしようとしていた。ムニャチコこそ急進的改革派の一人であったからだ。第四回作家同盟大会後、改革派と保守派の主導権争いは緊迫の度を加え、保守派の反撃が始まっていた。

亮介は、米、英、仏、オーストリアの各大使館政務担当書記官を訪ねて情報を集め、政情報告にまとめた。報告は、直接の上司である石崎参事官に提出した。

「保守派は改革派の拠点となっている雑誌や新聞に対し、発行停止ないし廃刊といった非常手段を取ることが予測できる。党中央指導部は依然として保守派が多数を占め、改革派の勢力を抑制しようとしており、九月に開催される党中央委員会総会がその山場になるであろう。だが、保守派の反撃は一時的なものであり、ノボトニーは改革派を抑えることはできず、結局退陣せざるをえない」というのが報告の要点であった。

ソ連は、チェコスロバキア情勢について冷静であり、コップの中の嵐《あらし》にすぎないと、高を括《くく》っているようで、その報道や論評に特別の変化はなかった。

電話が鳴った。

「堀江君、わたしだ。ちょっと来てもらえるかな」

中沢大使だった。

「かしこまりました」

亮介は上着を着て身繕《みづくろ》いすると、鉛筆とメモ用紙を手に部屋を出た。二階の大使執務室へ向かう階段を降りながら、いつものように少し緊張を感じていた。ドアの前に立つと深呼吸してノックした。

「どうぞ」

大使の声がした。ドアを開けた。

「やあ、ごくろうさん。まあ、掛けたまえ」

大使は、石崎参事官と会議テーブルに座っていた。亮介が起案した政情報告が置かれていた。

「この報告、よくまとまってるよ。ありがとう。ところで今後の見通しのことだけど……。参事官の意見では、ノボトニー失脚の可能性について触れるのは、ちょっと材料が弱過ぎる。踏み込み過ぎているということなんだ。起案した担当官としての考えを直接聞こうと思ってね」

亮介は、大使と参事官の評価が分かれていることを悟った。事務総括責任者として、参事官が万事慎重になるのは当然のことであった。

「はあ、聞き込み情報を基礎にこれまでの論争の経過を合わせ分析しました。いずれにせよノボトニーは失脚します」

「ほう、大した自信だね」

参事官が口をはさんだ。

「西側主要国の大使館政務担当官の見解は、改革派が後退を余儀なくされる。その山場は九月の党中央委員会総会だという点で一致しています。しかしその後退は一時的なものであり、後退しただけその反動は大きく、改革派と保守派の対決は党中央指導部で最終的な決着をつけざるをえないと観測されています。つまりノボトニーがなんらかの形で責任をとらなくては政局は収拾できません。ここまで来て保守派が主導権を確保する可能性は少ないと見るべきです。ただ、ノボトニーが失脚してどういう人物が政権につくのか、これは見当がつきません」

亮介は説明した。

「実は、先週、マリアンスケ・ラズネのゴルフ場で、偶然、米国大使館のスミス公使に会った。立ち話をしたのだが、ノボトニーは結局改革派を抑えることはできないのではないかと言っていた。失脚するとは言わなかったが、君の情報と符合する。保守派が主導権を確保することはできないという点だ。とすれば、ノボトニーは責任をとらねばなるまい」

大使は失脚説を支持した。

「ソ連は、いや、ブレジネフはノボトニーの更迭《こうてつ》を認めるでしょうか」

参事官は依然、懐疑的であった。

「そこだよ、石崎君。わたしが見るところ、ブレジネフはノボトニーを必ずしも信頼しているとは思えない。力量を試そうとしているのではないだろうか。九月の党中央委員会総会で、ノボトニーが改革派を抑えて事態を収拾できなかったら失脚するのもやむを得ないと見ている節がある」

亮介は、大使の見解をかみしめていた。報告は結局、ノボトニー失脚の可能性を指摘し、大使の所見が加筆された。

亮介は電信室で、発電作業中であった。穿孔《せんこう》されたテープをテレックスが読み取る単調な機械音をぼんやり聞きながら、亮介は、いつしかシュナイダー家の人々と過ごした夕べの記憶に浸っていた。おいしかった鴨《かも》料理。千代紙の折り鶴《づる》に夢中だったシルビア。神経質そうな好青年ハインツ、どこか危なっかしい雰囲気があった。そしてシュナイダー夫人の成熟した知的な女性の落ち着きと優雅な身のこなし、そして白いワンピースに包まれた体のシルエット……。亮介は妄想《もうそう》をもてあました。

少し回っていた。機械が止まり、電信室は静寂を取り戻した。緊張が解け、亮介はぼんやり座り込んでいた。あれから二週間余り、亮介は、時間の経過とともに冷静さを取り戻していた。夫人がDDRの反体制活動家であり、当局の監視下にあると告げられたことは、衝撃的だったが、ある程度は予期されたことでもあった。

だが、夫人がDDR秘密警察高官の妻であるという噂に心が凍った。反体制活動家と秘密警察シタージ高官の妻。亮介は、シュナイダー夫人の引き裂かれたイメージを前に立ちすくんでいた。しかし何のために夫人が亮介にそうした秘密を打ち明けたのか腑《ふ》に落ちなかった。処理した夥《おびただ》しい電信テープを片付けながら、亮介は考え込んでいた。

「これからもずっとお友達でいてね」

シルビアの言葉が鮮明に記憶に焼きついていた。普通なら無邪気な子供の言葉のことと、聞き流して忘れてしまうところだが、亮介はなぜかこだわっていた。誕生日の夕食会に招かれた夜、シルビアがおやすみなさいの挨拶《あいさつ》で亮介に言った言葉であった。そして自分は結局、この子を裏切ることになるのではないかと予感した奇妙な感情がわだかまっていたのだ。

思いあぐねるうち、亮介は、唐突に、シュナイダー夫人を訪ねてみようと決心していた。ウィーンで買ったお土産を届けるのだ。突然の訪問がマナーにそぐわないものであることを意識しないわけではないが、不思議にためらいはなかった。むしろ行かなくてはという気持ちになっていた。約束していたアポイントを急に思い出したような気持ちであった。まだ間に合う。シルビアを裏切らないで済む。シュナイダー夫人が、仮に二つの顔を持っているとして、どれが素顔なのか、突き止めてみようではないか。そんな気持ちもあった。

罠《わな》にはめられるかもしれないという不安とともに、自分を試す気負いもあった。それでいてあらぬ妄想をめぐらすことが、夫人の真摯《しんし》さを冒瀆《ぼうとく》する所業に思えてならなかった。このまま遠ざかってしまうことは、夫人に対してはもちろん、自分自身にとっても卑怯《ひきょう》かつ失礼極まりないことに思え、亮介の中からためらいは完全に消えていた。慕情とためらいの均衡が崩れ去ったのだ。

亮介は、慌ただしく用意しながら心が弾んだ。夫人に会う喜びであった。当然会えると思い込み、不在かもしれないという懸念はまるで無かった。洗面所で顔を洗い髭《ひげ》を剃り、鏡に映る自分に話しかけた。

「ためらっていたことを素直に告白しよう。会いたかったと言えばいいのだ」

夫人の微笑《ほほえ》みとシルビアの無邪気な喜びを想像し、心が浮き立つのをどうすることもできなかった。まだ、ハインツもいるはずだ。もっとうちとけた友人になれるかもしれない。亮介は、シュナイダー家の人々が愛《いと》しく思えてならなかった。常識の妄想にとらわれ、本当のことを何も知らぬまま夫人を疑い警戒している自分を、亮介は改めて恥ずかしく思った。

大使館を出る時に時計を見ると午後八時になろうとしていた。愛車に飛び乗るとスタートさせるのももどかしく、一気にプロポスカー小路、石畳の路地を抜けカルメリッカ通りを左折した。アクセルを踏んだ。心がはやった。

イラーセク橋を渡って右折すると、ブルタバが右側にゆったり流れているのが目に入った。何をそんなに慌てているのかと、からかわれているような気がして、スピードを落として徐行した。たしか三十五番地のはずだ。見覚えのある古いアパートの前で車を止めると、急に動悸《どうき》を覚えた。見上げる三階に灯がともっている。亮介は土産物の包みを手に車から降り、もう一度見上げた。予告も約束もなく、突然、訪問する自分を夫人はどう迎えてくれるのだろう。誰か先客がいたらどうしよう。それも男の客が。不安を吹き飛ばすように亮介は玄関のドアを押し、足を踏み入れた。古い建物に特有の湿った空気に料理の匂《にお》いがこもっていた。

階段を二段ずつ上がった。それぞれの階でドア越しに生活の音が漏れてくる。赤ん坊が泣いていた。中年の男が小言を言っているような声が聞こえた。三階に立った。左側だ。そっと踊り場を歩いた。ドアの呼び鈴のそばに「K・SCHNEIDER」と小さな表札があった。動悸が速くなる。耳を澄ますと控え目な音量の音楽が聞こえた。ベートーベンの交響曲『田園』だった。ベルを押した。短く。室内のドアが開く音がして、人の気配がした。

「どなた？　ハインツ？」

シュナイダー夫人だった。緊張した重い声だった。

「堀江です」

「あらっ。本当？　ちょっとお待ちになって」

声のトーンが一瞬にして喜びに弾んだ。

「シルビア、シルビア、ヘル・ホリエがいらっしゃったわよ」

夫人が娘を呼ぶのが聞こえた。華《はな》やかな声だった。

「すぐ開けます」

夫人は慌てて身繕いしているようだった。部屋の奥から、軽い弾むような小走りの足音が近づいて、ドアチェーンを慌ただしくはずす音が聞こえた。

「ほら、ほら、何ですか。お行儀が悪い」

たしなめる声も弾んでいた。カチッとドアが開いた。『田園』のメロディとともに、シルビアが亮介に飛びついた。

「うわあ、夢みたい。本当だ」

パジャマ姿だった。ベッドから飛び出してきたのだ。

「ようこそ。どうぞお入りになって」

見開いた大きな瞳《ひとみ》が輝いていた。

（やっぱり来てよかった）

「どうして遊びに来てくれなかったの。待ってたのよ」

シルビアが甘えるように言った。夫人が隣人のドアに視線を走らせ目配せした。シルビアに手を引っ張られ、亮介は足を踏み入れた。

「ウィーンに行ったり、忙しかったんだ……。すみません、突然お邪魔して……」

亮介は、シルビアと夫人の両方に弁解していた。

「お忙しいんでしょう。でも、よく来てくださったわ。もう来ていただけないと思ってたの」

握手する夫人の手が優しかった。三つ編みを解いて、ふわっと流した髪がなまめかしく、くつろいだ部屋着、裾《すそ》が長いワインレッドのナイトガウンをまとう夫人が新鮮だった。

見覚えのある居間に案内された。夫人はレコードプレイヤーを止め、亮介に向かい合ってソファに座った。微笑みに金木犀《きんもくせい》の匂いが漂っている。

「これウィーンのお土産です」

亮介はチョコレートの箱を差し出した。

「わたしたちのことウィーンでも思い出してくださったの？　嬉《うれ》しいわ。ありがとう」

夫人は、受け取ったチェコレートの箱を抱き締めるようなしぐさをした。

「これはシルビアに」

亮介は包みを渡した。

「わたしにも？　ありがとう。何だろう」

シルビアが包みを開けた。

「うわーっ、ジーンズだ」

その喜びようはなかった。狂喜といってよいものだった。亮介は驚いた。

「ありがとう。死にそうに欲しかったの」

シルビアが亮介に抱きついて頬《ほお》にキスをした。

「ありがとうございます。ジーンズはＤＤＲの子供たちのあこがれなの」

夫人の表情に陰りが浮かんで消えた。

「ごめんなさい。気になさらないでね。米国製の本物のジーンズ、ＤＤＲでは普通の方法じゃ手に入らないの。それでもファッションに敏感な若い人たちは欲しがって、なんとか手に入れようとするんです。しかたがないですわ、格好いいんですもの。わたしだって欲しいんですから」

夫人は取り繕った。

「ママ、どうしてジーンズを欲しがっちゃいけないの？」

シルビアは不満そうだった。

「いけなくはないわよ……」

なだめるようにシルビアを見た夫人の眼差《まなざ》しが亮介に移った。困ったような表情がコケティッシュだった。

「お食事、お済みになったの」

「いいえ、まだです。でも、いつものことで適当にやりますから、ご心配なく」

亮介は、慌てて遮《さえぎ》った。

「簡単なものですけど、ハインツが今日戻る予定で、用意したスパゲッティなの」

夫人はキッチンに向かった。

「シルビア、お手伝いして」

夫人の声が弾んでいた。

「ハインツの分、食べちゃったら、彼のがなくなっちゃう」

亮介はシルビアに囁いた。

「いいの、たくさん作ったから。ソースはわたしが作ったのよ。遠慮しないでね」

シルビアが得意そうに大人ぶって言うのがおかしかった。

「ハインツおじさん、スロバキアへ行ったの。今日戻るはずだけど、気紛れだから」

ませた口調で耳打ちするとシルビアは立ち上がった。キッチンの母親と娘の華やいだやりとりを聞きながら、亮介は、妄想であれこれ考えたことを、恥ずかしく思っていた。もちろんわだかまりが消えたわけではない。なにか事情があることは間違いなかった。いずれ夫人がそのことを告白するときが来ることを、亮介は疑わなかった。

スパゲッティには家庭料理の味と温もりがあった。亮介の食事が終わるのを見届けて、シルビアはベッドに戻った。九時を過ぎていた。おやすみなさいの挨拶をして、シルビアは亮介に子供らしい約束を強要した。

「ねえ、ヘル・ホリエ、こんど遊びに行っていいでしょ。わたしがスパゲッティ作ってあげる」

夫人はキッチンにいて、そのやりとりを聞いていなかった。亮介は曖昧《あいまい》な返事をするしかなかった。名刺に、アパートの住所と電話番号をメモして渡した。

「いつも忙しいから、急に来てもらっても、いないといけないから電話してね。ママと一緒に来てくれると嬉しいな」

亮介はそう返事をしたのであった。

「せっかくいらっしゃったのだから、ご迷惑でなかったらゆっくりなさってね。もうすぐ、ハインツが帰ってきますわ」

キッチンから戻った夫人は、ワインを勧めた。

「ハインツはスロバキアですって？　シルビアに聞きました」

「ええ、一週間の予定でタトラへ行きました。スケッチ旅行です。昨日、ブラチスラバから電話があって、今日、プラハに戻ると言ってたのですが……。わたしのあの車、ワルトブルグで行ったので、また故障したのかもしれません。事故ではないとは思います。車の運転は慎重ですから」

夫人は心配そうだった。タトラは、ポーランド南部とスロバキア北部が接するカルパチア山脈の高山地帯で、国立公園に指定されている観光・保養地だ。ブラチスラバはスロバキアの首都であり、市内を流れる国境河川ドナウの対岸はオーストリアになる。プラハまで三百六十キロ、六時間余りの行程であった。

「大丈夫ですよ。もうすぐ戻ってきますよ。せっかくですから是非会いたいですね」

「ハインツも喜びますわ。ゆっくりなさってね」

夫人は気を取り直すかのようであった。心配していたのだ。

「ハインツはあなたが、もう、わたしたちを訪ねてくださらないのじゃないかって、心配してましたの。わたしも……。嬉しいわ」

「はい、ぼくもです」

言葉は短かった。言い訳する必要はなかった。年上の女性の余裕と思いやりが、亮介のためらいの果ての決断を受け留めてくれたのだ。語らいは続き、カテリーナはハインツの思い出を語った。

「ハインツは、三人きょうだいの末っ子なんです。私たちには兄がいたのですが、第二次大戦中ベルリンで戦死しました。弟は、両親が年をとってできた子供であっただけではなく、戦死した兄の生まれ変わりのようで、とりわけ父が溺愛《できあい》し、随分甘やかしてしまいました。父はフランスで捕虜になり、収容所から無事復員したのです。しかし体を壊していました。結局、戦後の混乱期の苦労が重なり、ベルリンの壁ができた直後、結核で亡くなりました。母がわたしたちを育ててくれたのです。

ハインツは一本気で無鉄砲なところがあり、母はよく泣かされました。でも、このところようやく落ち着いてくれ喜んでいるのです。彼は画家になるのが夢で、一応、ドレスデンの芸術大学を出ました。十七世紀のオランダの画家フェルメールが大好きでした。自分が描くものとしては風景が好きで、好んで川をテーマにしていました。しかし、残念なことですが、志のように画家にはなれませんでした。才能というより、DDRでは大学を卒業すると、生産的な仕事につかなければならないのです。現在、ドレスデンで設計技師をしています。いろいろ悩んでいるようですが、しかたありませんわ」

短い話ではあったが、夫人を取り巻く家庭環境が想像できた。亮介は夫人にいっそうの親しみを感じていた。

「ご両親はご健在なんでしょう」

夫人が尋ねた。

「いいえ、父は元気でおりますが、母はもう十年ほど前に亡くなりました」

「まあ、それはお気の毒に……」

「わたしたちは日本の植民地だった朝鮮からの引き揚げ者なんです。父は総督府の官吏でした。戦後の混乱した日本に、着の身着のまま帰国し、父母は大変苦労しました。わたしをはじめ育ち盛りの子供を四人も抱えた生活は大変だったと思います。母は過労と栄養失調で体力をなくし、心臓麻痺《まひ》で死にました」

亮介は、思いがけない身の上話に口が重くなっていた。夫人も押し黙ってしまった。想《おも》いを読み取っていたのだ。亮介は父や妹弟に想いをはせていた。すぐ下の妹が母親代わりだった。父は地方銀行に勤めてはいたが、大学や高校に通う子供たちの学費を賄《まかな》う十分な資力を持たなかった。亮介は弟妹たちに学費を援助していたのだ。亮介自身、高校も大学もいわゆる苦学だった。アルバイト暮らしに人並みの青春の記憶などなかった。

「ご苦労なさったのね……」

夫人が小さな声で呟《つぶや》いた。

「レコードかけましょうか」

突然、夫人が明るい声でいった。

「さっきの『田園』ですか。いいですね。ベートーベン大好きです」

「わたしね、寂しくなったり気分が落ち込んだりすると、いつもこの曲を聞くの」

夫人はプレイヤーのアームをそっとレコードにのせた。第一楽章、広々とした田園風景をイメージするメロディが流れ、二人はしばし耳を傾けた。優しい瞳が亮介を見つめた。亮介は幸せだった。

「ねえ、ヘル・ホリエ」

夫人が改まって切り出した。何かを決意したような声だった。

「わたし、あなたがこうして訪ねてくださったこと、とても嬉しいの。シルビアもあなたに会いたがっていたし。わたしたち運命の糸に繋《つな》がれているのよ。きっと」

亮介は緊張した。いや、甘美なときめきに震えた。

「大事なお友達のあなたに、どうしてもお話ししておかなくてはならないことがあるの」

夫人が何かを告白しようとしていることを悟った。

「あなたが、わたしたちを助けてくださったあと、しばらく尾行されたのではありませんか。わたしたちのために不愉快な思いをなさったのでしょう。ごめんなさいね。

日本の外交官と、どういう関係なのか疑われたのです。大使館に呼び出され、係官にいろいろ聞かれました。ありのままを話しました。信用してくれませんでした。あの人たちは猜《さい》疑心《ぎしん》のかたまりなの。ほとんど病的なほど。でも、わたしにっきり抗議しておきました。今まで卑屈にすぎました。彼らを恐れていたの」

亮介は黙ってうなずいた。夫人の瞳が光った。

「あれは、『シタージ』なんです」

夫人は、亮介が予想していたことを口にした。

「彼らは表向き、DDR大使館のスタッフなんですが、国家治安省の要員です。プラハに住むDDR市民は、なんらかの形で監視されているのです。わたしは、その中で特に厳しく監視されています。二十四時間というほどのことはないのですが、状況によってかなりしつこく尾行されたこともあります。先日、五月の『プラハの春』音楽祭の開会コンサートにまで、つけて来たことがあるのです。あなたにプラハまで車に乗せていただいて以来のことですわ。いくら説明しても納得せず、あなたとわたしが、どんな関係にあるのか徹底的に洗ったのです。あまりしつこいので抗議しました」

(そういうことだったのか。その現場をスメタナ・ホールで目撃したのだ)

亮介は納得しながら、わだかまりが解けた安堵《あんど》より、自分の軽率が悔やまれた。会いたい一心で夫人が難しい立場にあることをすっかり忘れていたのだ。

「驚かないでくださいね。その命令を出しているのは、わたしの主人です。主人は国家治安省の局長です」

亮介は息をのんだ。シュテンツェルに聞いた噂は、本当だったのだ。

「マイン・マン（わたしの主人）……」

夫人は、はっきりそう言った。「シタージ」、つまりDDR国家治安省局長と、反体制活動の前歴を持ち外国に追放され別居中の妻、相当な想像力を必要とするパズルだった。

夫人は静かに話しはじめた。

「別居している夫に監視されるなんて、不審に思われるでしょうね。スリラー小説もどきで異常ですよね。どうお話しすれば、わかっていただけるかしら。難しいわ。少し時間をくださいね。きっと詳しくお話ししますから。あなたの友情を大切にしたいの。わたしもシルビアもあなたのこと大好きなんです。信頼できるお友達だと信じていますわ。だから変な隠し事したくないんです。わたしは、反国家活動の罪で、執行猶予中の身分です。ハインツが言った、DDRの要注意人物とは、そういう意味だったのです」

夫人はワインを一口飲むと話し続けた。

「DDRという国は、何と言ったらいいのかしら。国家そのものが、ある種の強制収容所、そう、精神的強制収容所のような国なの。規則と命令に従って、大人《おとな》しく暮らしている分には、最低限住めますわ。でもDDRは社会主義を理想とする国です。それなのに実態は、抑圧と管理そして監視に支えられる官僚独裁体制国家なんです。DDRが社会主義国というのは、まやかしです。本来、社会主義は資本主義よりも自由かつ民主的であり、人間性と人権が最高に尊重される理念なのですから」

大胆な体制批判であった。亮介は夫人の挑むような瞳に射すくめられていた。

「わたしは、十九歳のときから社会主義統一党の党員でした。でも、いろいろなことがあって、DDR体制に疑問を感じ、批判的な発言をしたことが罪に問われたのです。もう済んだことは、お話しするまでもないことですし、思い出したくないの。モンスターのようになってしまったDDR体制は、いまさらどうすることもできないでしょう。

プラハに追放され、監視されながら現実に妥協しあきらめ、なかば投げやりに生きてきました。でも、あなたにめぐり逢ってから、もう一度、わたしらしく生きてみようと考えるようになったの」

夫人はじっと見つめた。亮介は、青く深い瞳に引き込まれていた。

「もちろんシュテンツェル先生とお近づきになってから、いいえ、先生だけではありません。この国の人々チェコ人、スロバキア人のお友達がたくさんできて、いろいろなことを教えられました。生きる勇気を……」

夫人はたまっていたものを一気に吐き出すように話し続けた。

「この国の人々が歴史を生き抜いてこられたのは、しなやかな勇気と信念が支えだったということがよくわかりました。小さな国とその民族が自らの存在を守り通すということは並大抵のことではありません。ドイツ人は、歴史的経験として被抑圧民族の悲しい体験がほとんどなかったのです。権力に弱く、強いものにすぐ迎合するのもそのためなの。ナチがあれだけのことをやれたのは、他でもないドイツ人一般の責任なのです。不正なもの、邪悪なもの、非人間的なものに対し、異議を申し立てることができない大衆精神の弱さ。今、DDRでも同じようなことが起こっているのです。あなたには想像できないでしょうけど」

夫人の言葉と表情に激しさがこもっていた。奇妙なことに、レコードの音楽が聞こえなくなっていた。それなのに夫人の声は聞こえるのだ。

「共産主義とは恐ろしいイデオロギーです。反対し、異議を唱えるものを許しません。共産主義は、平和と進歩、平等と自由、正義と公平、ありとあらゆる人間社会の正しく善なるものを実現するための、絶対かつ最後の思想であると共産主義者たちは考えています。反対する者は敵であるときめつけるのは、そのためです」

紅潮した夫人の表情には、とりつかれたような緊迫がこもっていた。

「このイデオロギーがソ連大国主義と結びついたことは、人類にとって最悪でした。悲劇でした。マルクス・レーニン主義が本質的に持っている独善と不寛容、そして絶対の思想としての無謬性《むびゅうせい》の主張が、ソビエト体制という党官僚独裁支配体制を作り上げたばかりか、それを支える教義に成り下がったのです。つまり人間解放の極限の理念であったはずの共産主義は、独裁と抑圧に奉仕する絶対の教義になってしまいました。明らかにファシズムです。不思議なことではありません。『神』だけに許される独善と不寛容、そして無謬性を共産主義者たちはもてあそんだのです」

夫人は巫女《みこ》になって神の言葉を取り次ぐかのように熱く語った。

「歪曲《わいきょく》された社会主義そして共産主義イデオロギーを再生させるために、チェコスロバキアのような小国で、本格的な実験をする必要があるのです。プラハの改革運動は、現代の宗教改革なのです。これを弾圧する共産党独裁者たちは、遠からず神によって罰せられるでしょう」

亮介は、夫人の青く深い瞳に金縛りになっていた。夫人の言葉がとぎれた。

突然、『田園』のメロディが耳に響いた。不思議な感覚だった。夫人の表情から厳しさが消えていた。物《もの》の怪《け》にとり憑《つ》かれたような夫人の言葉と顔つきが嘘《うそ》のように、いつものようなたおやかさがよみがえっていた。

夫人は微笑してワイングラスを目の高さに上げた。亮介もそれに倣《なら》った。乾杯だった。改めて見つめあった。濡《ぬ》れたようなブルーサファイアの瞳が亮介を見つめていた。生きている宝石だった。どんな宝石もこの瞳にはかなうまい。女性とはこんなにも美しいものなのか。亮介はしびれるような陶酔に浸った。

（いっそ、あの瞳の中で溺《おぼ》れ死んでしまいたい。どんなに幸せなことだろう）

亮介は言葉を忘れていた。ソファに座る夫人が脚を組んだ。ワインレッドのナイトガウンの裾が少し乱れ、白い太ももが見えた。目が眩《くら》む白さだった。何気なく裾を合わせた手の動き……、夫人は何もかも許してくれそうだった。憑きものが落ちたようにかすかに女の匂いがした。

激しい旋律のメロディ。レコードの曲はいつのまにか、第四楽章、雷雨と嵐の部分にさしかかっていた。亮介はようやく自分を取り戻していた。さりげなく腕時計を見ると、十一時半を回っていた。曲はもうすぐ終わる。この曲が終わったら帰ろう。亮介はグラスのワインを飲み干した。夫人が、思い出したよう心細げに呟いた。

「それにしても、ハインツ、どうしたのかしら……」

亮介は、ハインツが帰ってくるまでを口実に、夫人のそばにいたかった。濡れたようなブルーサファイアの瞳が引き留めていた。

亮介は凶暴な衝動を覚えたが、抑えた。だが、これだけは確かめておきたかった。それが愛の衝動なのか。単なる情欲ではないのか。どっちなのだ。夫人を汚したくない。それだけはしたくない。レコードが止まった。亮介は断ち切るように暇乞《いとまご》いした。

夫人は止めなかった。

「おやすみなさい。嬉しかったわ。また、いらっしゃってね」

寂しそうに夫人が微笑んだ。ドアの外まで見送って握手する夫人の手が柔らかくまつわりつくような気がした。亮介はかろうじて抱き締めるのを思いとどまった。

悲報

心残りの様子で帰る青年を送り出して、カテリーナは落ち着かなかった。ほてった想いが切なかったが、すぐ現実に引き戻された。戻ってこないハインツが気がかりだし、心細かった。気持ちを紛らせようと、青年のウィーン土産、モーツァルト・チョコレートを一つつまんでみた。

突然、訪ねてきた青年がひどく愛しかった。引き留めておけばよかった。そんな自分の想いをカテリーナはごく自然に受け入れた。

ためらったあげく、いかにも若者らしく、いきなり飛び込むようにやって来たのが手に取るようにわかった。年上の女として、もうひとりのハインツを見守るような余裕があった。遠慮しながらも、おなかを空かしていたのであろう。健康な食欲でスパゲッティを平らげるのがおかしかった。シルビアをかわいがる青年を好ましく思いながら、青年が自分に興味を持っていることを、カテリーナは、ときめく想いで受け止めたのだった。そして、自分がもう少しで崩れそうになっていたことを恥じらっていた。

別居中の夫ラインハルトが、「シタージ」の要人であることを告げたとき、青年は、哀《かな》しそうに緊張した表情を隠そうとはしなかった。いや、むしろ覚悟していて、それを確認した安堵感のような表情が浮かんで消えたのが不思議であった。

やすやすと秘密を打ち明けてしまったことに後悔はなかった。秘密を共有した青年への信頼が確固としたものになり、いっそう身近に感じていた。カテリーナは青年が自分を訪ねてくることを期待し確信していた。ずっと待っていたのだ。しかし、今日この夕べ、訪ねてくるとは夢想もしなかった。

不安の中で、青年の存在を思うと不思議に心が和《なご》んだ。またすぐ会える。カテリーナはソファに横になった。ハインツを待ちくたびれ、うとうとするうち眠ってしまった。

遠くで電話のベルが鳴っていた。亮介は、夢うつつにどうせ間違い電話だと思った。シュナイダー夫人を訪問し、楽しいひとときを過ごした興奮に寝つかれないまま、一時頃《ごろ》まで起きていたあと、ようやく眠りについたのである。眠さに引きずり込まれそうになりながら、けたたましい電話のベルが気になっていた。一度切れたベルがまた鳴り出した。サイドテーブルのスタンドをつけ、目覚まし時計を見ると、四時半を少し回っていた。ドアの向こうでまたベルが鳴った。悲鳴のようなベルの響きだった。眠気が一気に覚めた。胸騒ぎがして、亮介は玄関ホールの電話へ急いだ。

「ハロー、ハロ……」

思わず声をのんだ。

「シュナイダーです。朝早くごめんなさい。ハインツが……、ハインツが」

「えっ、どうしたんです」

ただ事ではなかった。

「ハインツが死にました」

絞り出すような声だった。亮介は言葉を失っていた。受話器から夫人の押し殺した泣き声が漏れた。脳細胞が機能を停止したかのような真っ白な数分、いや実際には数十秒のことであった。亮介は、受話器から漏れる泣き声を為《な》す術《すべ》なく聞き入っていた。

まず、事態を把握することが先だった。問いただしても、むせび泣く夫人が答えられるはずがなかった。

「すぐ、そちらへ行きます」

だが、泣きじゃくる声が聞こえるだけだった。返事がないまま受話器を置いた。何が起こったのか。自動車事故に違いない。

「落ち着け。慌てるな」

自分にそう言い聞かせた。バスルームで顔を洗うと、冷たい水に冷静さがよみがえるのを感じた。

肉親の死を突然知らされることほど、悲しくつらいことはない。母の死を知らされたのも早朝だった。亮介は、まだ高校生だった。寄宿舎から通学していた。どれほどの衝撃であったことか、ありありと覚えている。ハインツとは、一度しか会ったことがなかった。十分に心を通わせることもなく過ぎてしまった、短い出会いであった。慕わしい女性の弟であり、好感を持った青年がこれほどあっけなく死んでしまうとは。肉親であるシュナイダー夫人の嘆きは想像するに余りあることであった。シルビアに電話番号を教えておいたことが幸いした。

パジャマを脱ぎ、身繕いしながら段取りを考えた。たぶん、夫人は現地へ行くことになるのだろう。DDRからも肉親や親戚が駆けつけることであろう。自分ができることは限られている。表立ってどうこうする立場にない。できるはずもない。あくまでも夫人の介添え人にすぎない。

ブルゾンを着ると財布を確認した。二千コルナ入っていた。引き抜いて封筒に入れた。まとまった金額である。家賃の支払いに用意したものだった。大事な外交官身分証明書を内ポケットにしまった。念のためパスポートも。腕時計を見ると、午前五時、夜が明けようとしていた。

アパートを出た。ひんやりした空気に身が引き締まった。玄関を出てすぐ、マカレンコバ通りに路上駐車しているフォルクスワーゲンをスタートさせた。いつものようにイェチナ通りを走り抜け、カレル広場を左折するとラシーノボ通り、早朝で五分とかからなかった。シュナイダー夫人のアパートに近づいて、亮介は思わずスピードを落とした。

パトカーが、それも憲兵隊のパトカーが止まっていたのだ。それにもう一台、黒いチェコ製高級車タトラ。心臓の鼓動が聞こえるほどだった。ハインツの死に関係があることは明らかだった。だが、いまさら逃げるわけにはいかなかった。徐行してパトカーの後ろに停車しヘッドライトを消し、車から降りた。運転席にいた制服の男が怪訝《けげん》そうに振り返った。アパートの玄関に憲兵が立っていた。亮介は歩み寄った。

「どこへ行くんだ」

いきなり乱暴なチェコ語が飛んできた。

「ミセス・シュナイダーのところへ」

亮介は意識して英語で答えた。

憲兵はびっくりしたようだった。亮介は冷静を装った。外交官身分証明書を提示した。パトロールカーから降りた憲兵が、亮介の後ろに立った。

「あなたは日本の外交官ですか？」

身分証明書を見た憲兵が言った。

「DDRの市民と一体どういうご関係なのですか」

丁寧なチェコ語の尋問であった。

「大事な友人です」

「ミセス・シュナイダーは誰にも会うことができません」

亮介の後ろに立った男が、流暢《りゅうちょう》な英語で言った。

「ミセス・シュナイダーから電話がかかってきたのです。ハインツもわたしの友人です」

「ハインツ・グレーベを知っているのですか」

憲兵は驚いたようであった。

「もちろんです」

亮介は語気を強めた。

「ミセス・シュナイダーにはブラチスラバまで行ってもらうことになっています。われわれが連れて行くことになっています」

「ハインツに何が起こったのですか？」

「説明することはできません」

「ミセス・シュナイダーは、わたしに助けを求めてきたのです。放っておくわけには行きません。会わせてください」

憲兵に詰め寄った。

「肉親の突然の死に、夫人がどれほど動転しているかわからないのですか。あなたがたも人の子ならわかるでしょう」

亮介は怒りをかろうじて抑制し、静かに言った。

「ブラチスラバへ向かう準備をさせますから、通してください」

亮介は玄関ドアを押した。二人の憲兵は沈黙したまま何もしなかった。亮介は階段を駆け上がった。

ベルを押した。待ちかねたようにドアを開けた夫人は、亮介の顔を見るなり告げた。

「射殺されたの……、ハインツ」

言葉がとぎれ、夫人はワインレッドのガウンに包んだ身を揉《も》んで泣いた。

「射殺?」

亮介は絶句した。シルビアは怯《おび》え、母親にすがって泣くだけだった。亮介はどうすればいいのかわからなかった。夫人が涙とともに説明した。

「昨日午後七時頃、ブラチスラバ近郊のチェコスロバキア・オーストリア国境で、ハインツがチェコ側国境警備隊に撃たれて重傷を負い、病院に運ばれ手当を受けたのですが、死にました」

夫人は悲報を未明二時頃、電話で知らされた。半信半疑で呆然《ぼうぜん》としているところに、いきなり憲兵の訪問を受けた。ブラチスラバまで連れて行くからすぐ用意せよと命令されたのであった。理不尽極まりない話であった。

事態は判然としなかった。はっきりしていることは、ハインツがチェコ国境警備隊に射殺されたということだけだ。チェコスロバキアの西部国境地帯は普通、旅行者が迷い込むところではなかった。考えられることは亡命である。不法越境であった。ハインツは、オーストリアへ亡命しようとしたのであろうか。しかしブラチスラバ郊外の国境線はドナウ河である。ハインツは泳いで越境しようとしたのであろうか――亮介は慰めの言葉を知らなかった。こうなってしまった以上、冷静に現実に対応するしかなかった。

「こんなことになって、お慰めの言葉もありません。ともかく、できるだけ早くハインツのところへ行ってあげなくてはいけません。ハインツが寂しがっていますよ。お姉さんに会いたがっていますよ」

亮介の言葉に、夫人はハンカチをかみしめ、声を押し殺して泣いた。

「DDRの実家に連絡されたのですか。わたしは何をすればよいのでしょう。何でも言いつけてください……」

夫人は亮介にすがりついてむせび泣いた。夫人の体温を感じながら、亮介は震える背中をなでていた。

やがて、気を取り直した夫人は嗚咽《おえつ》とともに、DDRの実家と電話連絡を取った。夫人が応答する言葉に、グレーベ家の人々の衝撃と悲嘆が生々しく感じられた。何度か電話の往復があって、ハインツの老母と叔父がブラチスラバに直行することになった。シルビアを同行することは憲兵に拒否された。もっとも夫人はシルビアを連れて行くことに消極的であった。射殺された肉親の遺体との対面が、年頃の娘にショックとなることを恐れたのだ。

亮介はシルビアを預かることを申し出た。ちょうど隔日勤務で契約している家政婦のチハーコバおばさんが来てくれる日である。亮介は、追加手当を払って面倒を見てもらうことを考えた。幸い家政婦は旧ズデーテン・ドイツの出身で、ドイツ語を流暢に話す六十を過ぎた陽気なおばさんだった。遺族が遺体を引き取ってDDRに戻るにしても、二、三日はかかるものと予想された。夫人は慌ただしく準備を整えた。身の回りのものを小さなスーツケースに詰めるのを、健気《けなげ》にシルビアが手伝うのが痛ましかった。

「これ、使ってください。こういう時、なにかと出費がかさむと思いますから」

亮介は二千コルナ入った封筒を差し出した。夫人は亮介に抱きついて、声をしのんで泣いた。

夫人を送り出した後、亮介はシルビアを連れ、マカレンコバ通りのアパートに戻った。八時三十分、チハーコバおばさんが予定どおり出勤して来た。見慣れない少女が涙ぐんで座っているのを見て、彼女は仰天した。亮介は説明した。

「大事な友人であるシュナイダー夫人の弟が、ブラチスラバで事故のため重傷を負ったとの連絡があり、夫人が現地に向かった。プラハにはこれといった親しい友人や身寄りがなく、子供を一人にしておくわけにはいかないので二、三日預かることになった」

チハーコバおばさんに納得した。彼女の口から、亮介がシルビアを預かっていることが、当局に知れることは明らかであった。もっとも、憲兵が一部始終を報告しているに違いなく、秘密にするまでもないことではあるが。子供好きと見え、チハーコバおばさんは、優しくシルビアに話しかけ、

「かわいそうに。心配しなくていいのよ。ママがブラチスラバから戻ってくるのを待ちましょうね」

と、しゃくりあげるシルビアを抱いてなだめた。亮介はほっとし、出勤の準備をしながら今後のことを細かく指示した。シルビアはショックを受けており、昨夜もよく寝ていないようだから、食事をさせた後、鎮静剤を飲ませ寝かしつけるように、と。そして特別手当として、ツーゼクス・クーポン券で一日十コルナを支払うという条件を出した。外貨ショップで買い物ができるクーポン券は相当な魅力があるのだろう。チハーコバおばさんは上機嫌だった。亮介はシルビアに言い聞かせた。安心して世話になるようにと。昼休みに必ず戻ってくるから、いい子でいるようにとも。シルビアはほとんど口をきかなかった。それでも、亮介の好意が嬉しかったのだろう、出がけにドアのところで、背伸びして亮介に抱きつくと「ありがとう。早く戻ってきてね」と、心細げに小さな声で囁いた。涙をためた瞳がすがりついてきた。

「元気を出してね」

亮介はシルビアを抱き締めた。そして、心落ち着かぬまま大使館に出勤した。

亮介はひどい疲労感を覚えた。昨夜から今朝にかけての出来事が夢でも見ているようだった。事の次第を上司に報告すべきか迷っていた。いうまでもなく報告すべきである。しかし、ためらわれた。亮介がしたことは、大使館員として出過ぎたことであり、外交関係がない国の市民とのかかわりが、民間人としてならいざ知らず、外交官として好ましくないことは明らかであり、非常識なことであった。乱れる思いに仕事が手につかなかった。

夫人が政治的にいわくありげで、しかもその夫がDDR国家治安省の局長という事実は、何にも増して、亮介を重苦しくしていた。そこへ、ハインツが射殺されるという思いも寄らない展開に亮介は不安になった。不幸になるようなかかわりは避けようと考えたことはあった。だが、亮介自身が運命を選んでここまで来てしまった。亮介は腹を括った。そして、同僚の稲村にだけは事情を簡単に打ち明けて、早々に大使館を出た。

亮介は、ひとり居間のソファでウイスキーの水割りを飲んでいた。午後八時を少し過ぎ、シルビアはもう寝ていた。

チハーコバおばさんが用意したスープに黒パンとハムの軽い夕食を取った後、七時過ぎに亮介のベッドに横になったのだ。そっとのぞいてみたら軽い寝息を立てている。よほど疲れたのであろう。亮介がそばにいるのに安心したのかもしれなかった。昼休みに様子を見に戻ったときは、泣き疲れてしょんぼりしていた。チハーコバおばさんによれば、おなかが痛いと言って、何も食べていないという。そのことが気がかりだった。それが亮介と一緒のせいか、初めて食事をしたのだ。ブラチスラバへ向かった夫人からに、何の連絡もない。疲れているのに頭が冴《さ》えて、落ち着かなかった。ウイスキーが苦かった。

それにしてもハインツは何をしようとしたのであろうか。衝動的にオーストリアへ亡命しようとしたのであろうか。亮介は、ふと思いついてテレビのスイッチを入れた。まもなくニュースの時間であった。

ハインツが思い詰めているのを、シュナイダー夫人は気づかなかったのだろうか。そういえば、昨夜、夫人はハインツが戻らないのを心配していた。ときどき不安そうな表情が浮かんでは消えたのを亮介は思い出していた。グラスを重ねながら、亮介は少しも酔えなかった。

ニュースが始まった。トップニュースは、ノボトニー大統領が地方のコルホーズを訪問、農民指導者と懇談し、農業生産の拡大につき新経済管理システムを導入することについて説明したということであった。国際ニュースでは中国の文化大革命で実権派がさらに後退したこと、ジョンソン米大統領がベトナム派遣軍四万五千人の増派を発表したこと等を伝えた。亮介は、ぼんやり眺めるだけであった。大したニュースはなかった。アナウンサーはニュース短信を読み始めた。

「八月一日、ブラチスラバ近郊のドナウ河を泳いで、オーストリア側に不法越境を試みた者があり、これを阻止しようとする国境警備隊員が発砲し重傷を負い、ただちに病院に収容された手当を受けたが死亡した。身元調査の結果、DDR市民であることが判明した。事件発生現場付近では、最近連続して不法越境事件が発生しており、警戒を強化した矢先のことであった」

ハインツのことに違いなかった。

「ひどい、ひどい」

亮介は呻《うめ》いた。やり場のない怒りに危く絶叫するところであった。夫人は、そしてハインツの老母はどんな思いで遺体と対面したのであろうか。

友情

夫人がブラチスラバから戻ってきたのは、三日後、土曜日午後のことであった。シルビアを迎えに亮介のアパートにやって来た。

涙も涸《か》れたのか、夫人は泣かなかったが、憔悴《しょうすい》しきって瞳に力がなかった。目の下に浮き出た隈《くま》が無残で、魂が抜けたかのように視線に力がなかった。そしてパントマイムのような動作は病的であった。離人神経症の特徴的な症状だ。しかし亮介は、カテリーナのこの病気を知らず、衝撃と心労に打ちひしがれ、別人のように変わり果てた夫人を痛ましく見守るだけだった。母と娘は言葉もなく抱き合った。母親をいたわるシルビアがいじらしかった。

夫人は言葉少なに、ハインツの遺体が茶毘《だび》に付され、遺骨は老母とともに帰国したが、自分たちも帰国することになったと報告した。だが、ハインツの死については何も語らなかった。亮介が用意した二千ニルナに、短い感謝の言葉とともに封筒のまま返却された。老母が用意したもので間に合ったということであった。抑揚のない声で、他人事《ひとごと》のように話すのが異様だった。

列車の時間が迫っていたこともあり、ゆっくり話をすることもできないまま、亮介は、夫人とシルビアを慌ただしくプラハ中央駅まで見送った。フォルクスワーゲンに三人が乗るのは、復活祭の出会いの日以来のことであった。三人とも長い間黙ったままだった。亮介にも話しかける言葉が浮かばず、沈黙する夫人の表情は能面のように見えた。

「ママ、お願いだから、そんな怖い顔しないで」

シルビアが哀願したのは車の中だった。夫人はブラチスラバで何を見たのであろう。何を知ったのであろう。

程なく三人は駅のプラットホームに立っていた。列車がすべり込んできた。夫人は、突然、倒れ込むように亮介にすがりついた。一瞬、夫人が気分が悪くなったのかと思った。

「お願い。抱き締めて」

夫人が別人のような声で呟いた。亮介は壊れものを扱うように夫人の柔らかい体を抱き止めた。かすかに金木犀の匂いがした。亮介はどうすればいいのかわからず、為す術なく背中をそっとなでていた。夫人の体が小刻みに震えていた。

発車三分前を知らせるブザーが響きわたった。夫人は亮介の肩に預けていた顔を上げると、真っ正面から亮介の目をじっと見つめた。水色の瞳が救いを求めるように弱々しかった。亮介は切なさにこらえきれなくなって夫人を抱き締める両腕に力を入れた。

　唐突に夫人が亮介の唇を求めた。ぎごちなかった。そっと触れるだけだった。甘美とか官能的というには程遠く、まるで何かの儀式のようなしぐさであった。亮介は身を硬くして受け止めた。かたわらでシルビアが不安そうに見上げていた。亮介は、夫人を片腕で支えたま、もう一方の腕で、両手を差し伸べるシルビアを抱き締めた。亮介は、母とその娘、二人を抱きしめていた。

「元気を出してね。悲しむとハインツおじさんも泣いちゃうよ。ママをいたわってね。また会おうね。いい子でいるんだよ。ママへのお手紙、忘れないでね」

「ありがとう。リョウが作ってくれたカレーライスおいしかった。大好きよ、リョウ。悲しかったけど、楽しかった。お手紙きっと渡すわ。心配しないで」

　感謝と親しみを込めて亮介に囁いた。シルビアは三日間の心の交流で亮介を、親称の「ドゥー」で呼ぶようになっていた。少女らしい精一杯の親愛の表現でもあった。亮介は二人を促した。発車が迫っていた。

　二人が乗り込んだ列車が動き出した。亮介は歩きながら手を挙げた。上部が四十センチほど開いた窓から夫人が白い手を差し伸べた。亮介も手を伸ばしたが届かなかった。列車の速度が早くなって、亮介は立ち止まった。手を振りながら、夫人が何か言ったようであったが聞こえなかった。亮介も手を振った。全身の力が抜けていく虚脱感を覚えていた。

亮介は大使館の事務室にいた。月曜日の正午になろうとしていた。仕事が手につかず、放心状態であった。部屋に誰かが入ってくる気配がして振り向いた。亮介は、慌てて立ち上がった。中沢大使だった。

「やあ、どうだい。忙しいかな」

眼鏡越しの柔和な目に、元気がないので心配してた。何かあったのかと思ってね」

「このところ、元気がないので心配してた。何かあったのかと思ってね」

大使は部下を気遣っていたのだ。

「今晩、公邸へ来ないか。稲村君も誘った。君ら働き手に寝込まれたりしたら、大使館はアウトだからな。野村君に頼んでうまいものを用意してもらった。栄養補給だ」

「はい、喜んで参上いたします。ありがとうございます」

亮介はやっとそれだけ答えた。

「東欧二課長から事務連絡が来てね。この前のチェコ政情報告、とても評価していたよ。本省もチェコスロバキア情勢を注目しだしたようだ。これからもっと情報を送れとのことだよ。忙しくなるぞ。君にもよろしくと書いてあった。じゃあ、今晩七時、稲村君と来てくれたまえ。待ってるよ」

大使は笑顔を残して去った。しばらくして見はからったように稲村が入ってきた。

「週末の電信処理しておいた」

稲村は副電信官であった。

「驚かないでくれよ。たぶん、そのハインツとかいう青年のことだと思うのだけど、在オーストリア大使館から外務大臣あて公電が転電されてきたよ」

沈痛な声だった。亮介は引ったくるように手にし、一気に読んだ。


「オーストリア・チェコスロバキア国境における亡命未遂事件」

八月三日付当地各紙の報道によれば、一日夕刻六時四十五分頃、ブラチスラバ近郊のドナウ河とモラバ川の合流点を泳いでオーストリア側に亡命を試みた者があり、チェコ側国境警備隊に発見され銃撃を受け死亡した。

たまたまオーストリア側国境警備隊員が一部始終を目撃した。不法越境とはいいながら、逃亡者を無慈悲に射殺する社会主義国家体制に憤りを禁じえない事件がまたしても発生した。目撃者のひとりであるK少尉はこう語っている。

川べりを散歩しているかのように見えた亡命者は、いきなりズボンを脱ぎ上半身裸になり飛び込んだ。かなりの泳ぎ手であり、ズボンの下には、あらかじめ競泳用のパンツを着用していたかと思われた。河の中ほど約三十メートルのところで、チェコ側国境警備隊に発見され、銃撃が始まった。下士官に指揮される警備兵二人が自動小銃を連射した。亡命者は潜水し必死でオーストリア側に接近しようとしていた。負傷してオーストリア側にたどりつくとも想定されたので、無線で救急処置準備の手配を頼み、現場に急行した。一分ほどたった潜水したのがかなりの時間に感じられ、あるいは被弾したのかと思った。

なと思われた頃、オーストリア側岸十五メートルのところに亡命者の頭が浮かび上がり、泳ぎ出した。救助しようと河辺に駆け下りた。亡命者はあと十メートルになった。青年だった。助けを求める青年と目が合って思わず、「頑張れ」と声をかけた。

そのときまた激しい銃声がして、数発の銃弾がオーストリア側に着弾した。危険を感じ身を伏せた。顔を上げると、亡命者は頭部から血を流し沈みかけ、腕がかすかに動いたように見えた。やがて絶命したのか流れていった。二、三分してチェコ側警備隊のモーターボートがやって来て遺体を収容すると何事もなかったように立ち去った。

以上の事態に対し、オーストリア外務省は、二日、在オーストリア・チェコスロバキア大使を招致し、チェコ側の非人道的国境管理を非難するとともに、銃弾がオーストリア側に着弾したことを厳しく警告する抗議を行った。


読み終わって亮介は言葉もなかった。そして体が震えるのを抑えられなかった。チェコ・テレビの報道は嘘だったのだ。「重傷を負い病院に収容され、手当を受けたが死亡した」というのは、「射殺」したという事実を隠すまったくの嘘だったのだ。

「ひどい話だよね……」

稲村が亮介の肩に手を掛けた。

「あの人、DDRに帰ったのかい。シルビアとかいうお嬢ちゃんはどうした?」

「帰ったよ、一緒に。もうあの人、プラハには戻ってこないんじゃないかな。ひどく憔悴してた」

亮介は答えながら、夫人との儀式のような口づけを思い出していた。

「大使が君のこと心配してた。聞かれたから、たぶん日本にいる恋人に振られたんでしょうと言っておいた。大使、本気にして、それじゃいい嫁さんを探そうと言っておられた。口裏合わせておいてくれよ。今晩、公邸に行くんだろう。一緒に行こう」

同僚の友情がありがたかった。

「心配かけて申し訳ない」

「君には悪いけど、あの人、帰国することになってよかったんじゃないか。かなわぬ恋だよ。相手は、年上の人妻、おまけにDDRの人じゃどうしようもない。そりゃあ、シュテンツェル先生でさえ魅せられたのだから、君が熱を上げるのもわからんではない。しかしともかく相手が悪い。それにこの事件といい、あまり関わりを持たないほうがいいのじゃないかな」

同僚の忠告は温かく厳しかった。亮介は沈黙していた。夫人の夫がDDR国家治安省の高官であることを稲村は知らなかった。亮介は打ち明ける勇気がなかったのだ。もしそれを知っていたら、彼はもっと激しく忠告したかもしれなかった。

「実は、ぼくもあまり偉そうなことを言えた義理じゃないんだ。こういう機会だから告白するけど、外務省を辞めようかと思ってるんだ」

いきなり稲村が切り出した。

「何だって？」

亮介は驚いた。

「あの人のこと?」

とっさに尋ねた。ときどき一緒にいるのを見かけたチェコ人女性のことだった。国立地理研究所の研究員をしているという理知的な感じの人だった。彫りの深い顔立ちの典型的なスラブ美人であった。

「うん。まだ秘密にしておいてくれ。お互い様だ。しかしあの人と結婚するには外務省を辞めるしかないんだ」

静かだが毅然《きぜん》とした言葉であった。

「まあ、とりあえず、これだけにしておこう。いずれ時が来たらきちんとする。それまでは絶対、秘密にしておいてくれ。頼むよ。これでおあいこだ。元気をだしてくれよ」

稲村は寂しそうに微笑んだ。

「わかった。でも早まったことはしないでくれよ。相談に乗るから」

亮介は少し自分を取り戻していた。亮介の秘密とバランスをとるように、自分の秘密を打ち明けた稲村の心遣いと友情に胸が熱くなっていた。

公邸の夕食は素晴らしかった。いつものようなオフィシャルなディナーと違って、大使夫妻と若い館員二人、内輪のくつろいだ夕食会であった。公邸料理長である野村のメニューは独身の二人には豪華だし、形式ばったコースではなく、テーブルに並べられた料理を自由にセルフサービスで食べることができるのも気楽でよかった。ノルウェー・キングサーモン燻製《くんせい》。カニのグラタン。野菜サラダ。すき焼き風ビーフ。ピラフそしてデザート。大使夫妻の若い部下に対する心遣いだった。

「たくさん召し上がってね。パパが大使館の欠食児童に栄養補給しておかないと、病気になっちゃうぞって脅かすの」

大使夫人が笑いながら、夕食会の趣旨を説明した。

「働き手に寝込まれたりしたら、大使館はどうしようもないからな。これから忙しくなりそうだから、しっかり頼むよ。ま、日頃の君らの頑張りに対する、わたしの感謝の気持ちだ」

大使がちょっと改まって挨拶した。大使公邸の執事役を務めるゼーマン氏が長身を折り曲げるようにして、お猪口《ちょこ》に冷酒を注いで回った。器用な人だ。大使専用車の運転手から黒い服に着替えると、謹厳な執事に早変わりしてしまうのだった。

「乾杯」

「乾杯、ありがとうございます」

四人は声を合わせ杯を上げた。亮介は意識して快活に振る舞っていた。

「堀江君、元気がないようだが、失恋でもしたのかね」

大使が尋ねた。

「ええ、まあ、そんなところです。でも、片思いでしたから……」

亮介は取り繕った。

「あら、気が弱い。でも、離れていてはどうしようもないわね。パパ、気の毒よ、外務省の若い人。外国勤務じゃガールフレンドと簡単に会うわけにもいかないし。それにいまどきのお嬢さんたち案外現実家だそうですものね。離れていれば心変わりもするでしょう。だからといって、チェコの娘さんというわけにもいかないし」

大使夫人は屈託がなかった。亮介と稲村は顔を見合わせた。

「そんなことないだろう。外国人の娘さんでもいい奥さんになる人はいるよ。外務省にも例がないわけではない」

大使が反対意見を述べた。

「だめだめ、若いときはともかく、年をとったら外国人のお嫁さんと暮らすの大変よ。食べもののことや日本独特のしきたり、習慣の違い。それに何よりも日本の住宅事情や生活水準は青い目のお嫁さんを受け入れるレベルにないもの。ねえ、堀江君、ほら森鷗外だって結局あきらめたのよね。役所や家族に反対されて」

亮介は口にしていたスモークサーモンを慌てて飲み込んだ。

「はい、でも鷗外は、陸軍省を辞めてでもドイツの女性と結婚しようとしたのです。ところが当時、明治時代、家の重さは決定的でした。森家の長男としてとんでもないと、周りが寄ってたかって、はるばる日本までやって来た恋人を追い返したのです。鷗外はあきらめ傍観しました。そのことを鷗外は一生悔いていたようです。わたくしが、仮にチェコの女性と愛し合ったら外務省を辞めてでも結婚します。もちろん相手が日本で暮らすことがどんなに大変か、理解してくれればの話ですが」

稲村がテーブルの下で、亮介の膝《ひざ》を突っついた。

「おいおい、脅かすなよ。まさか失恋した相手はチェコの娘さんじゃないんだろうね」

大使が真顔で亮介に尋ねた。

「そうだったらいいんですが、違います。雲の上の人です」

亮介は断言した。実際、手の届かない人なのだ。

「ええっ、どこかのプリンセスなの？」

大使夫人の質問に、みんなが笑った。亮介が身分違いの令嬢に恋をして、失恋したと思われたようだった。亮介も無理して笑顔をつくった。

大使は、若い部下が見せる食欲に満足そうであった。もっとも小食の稲村はいつもの調子であった。亮介は悲しみを飲み込むようにごちそうを平らげた。会話が弾み、亮介は何事もなかったように振る舞った。二人が公邸を大使夫妻、料理長の野村夫妻に見送られ辞去したのは、十一時過ぎであった。食べきれなかった料理はお土産に野村夫人が包んでくれた。大使夫妻も安心し嬉しそうであった。

亮介は稲村とカレル橋の上にいた。大使館の前に車を止め、橋まで散策した。人影はまばらであった。欄干《らんかん》の聖人像の間に並ぶ街灯がブルタバの川面に揺らぎ、夏とはいえ深夜の風は肌寒かった。プラハ城の黒々としたシルエットが、暗藍色《あんらんしょく》の空に不吉な雰囲気を漂わせている。

「外務省を辞めてどうするの？」

亮介が尋ねた。

「関西の新設私立大学に教員のポストがある。いいタイミングなので大丈夫だろう。兄貴が奔走してくれた。結婚にも賛成してくれたよ。彼女、テレザっていうんだけどね。二人でいられるのであれば、どこへでも行くと言ってくれた」

稲村は淡々と話した。

「さっきの森鷗外の話じゃないけど。ぼくは家のしがらみもないし、末っ子だ。母も亡くなったし、その点煩《わずら》わしいことは何もない」

亮介は羨ましかった。

「外務省を辞めることに未練ないの？」

愚問だと思いながらも尋ねた。

「ある。二年も留学させてもらった恩も感じている。なにせ国費を使ったんだからな。しかし、結婚相手が米国、英国、フランスなど、同盟国や西側友好国の人ならともかく、社会主義国、いや共産主義国の人間となると、事は簡単ではない。役所のモラルの問題として難しくなるのは当然に違いない。スパイだと疑われ、いろいろ詮索《せんさく》されるだろう。辞めるのが筋というものじゃないのかな」

冷静な稲村らしい言葉であった。

「辞めることはないんじゃないか。とにかく許可を求めたらどうだろう。中沢大使なら本省を説得してくれるのじゃないだろうか」

「考えてみた。しかし、大使に迷惑をかけたくない。心配させたくない。辞めて、民間人になれば役所のしがらみや内部規制は及ばない。ぼくは彼女を苦しめたり、肩身の狭い思いをさせたくないんだ。辞めることは残念なことだが、何かを得るためには、なにか代償が求められるのが人生の掟《おきて》ではないだろうか。覚悟している」

頑固な潔さがあった。

「愛するって、つらいことなんだな」

亮介は呟いた。

「そうさ、つらいよ。しかし二人でいれば、つらさも半分になると信じなきゃ生きていけないよ。世の男すべてにとって人生の苦悩、この大部分は女性に始まる。しかしだ、女性なくして、何の生きる楽しみがあろうか。ホウッ、ホウッ、ホウッ」

稲村がシュテンツェルの真似《まね》をして笑った。

言論弾圧

九月、夏休みが終わり、カレル大学の授業が始まっても、シュナイダー夫人はプラハに戻ってこず、何の連絡もなかった。亮介にとっては多忙を極める日々であった。しかし夫人への想いは強く、心の底に沈んだ石は冷たく大きくなるばかりだった。夜遅く大使館から帰宅の途中、亮介は、ときどきラシーノボ通りに回り道した。三十五番地、三階の夫人のアパートは真っ暗なままだった。

思いめぐらす想像の行き着く果ては、いつも不吉だった。亮介はシュテンツェルに夫人の消息を尋ねた。九月一杯休講すると事務的な連絡があったきり、消息は不明とのことだった。ハインツが国外逃亡を企て射殺されたことが、その家族に暗い影を投げかけたであろうことは想像するまでもなかった。シュナイダー夫人は、ハインツのチェコスロバキア旅行の身元保証人になっていた。「シタージ」が、彼女に逃亡幇助《ほうじょ》の嫌疑をかけたかもしれなかった。ましてや夫人は、反体制活動の前歴があり、当局の監視下にある。不利な条件が、揃《そろ》い過ぎていた。場合によっては身柄を拘束されているかもしれなかった。シルビアはどうしているのだろう。考え出すときりがなかった。

百塔の街を包み込む初秋の冷たい空気とともに、プラハの政治的雰囲気は次第に緊張を高めていた。劇場に詰めかけた観客の期待と興奮がかき立てる緊張に似ていた。観客、いや人々はドラマ、保守派と改革派の政治闘争がどうなるか、息を詰め、見守っていたのである。事実に憶測や分析を交え、事細かに報道する西側自由主義国のマスコミと違い、共産党独裁の国では報道はすべて検閲下にあり、そのうえ、独特の用語と言い回しで、何が問題の核心であるかはっきりしなかった。プラハの政治論争も、検閲下のそれに逆戻りしそうな雰囲気が出ていた。

しかし、チェコスロバキアでは、抑圧の歴史に培《つちか》われた民族の知恵として抵抗の文学があり、知識人や文学者は行間や修辞、そしてアネクドート（小話）に託し権力を批判・嘲笑《ちょうしょう》するだけではなく、真実を訴え追及する術を心得ていた。しかも、ごく平凡な市民がそれを読みこなした。チェコスロバキアの人々は言葉の民であった。

例えば、ヤロスラフ・ハシェクの小説『善良な兵士シュベイクの冒険』はその代表だろう。第一次世界大戦当時の兵舎で、愚か者を装い、命令や規則を完璧に実行することによって上官を徹底的に茶化し、暗にハプスブルク帝国の支配を批判したのだ。同じやり方で、堂々とソ連批判が行われていた。

亮介は、こんなアネクドートを聞いた。いつもの「カフェ・スラービア」でのことだった。酔っ払った男たちが笑いころげていた。

——チェコスロバキアの国民議会で、海軍省を設置する提案が出された。ノボトニーは、早速、モスクワを訪問し、同志ブレジネフに相談した。

「わが国にも、海軍省を設置する提案があります。是非、承認してください」

怪訝な顔をして、ブレジネフが答えた。

「同志ノボトニー、あんたの国は、海もないし海軍を持っておらんではないか。どうして海軍省を設ける必要があるのかな」

　ノボトニーが困ったような顔をして答えた。

「いや、わたしもそう思ったのですが、インテリどもが、ソ連に文化省があるのだから、チェコスロバキアにも海軍省を置くことができると言ってきかないのです」――

　親ソ・保守派が企んだ言論弾圧の第一幕は、奇妙なエピソードから始まった。九月三日のことだ。チェコスロバキアの作家および芸術家、約三百人が署名したという「声明」が、事もあろうに、英国の新聞『サンデー・タイムズ』に掲載されたのである。

　亮介はこのニュースをBBC放送で知った。

「チェコスロバキア作家同盟会員そして第四回作家同盟大会参加者は、この『声明』に署名するチェコスロバキアの芸術家、科学者および知識人とともに、自由世界の作家と世論に対し、国家権力によって脅かされつつあるチェコスロバキアの作家、芸術家、知識人の精神的自由と基本的諸権利を救助すべく、支援の手を差し伸べるよう、ここに緊急アピールするものである」

　そう呼びかけたというのである。不吉な予感がした。作家同盟の重要声明がいきなり外国で発表されたことが亮介には理解できなかった。「声明」は、次の様なものだった。

「われわれは、何者にも脅かされることのない言論と思想の自由を要求し、政治的検閲を廃止するよう嘆願した。これらの要求は、フランス革命と南北戦争以来、文化人が苦難の末、闘い取った民主主義の宝となっているはずである。しかし作家大会で同じことを要求したわれわれは、政府、とりわけ党から反国家的な利敵行為とされ、激しい非難を受けた。チェコスロバキアにはファシスト的魔女狩りが荒れ狂っている」

それから三日後、九月六日のことだ。亮介は何気なく開いた新聞の奇怪な記事に驚いた。「チェコスロバキア作家同盟中央委員会書記局によれば、問題の『声明』について作家同盟はまったく関知しない」というのである。党機関紙『ルデー・プラボォ』の記事だった。誰かが作家同盟を騙《かた》ったのである。そして九月十六日、今度は作家同盟が発表した。「英国紙『サンデー・タイムス』に発表された、いわゆる『チェコスロバキア作家および芸術家の声明』について検討した結果、この声明は明らかに偽造の文書であって、これを正式に取り上げないことを決議した」

人々は誰が仕組んだものか悟った。改革派を追い詰める謀略であった。予期されたことではあったが保守派の反撃は手段を選ばなかった。

改革派は冷静に対応した。挑発的な論争の罠《わな》にはまるのを回避した。さらに奇怪だったのは内務省だった。犯人が逮捕されたと発表しながら、「捜査は続行中であり、裁判の対象となる事実を公表することは、法的に見て不可能である」とうやむやにしてしまったのである。この一連の奇怪な事件は国際的にも大きな反響を呼んだ。

亮介は保守派の激しい反撃や謀略が、不吉な前兆に思えてならなかった。巷《ちまた》の噂も、改革派の拠点になっている雑誌や新聞が廃刊処分になり、進歩的な有力作家たちが逮捕されると、保守派の巻き返しを予測するものが少なくなかった。

心情的に改革派を支持する亮介にとって、せっかくの民主化運動が後退するのは耐えがたいことであった。しかし、いずれにしても局外者であり外国人であり、しかも外交官であった。観察者のレベルを越えることは許されなかった。

激務の一日が終わって、帰宅の途中、行きつけの「カフェ・スラービア」や「オペラ・グリル」などレストランで、ひとり遅い夕食を取るのが侘しかった。真っ暗なアパートへ戻る味気なさ。シュナイダー夫人とシルビアにめぐり逢うまで、むしろひとりの生活を満喫し、激務のわずかな余暇に、コンサートや劇場に足を運び、レストランめぐりを楽しみ、「ウ・カリハ」でビールを痛飲し、史跡を訪ね、プラハ探検に飽きることがなかった。それが、今、何もかも虚しかった。亮介は、かなわぬ恋に心を奪われている自分を自覚していた。まもなく十月。二十八歳の誕生日を迎えるのだ。青春というには気恥ずかしい年齢になっていた。

保守派の本格的な反撃が始まった。九月一日、ノボトニー大統領兼党第一書記は、軍士官学校卒業式で、あからさまに改革派を非難する演説をした。

そして十六日、北モラビアで行われたチェコの国民的詩人ペーテル・ベズルッチ生誕百年祭でも、保守派イデオローグであるヘンドリフ党幹部会員が、一段と激しい改革派非難を行った。九月末開催される党中央委員会総会の前哨戦《ぜんしょうせん》であったのだ。

「わが共産党はインテリゲンチアを虐待しているとか、文化水準に欠けているとか、反ユダヤ主義をとっているとか、ファシズムであるとか非難されている。わが国の社会の諸原則に反対し、意識的にしろ無意識的にしろ、わが国の社会的利益に反し、反共キャンペーンを助けている者は、反撃を受けることを覚悟しなければならない」

ヘンドリフは白い手袋を投げ捨て、決闘を宣言していた。

九月も過ぎようとする二十六日および二十七日、党中央委員会総会が開催された。討議の核心はイデオロギー問題であった。ヘンドリフは改革派を追及した。

亮介は報告電報を起案するため、ヘンドリフ演説のテキストを詳しく読んだ。演説は「反革命」という言葉こそ使っていなかったが、改革派を外国の影響を受けた反社会主義的勢力ときめつけていた。反ソ・反共的とも言っていた。いつものやり方で論点を核心から外し巧妙に誘導するのだ。

数日後、亮介が見たテレビのニュース特集は、保守派のなりふり構わぬ反撃だった。党中央委員会総会でヘンドリフが演説していた。まるで検事が法廷で検事調書を読み上げるかのようだった。

「最近、わが国の芸術界には、さまざまな西側の影響を受けた実験的芸術を試みる諸グループの活動が目立ってきた。これとともにこれらグループのイデオロギー的偏向が明白になってきた。そして第四回作家同盟大会で明らかになったとおり、党の政策と原則に対する直接的な反対にまで発展したのである」

彼は作家同盟を一方的に批判していた。亮介は、シュナイダー夫人の言葉を思い出した。

「共産主義とは恐ろしいイデオロギーです。これほど排他的な思想にありません。その意味で共産主義は形を変えたファシズムなのです」

夫人はたしかそんなことを言っていた。ヘンドリフの議論がまさしくそうだった。

亮介はどこかで見たような光景だと思った。記録映画でヒトラーの宣伝担当大臣ゲッベルスが、「敵か味方か」「ヤー、オダー、ナイン（賛成か反対か）」ときめつけ、ナチ批判に反撃する演説を打っていたシーンだった。正しく共産主義は左のファシズムだ。亮介はそう思った。自由な言論を抑え込み、反対意見を一切許さなかった。

自由化の動きを反共運動と批判したヘンドリフ報告は採択された。党幹部会はただちに具体的措置を取った。幹部会は依然、保守派が多数を占めていたのである。まず作家同盟機関紙が廃刊処分となり、名指しで批判された新聞や雑誌の編集局メンバーが追放され、マスメディアには検閲官が配置された。しかし全体として噂されたほどの強硬処分は行われなかった。いやできなかったというべきであったのかもしれない。とりわけ不思議であったのは、スロバキアの新聞や雑誌は相変わらずの論調だった。プラハの改革派論客たちがペンネームで保守派攻撃の評論や論説を寄稿していたからだ。もともとスロバキアは、チェコに対し、民族的にあるいは歴史的に独立を志向していて、自主独立路線を取ることが少なくなかった。それにしても保守派の巻き返しは中途半端だった。スロバキアでノボトニーの権威はほとんど無視されていた。保守的中央権力は確実に崩壊の兆《きざ》しを見せていた。シュテンツェル氏の言葉に倣えば、川は流れていた。せき止めようとした水流は、反動でかえって大きな圧力になっていた。腐った堰《せき》が押し流されるのは時間の問題だった。

この時、スロバキア共産党第一書記は、アレクサンデル・ドゥプチェクであった。

墓地

カテリーナは、共同墓地のベンチに座っていた。アールバッハの村はずれ、墓地まで実家から、歩いて十分余り、毎日一度はハインツの墓を訪ねた。そして父や戦死した兄を。一族は、みんなこの共同墓地に眠っていた。

八月も終わり近く、アールバッハ村があるエルツゲビルゲ地方には秋の気配が漂い始め、昼下がりの太陽は、どこか精気が衰えるかのようであった。人気《ひとけ》のない墓地は静まりかえっていた。

伸びきった夏草がさわさわと揺れ、乾いた軽い匂いに変わっていた。過ぎてしまった時の速さは残酷なほどであった。瞑想《めいそう》というほどのものではないが、カテリーナはとりとめもない思いに浸り、ハインツの死を、そして自分の行く末をも思った。

――一生が長かろうと短かろうと、人は必ず死なねばならない。そして死に方はさまざまである。運命といえることでもあろう。いや、人は生きてきたように死ぬのではなかろうか。ハインツの死に方は約束されていたのではなかったか。彼は早熟で、DDR体制になじめで、反抗的でどこか生き急いでいた。肉親として、カテリーナは思いあたることが少なくなかった。とすれば、自分はどうなのであろう。自分も生き急いでいるのではないか。信念が裏切られた絶望から自殺を図り、未遂に終わった経験を持つ人間として反省すれば、人は約束された死に方をしなければ、死ぬことも許されないのだ。いずれにせよ、自分がこの共同墓地で眠る日は、そんなに遠くないのではないか。

それにしても、ハインツの野辺の送りが夢のように思われた。まだ二週間余りしかたっていなかった。葬儀は老母の強い主張で、グレーベ家の身内だけで執り行われた。誰にも知らされなかった。広く知らせれば、ハインツの死について語らなければならなかった。「国境で射殺された」となれば、普通の人々は、かかわりを持つことを避けようとするに違いなかった。ハインツは国外犯ではあったが、「刑事犯罪人」であった。その結果としての射殺であり、死であった。事故や病気ではなかった。

「シタージ」は、この種の葬儀に集まる身内以外の参列者を潜在的反体制分子と見なし、克明にリストアップした。「シタージ」の監視体制は事程さように徹底していた。

平穏を大切にする人々にとって、射殺された国家逃亡犯の葬儀に参列し、「シタージ」の目にマークされるのはおぞましいことであった。もっともラインハルトは老母と自分にあて丁重な弔電をよこした。別居、いやいずれ離婚する夫の配慮が白々しく思えた。

死者を悼《いた》むどころか、犯罪者として取り扱われたハインツの死についての部内報告をどんな思いで受け止めたのか、ラインハルトに聞きただしたいところだった。

隠れるように営んだ葬儀が終わって、カテリーナは日々生きることに精一杯だった。心労と悲痛に寝込んでしまった老母、ドレスデンのハインツのアパートの後始末、事件にかかわる参考人として地元人民警察の事情聴取と、息つく暇もなかった。病気を抑えながらここまで切り抜けられたのが不思議だった。

シルビアが健気であった。祖母をいたわり、病気の母を助けて家事をこなし、いつのまにか立派に大人の代役をするようになっていた。一家にとっては夏休みだったことが幸いであった。その夏休みも終わろうとしている。カテリーナは身の振り方を決めなくてはならなかった。カレル大学には、とりあえず九月一杯休講する届けを出しておいた。だが、辞めなくてはなるまい。そう考え始めていた。いろいろなことが心残りであった。

慌ただしく別れてきた日本の青年が懐かしかった。どうしているのだろう。心配しているに違いなかった。連絡を取ることは控えた。もちろん「シタージ」の監視や盗聴を考えてのことであった。

葬儀の後、哀《かな》しみと放心の日々にあって、ふと青年の面影が心に浮かぶとき、カテリーナは経験したことのない、きらめくような生きる力と喜びを感じた。プラハ中央駅を出発するときには、ほとんど夢遊病者のようにどん底の精神状態にあったことを考えると、自分を振り返る余裕を取り戻したことが嬉しかった。

とはいっても、ハインツを失った虚しさが、簡単に消えるはずもなかった。しかし、いつまでも涙に溺れて過ごすわけにはいかない。過ぎ行く時とともに、気丈にも老母は立ち直ろうとしていた。

老母とともに農園に出て畑仕事に精を出し、温室の花の手入れをした。手入れをしない作物や花々はすぐだめになった。自然は正直だ。それに仕事はそれだけではなかった。家畜小屋で牛、豚、羊に餌《えさ》をやり、鶏の面倒を見る作業は重労働であった。鬱々とした暗い思いを寄せつけなかった。シルビアは大喜びで手伝ってくれたが……。

年老いた母親が、こんな労働をしていたのかと、カテリーナは申し訳なさに胸が潰れる思いであった。太陽のもと、汗まみれになって働くことは、苦しかったが心地よかった。神経症の発作も軽くなった。カテリーナは、働きながら考えた。かつて労働者、農民のためといいながら、SED党員としての観念のみの、実態からかけ離れた議論をしていた愚かしさを。

人々は決して社会主義イデオロギーや党のために働くのではなかった。自分のために、家族のために、そして愛着で仕事に精を出すのであった。今、こうして働く自分がそうではないか。イデオロギーの呪縛《じゅばく》の無残さをかみしめた。ハインツはイデオロギーの専横に殺されたのだ。自分は、そのイデオロギーの使徒でなかったか。ハインツに、そして人々に対し、償いをすべきではないのか。カテリーナはそう思った。

亡くなった父親に、共産主義は本質においてファシズムであり、DDRはナチ体制の変形であると指摘され、激しく論争したことが懐かしかった。農業学校を選んだだけに政治への関心も薄く、読書する習慣もなかった父であったが、懲罰徴兵されたほどナチに反発したように、DDR体制、いやソ連共産主義のまやかしを見抜いていた。農業という職業を通じ、自然との対話によって身に着けた不動の信念であり、人生観であった。カテリーナが、SEDに入党したとき、父は言った。

「カテリーナ、わたしは残念ながら共産主義は嫌いだ。傲慢《ごうまん》な独善のイデオロギーだ。個人の自由と感性を認めない独断だ。しかしおまえが、信念として共産主義を信奉するのであれば、それはそれでよい。一人の人間としての決断なのだから、わたしがとやかく言うことはない。しかし、おまえはまだ権力の恐ろしさを知らない。共産主義が権力と結びつくのは最悪だ。ヒトラー以上だ。おまえの純粋な信念が、権力の機関となったSEDに裏切られないことを祈ってるよ。もし裏切られたらどうするか。闘うだけだ。自分の信念に従って……。おまえがそれだけの覚悟を持ってSEDに入党するのであればそれもいいだろう。間違っても、特権をむさぼって裏切りに妥協するようなことがあってはならない。それだけは約束して欲しい」

何度も思い出した言葉であり、厳しい言葉であった。自殺を図ったときも、この父の言葉が心に谺《こだま》していたのだ。

爽《さわ》やかな風に、墓地を囲むポプラの並木がかすかにざわめいていた。遠くでシルビアの声がした。カテリーナは顔を上げた。

「ママ、ママ」

シルビアが手を振りながら墓地の向こうから駆けてくる。

「ママ、お手紙よ」

叫んでいる。カテリーナは立ち上がった。

「速達よ」

胸騒ぎがした。

「ころんだら危ないから、走るのはやめなさい」

墓石の間を縫って、小鹿《こじか》のように走る娘をたしなめた。

「やっぱり、ここだったのね。速達だったから、持ってきたの」

飛びついてきた。抱き止め、差し出す手紙を受け取った。

「ありがとう。誰からのお手紙かしら」

「変なの、差出人が書いてないの」

シルビアが、口を尖《とが》らせた。切手はなく、「公用」と、スタンプが押してあった。カテリーナはそれに気づいたが、さりげなく取り繕った。

「税務署だわ。税金の申告を忘れてたのかしら」

封を切った。国家治安省「シタージ」の出頭命令であった。シルビアに気取られないよう、さりげなくスカートのポケットにしまった。

「さあ、おうちへ帰りましょ」

カテリーナは元気よく、シルビアを促した。母と娘は手を繋いで歩き出した。

「ねえ、ママ、聞いていい?」

シルビアが改まって切り出した。

「また、あなたの、どうしてが、始まったのね。どうぞなんでも聞いてくださいな」

「ママ、リョウのこと好き？　なんにも話してくれないんだもん」

「どうしてそんなこと聞くの？」

「だって、わたしも、リョウのこと大好きなの。リョウのフラウ（お嫁さん）になれないかなって思ってるの。日本の外交官のお嫁さんになって世界中を旅行するの。素敵じゃない？　でも、どうしてDDRの人は、いろいろな国の人と仲よくしちゃいけないの。それにどうして自由に外国へ出られないの。ハインツおじさん、かわいそう。あんなにパリや、ニューヨークへ行きたがっていたのに。DDRから出してもらえなかったから、あんなことして死んじゃったんでしょう。ひどいわ」

カテリーナはうろたえた。

「シルビアはヘル・ホリエのお嫁さんになりたいの？　素敵な夢だわね」

夢！　口にしてしまってカテリーナは、激しい怒りが心の中で爆発するのをこらえた。無邪気な子供の夢ですら、できもしないこととあきらめる自分、DDR体制の不条理を無条件に受け入れてしまっている自分の消極的な姿勢に対する怒りであった。権力に飼い慣らされ、妥協している自分を嫌悪していた。

「そうだわね。素敵よ。シルビアがヘル・ホリエのお嫁さんになるなんて。でも、それにはシルビアが立派な大人にならなくては……。愛していただけるような女性にならなくてはだめなのよ。それにヘル・ホリエに素敵なガールフレンドがいたらどうするの？」

突然、カテリーナは無性にリョウに会いたくなった。

「いないんだって。でも、ママみたいな人が理想なんだって」

「そう、光栄なことだわ。じゃあ、シルビアがママみたいにならなくっちゃ」

「なるの、もっと素敵に。日本の外交官のお嫁さんになれるように。でもコミュニストには、絶対ならないわ。絶対！」

カテリーナはいきなり頬を平手打ちされたようなショックを覚えた。まだ子供だと思っていた。何もわかっていないと思っていた。しかしDDR体制の異常さをしっかり見抜いていた。ハインツの死について、きちんと分析していた。共産主義のなんたるかを、それなりに見据えているのを思い知らされた。

「ママ、きっと応援してあげる。シルビアがヘル・ホリエのお嫁さんになれるように。シルビアが大人になるまで、待っててくださるように頼まなくっちゃ。その頃にはきっとDDRの人も外国に行けるようになるわ。ハインツおじさんも、もう少し辛抱すればこんなことにはならなかったのにね。でも、今、ママと話しているようなこと、他の人と話しちゃだめよ」

「わかってるわ、そんなこと。DDRの人って、みんな『シタージ』に告げ口するのかしら。嫌だわ。ママは、パパが『シタージ』で働いているから憎んでいるんでしょ。だから離婚するんでしょ。悲しいわ。パパ、いい人なのに……。悪いのはパパじゃないわ。共産主義なのよ。共産主義が『シタージ』を作ったのよ。パパ、辞めればいいのに」

わだかまりを、一気に吐き出すように、涙声で畳みかけてくるシルビアに、カテリーナは呆然としていた。鋭い言葉だった。難しい年頃になっていた。

泣きじゃくるシルビアを抱いてやった。背丈が伸びたことを改めて実感した。シルビアの言うとおりだった。

母と娘が抱き合っていた。墓地のはずれ、咲き乱れるピンクや白のコスモスが微風に揺れていた。短い夏が過ぎようとしていた。

第3章

暗い影

尋問

カテリーナは東ベルリン、リヒテンベルクにある「シタージ」本部にいた。九月七日、午前十時。「出頭命令」に従ってやって来たのだ。

十二階の会議室に通されたのが意外だった。取り調べ室ではなかった。待たされ、退屈しのぎに窓辺に立っていた。緊張や怯《おび》えはなかった。

三年前に、同じような経験があった。その時は初めてだったので様子がわからずミニスカートのスーツで出頭した。露骨な視線と卑猥《ひわい》な言葉を浴《なが》びせかけられた。今回、黒いスラックスをはいてきたのはそのせいだった。茶色の長袖《ながそで》セーターも着ていた。できるだけ肌の露出を避けた。登山でもするような格好だった。取り調べる係官が男である以上、彼らの劣情を刺激するのを避けるのが賢明だった。尋問する女性被疑者や参考人を意のままに取り扱うことができると、彼らは錯覚するらしかった。そういう人間でなければ「シタージ」のダーティワークはこなせなかった。自白させるための拷問も日常的だった。

完璧《かんぺき》な密室である取り調べ室で、男の係官と女性被疑者が向き合うのだから、セクハラそのものだ。激高した係官が髪の毛を引っ張ったり、小突いたりするのはいいほうだった。

三年前の取り調べに、カテリーナがそれほど屈辱的な取り扱いを受けずにすんだのに、別居しているとはいいながら、夫が他ならぬ「シタージ」の高官であり、カテリーナ自身、党のエリートであったからだ。彼らもさすがに遠慮した。

基本的人権の尊重、人権擁護あるいはセクハラの防止といった概念は「シタージ」とは無縁だった。女性被疑者が、取り調べの係官に性的な嫌がらせをされるのは当たり前だった。党員章と「シタージ」のバッジをつけた係官は、社会主義と党を守るためであれば、すべてのことが許されるという前提で行動し、党も黙認した。被疑者は「社会主義の敵」であったからだ。カテリーナは経験を通じ、その実態を知った。

釈放された後、女性被疑者がどんな仕打ちを受けたのか、ひそかに調べてみた。凄《すさま》じいものだった。屈辱に耐えかね自殺したもの、精神に異常を来《きた》した者……。さらにひそかに伝《つて》を頼って自分の調書が改竄《かいざん》されていることも知った。党機関に告発したが無視された。そうしたカテリーナの行動がまた「シタージ」を刺激し、危険人物として徹底的に監視され、ついにプラハに追放されたのだ。もちろんカテリーナが、「シタージ」を憎悪し、その高級幹部である夫ラインハルトを嫌悪し忌避した決定的な理由もここにあった。

「ベルリンの壁」と非人道的な国境管理で人民を囲い込んだうえ、党が「シタージ」のような抑圧機関を持たなければ維持できない、DDR社会主義体制なるものの胡散臭《うさんくさ》さを、カテリーナは見てしまった。もっともらしい教育と宣伝に踊らされていた自分を知った。カテリーナの鋭い感性と感受性には耐えがたいことだった。

カテリーナは窓辺に立って眺めていた。晴れ渡った空の下、市街を一望することができた。東ベルリンそのものを監視するかのような眺めだった。市街は、どこか陰気でちぐはぐだった。ところどころ放置されたままの廃墟《はいきょ》、古い建物のくすんだ壁に残る弾痕《だんこん》、第二次世界大戦の傷跡は、二十余年を経過してなお生々しかった。アレクサンダー広場あたり、ミラーボウルを串刺《くしざ》しにして立てたオブジェのようなテレビ塔が見えた。その上空を旅客機が旋回しながら高度をさげ、西ベルリンのテンペルホーフ空港に着陸しようとしていた。赤い煉瓦《れんが》造りの時計台はラートハウス（市庁舎）。崩れかけたままの丸い屋根の大聖堂、その少し左、白いしゃれたビルはDDR外務省だった。そして眼下、フランクフルター・アレー（大通り）をはさんで広がる灰色の大団地は、SEDが自画自賛する住宅政策の成果であった。単調なデザインの高層ビル群は、まるで近未来都市のジオラマか映画のセットのようだった。

「これが既成社会主義のDDR的風景なんだわ」

カテリーナは呟《つぶや》いた。ドアが開く気配がして、振り向くと、制服の男が三人、女が一人、一列に並んで入ってきた。先頭の男はヘス中佐だった。

三年前、この男、ユルゲン・ヘスに取り調べられたのだった。四十代半ば、背は高く、痩《や》せぎすの、薄い唇と尖《とが》った細い鼻、その酷薄な印象は少しも変わっていない。なんといっても目つきが嫌らしかった。ほとんど忘れかけていた生理的な嫌悪感が全身を駆けめぐり、鳥肌が立った。視線が交錯したが、カテリーナは目をそらさなかった。

「しばらくですた、フラウ（夫人）・シュナイダー。いや、失礼、フラウ・グレーベとお呼びすべきですかな。同志シュナイダー局長との離婚手続きが進行中とのこと、まず結構なことだ。反社会主義的人物は、わが国家治安省の局長夫人にふさわしくない」

薄笑いを浮かべたヘスの表情に、冷たい蛇のような目が光っていた。

「まあ、座りなさい」

ヘス中佐は、カテリーナに椅子《いす》を示した。コの字型に並べられたテーブルを見れば、指示されるまでもなかった。正面の黒板を背に、ヘス中佐ともうひとりの尋問官である少佐が着席した。右側のテーブルに大尉の階級章を着けた若い男、左側に女性の係官が着席した。四人に囲まれた真ん中のテーブルが、カテリーナの席であった。尋問官に向かい合って座った。

カテリーナは、初めて緊張を覚えた。いや、闘志というべきであったかもしれない。引け目を全く感じていなかった。むしろ昂然《こうぜん》としていた。

「相変わらずお美しい……。プラハはいかがですかな。いろいろお楽しみのようで」

虫酸《むしず》が走るようなヘスの視線だった。挑発に乗ってはならない。カテリーナは自分に言い聞かせた。気づかれないように小さく深呼吸して答えた。

「ありがとう、元気に過ごしておりました。少なくとも一カ月ほど前までは」

ヘスは、澄んだ青い瞳《ひとみ》の射るような視線を受け止めて、ふとたじろいだ。

（この女、三年前と違っている）

「ふむ、ハインツ・グレーベの事件まではというわけですな」

カテリーナは黙っていた。ヘスが合図した。制服の女がテープレコーダーのスイッチを入れた。

「本日は、ハインツ・グレーベの社会主義友好国国境不法越境未遂死亡事件ならびにプラハにおけるあなたの最近の行動について聴取したい」

ヘスは改まって尋問の開始を告げた。

「われわれは、友好的に話し合いたいと考えている。もっともあなたの出方次第だが。ところでハインツ・グレーベの件については、チェコスロバキア社会主義共和国内務省から報告を受領した。したがって、不法越境未遂死亡事件そのものについては調査済みである。本日は事件の背後関係ならびに、プラハにおけるあなたの最近の行動について解明したい」

カテリーナの青く澄んだ視線が、真っ直ぐにヘスを見つめていた。

「実弟がこのようなことになったことは遺憾である。しかしながら本件が、国外犯とはいえ、わが国刑法第二一三条、不法越境に該当する犯罪行為であることを指摘したい。実弟つまり死亡被疑者が、スロバキア旅行を計画したのに対し、あなたは乗用車を提供するなど協力しているが、不法越境の意図を持っていることをあらかじめ打ち明けられ、死亡被疑者と、その実行について謀議したのではないか」

(予想どおりの質問だわ)

カテリーナは一歩も引くつもりはなかった。

「あなた方がいろいろ推測されるのは自由です。しかし謀議云々《うんぬん》というのは言いがかりです。

第一、ハインツがあんなことをするとは、姉として想像もしていませんでした」

　カテリーナは冷静に答えた。

「ほう、それでは突然思いついて、衝動的に実行したというわけですな」

「遺留品の中に、わたしと娘のシルビアのために買ったと思われる花瓶と人形のお土産がありました。他にスカーフがあり、包装紙に、『ママへ』とメモしてありました。戻るつもりであったことは明らかです。越境は計画的な行動ではありません」

「なるほど、しかし偽装ということもありうる」

　ヘスを補佐する少佐が畳みかけるように口をはさんだ。小太りで髪の毛が薄く脂ぎった顔つきの男だった。

「ハインツは、偽装するようなことはできない人間です。嘘《うそ》がつけない直情的な性格でした。姉として考えられることは、弟がほとんど突発的に越境を実行したということです」

　静かに陳述するカテリーナの瞳に、蔑《さげす》みがこもっているのをヘスは見逃さなかった。

「それではもう一つ事実を指摘しよう。死亡被疑者は競泳用パンツを着用していた。つまり国境河川を泳いで不法越境することをあらかじめ計画していたのだ！」

　ヘスは決めつけた。カテリーナに動揺の気配はなかった。

「ハインツは日頃《ひごろ》、健康のためプールで泳ぐことを習慣としていました。ドレスデン市のスポーツクラブの会員で、少なくとも週二回、プールに通っていました。それに彼は、総合学校八年生（中学二年）のとき、郡の競泳大会百メートル自由形で優勝したことがあるほどの泳ぎ手でした。プラハでも一度だけですがプールに泳ぎに行きました。ですからハインツが水泳用パンツを持って出かけることは日常のことであって、なんら特別のことではありません。スロバキア旅行中も、どこかで水浴びをかねて泳ぐことを考えていたのでしょう。越境を決意して着用したことは当然です。必死で泳ぐために」

もしハインツが水泳パンツを持っていなかったら、こんな無謀なことはしなかったかもしれない。いや、チャンスだと見て、全裸で飛び込んだだろうか。

「チェコ内務省の調査報告によれば、死亡被疑者の遺留品の中に、スロバキア各地をスケッチした木炭鉛筆画二十枚があった。問題はそのうち八枚が、ドナウ河の風景であり、逃亡を計った地点に近い風景を描写したものがあった。これらは証拠品として、チェコ当局に押収されている。つまり死亡被疑者はスケッチを装い、逃亡地点を窺《うかが》っていたものと推定される」

ヘスは一気に追い詰めるつもりだった。

「残念ながら、わたくしはそのスケッチを見ていないのでなんとも言えません。しかし、ハインツは好んで川をテーマに選びました。ドレスデンを流れるエルベ川を数えきれないほど描いています。プラハでもブルタバ川をたくさんスケッチしました。とりわけカレル橋の眺望が気に入っていました。逃亡地点を探るため、ドナウ河をスケッチしたという推理は釈然としません。あるいは描いているうちに魔がさして、ここなら泳いで渡ることができると思ったのかもしれません」

軟らかく、カテリーナはかわした。

勝手が違った。表情には出さなかったが、ヘスは焦《あせ》っていた。

「なるほど、衝動的に不法越境を実行したとしよう。それなら動機は何だと考えるかね」

少佐が尋問を引き取った。高飛車なものの言い方だった。

「自由を求める一念が爆発したのです」

そう言った。カテリーナの青い瞳が閃光《せんこう》を放った。

「なんだと！　自由？　つまりブルジョア的享楽にあこがれ、衝動的にとった破滅的行動、これがこの事件の本質だ。死亡被疑者は、犯罪歴として記録されていないが、反社会主義的な言動が多かった」

ヘスは、吐き捨てるように言った。蛇のような目がカテリーナを睨《にら》んだ。

「とんでもない、ハインツは、人間としての自由を求めたのです」

力を込めて言い返した。ヘスの顔が歪《ゆが》んだ。

「ほう、シュナイダー夫人、あんたは自分の立場を忘れたんじゃなかろうな。人間としての自由なんていう、反社会主義的、反共的な宣伝用語をいつから口にするようになったのか。執行猶予中の保護観察の身分であることをプラハですっかり忘れてしまったとは、よほどいい思いをしたと見える」

ヘスに助け船を出すかのように、脂ぎった顔つきの少佐が言った。

「いいえ、忘れてはおりません。しかし、わたくしはプラハで、人間としての自由がどれほど大切なことか考え続けてきました。本来、社会主義社会は資本主義社会を超える自由、人権擁護そして平等を実現する理念であったはずです。その理念が実現される可能性がないことに絶望して、ハインツはDDRに見切りをつけたのでしょう。悲しいことです」

少佐はヘスと顔を見合わせた。信じられないという顔でカテリーナを見つめた。

「そもそも不法越境という考え方が異常です。国を出入りする自由、海外旅行の自由というべきです。DDRにはシステムとして人民が納得できる出入国の方法がないから、このような手段を取るしかなく、悲劇が起こるのです。ベルリンの壁や西独との国境で、幾百の人命が失われています。あなた方は、人民を、同胞を、不信と猜疑《さいぎ》でしか見ていない。体制に自信がないのです。私は、管理と監視そして抑圧のための官僚機構としての『シタージ』の存在を憎悪します」

「貴様、われわれを愚弄《ぐろう》するのか！」

激高した少佐が、テーブルをたたいて怒号した。他の三人は、あっけにとられたようにカテリーナを見つめていた。

そのときであった。突然、ドアが開いた。私服の初老の紳士が入ってきた。その人物を認めた四人は、はじかれたように起立した。

「ショーン・グート（もう、よい）、ゼッツェン（座れ）！」

四人は、まるで機械じかけの人形のように座った。短い言葉が威圧的に響いた。背筋を伸ばした姿勢と鋭い眼光、どこかで見た人だったが、カテリーナは思い出せなかった。

「バノター（続けて）」

紳士は、記録係を務める女性係官の隣の椅子を、テーブルから少し引いて腰を下ろした。

「尋問を続けます」

ヘス中佐の言葉つきが変わっていた。

（なぜだ。いきなりこんなところに現れて。何をしようってんだ。畜生！）

ヘスは明らかに紳士を意識していた。

「シュナイダー夫人、あなたは自分が執行猶予ならびに党員権停止の身分であることを、承知していることと思う。これまで二年余り、プラハでのあなたの行動監察結果は、われわれの期待に十分応《こた》えるものであり、反省の態度が見られると判断されていた。しかしながら、最近の行動は、われわれの期待と監察の評価が、妥当なものでなかったと認識せざるをえない。さらにただ今まで進めてきた、ハインツ・グレーベの社会主義友好国国境不法越境未遂死亡事件に関する参考尋問に対しての、あなたの反社会主義的かつ反政府的発言は驚くべきことであり、われわれとしては重大な関心を持たざるをえない。引き続き行う尋問は、われわれの疑問と懸念を解明し、あなたに対し今後取るべき措置について参考とするためのものである。尋問に対し、正確かつ真実を述べるよう要請する」

カテリーナは毅然《きぜん》と応じた。

「わたくしは、反国家煽動罪《せんどうざい》にかかわる刑の執行猶予、ならびに党員規則違反による党員権停止の処分を受ける身分であることを十分認識しております。尋問に対し、偽りなく正確に真実を答えます。したがって、わたくしの言葉も正確に記録されるよう希望します」

「当然である。しかし参考人として不遜《ふそん》な発言である」

ヘスは、カテリーナを冷たく睨みつけた。

「被疑者として、当然の権利を主張するだけです。わたくしの発言を改竄しないよう、あえてアピールします。苦い経験にもとづいて……」

（何故《なぜ》知ってるんだ。調書を改竄したことを）

ヘスは、ポーカーフェイスを装って、とっておきの切り札をたたきつけるように出した。

「最近、あなたは日本の若い外交官と親しくしているようだが、どういう関係か。ハインツ・グレーベにかかわる事件発生直後、彼に相談したのは、不法越境について関与していたからではないか」

カテリーナは、初めて動揺した。

（やっぱり予想したとおりだわ。ヘル・ホリエに迷惑をかけてはいけない）

「ヘル・ホリエの件については、すでにプラハでDDR大使館の係官に詳しく説明しました。旅行中、突然、車が動かなくなり、おまけに娘が熱を出し、困っているところを助けてくださいました。それがきっかけでおつきあいが始まった大事な友人ですから、弟の死ももちろん知らせましたし、彼にすがるしかないと思いました。彼は飛んできてくれ、取り乱し、絶望しているわたくしを励まし、ブラチスラバへ向かう準備を手伝ってくれました。そして娘を預かってくださったのです。ハインツは一度しかヘル・ホリエに会っていません」

ヘスは、かさにかかって追いつめた。

「知らなかったとは言わせないぞ。DDRを敵視する国の外交官と接触することは、刑法第二一九条、不法連絡行為に該当する犯罪なんだ！」

言葉つきがもとに戻っていた。

「もちろん知っています。しかしこの法律こそが、DDR市民を不信と猜疑の対象とし、人人を世界から隔離しようとする自閉的社会そのものです。わたくしは、ヘル・ホリエを一人の人間として尊敬し、好ましく思っています。これは、わたくしのプライベートな感情です。人間のごく自然な感情まで介入し支配できると思っているあなた方の非人間性と狂気には、言うべき言葉を知りません！」

カテリーナの反撃だった。ヘスはカテリーナの変貌《へんぼう》に内心、衝撃を受けた。

（しかし、この強さは何だろう。それにこの美しさと気迫は……。この女は変わった。危険だ）

「驚くべきことだ。あんたのイデオロギー的偏向の歴史は調査済みだ。問題は、その偏向の傾向が反社会主義的かつ反国家的方向にますます逸脱しつつあり、悪質になる一方だ……」

ヘスは一息つくと、無言で傍聴する紳士をちらりと見て言葉を続けた。

「かつてFDJ（自由ドイツ青年同盟）の模範的活動家として、さらに、わが党SED（ドイツ社会主義統一党）の若きホープとして、党と国家はあなたを信頼し期待した。しかるにその信頼と期待に応えるどころか、あんたは党と国家を裏切った。先程の尋問においても、党と国家を攻撃的かつ敵対的に誹謗《ひぼう》したのは、驚くべきことだ」

間髪を入れず、カテリーナは反論した。

「わたくしは、党および国家を裏切ったことはありません。現在も忠実な党員であることをひそかに自負しています。もちろん、社会主義の理想と理念に対する情熱と確信も不動です。しかし、党と国家が、わたくしの信頼と期待を裏切ったのです。健全な批判ですら封殺し、建設的な提案を敵視し、その結果が、反国家煽動罪であり、党員権停止でした。

人民を限りなく監視し、管理し、抑圧する。疑問を提示し、自己の見解を述べようとするものを弾圧・迫害し、排除するためのわが国特有なシステム、それが『シタージ』です。人々の思考と精神を窒息させ、囚人化することによって、予防的に社会秩序の維持を図ろうとするやり方は、ナチ時代のゲシュタポと本質的に変わりません」

ヘスは不気味に沈黙していた。補佐役の少佐が反論した。

「典型的な西側の反共宣伝の言葉であり見解だ。信じがたい変節の言葉である」

カテリーナの火を吐く言葉が飛んだ。

「反共宣伝? あなた方は、まるでロボットです。決められたことしか言えない。自分の考えはないのですか。怖くて言えないというのでしたら、まだ同情できます。本当に信じているとすれば、よほどの単細胞か嘘つきかのどちらかでしょう」

少佐は翻弄されていた。

「これほど敵対的誹謗の言葉を聞くとは信じられない。実弟が射殺され、恨みに思うあまりの暴言にしても許し難い。ハインツ・グレーベが死亡したのは、同盟友好国の国境を不法越境しようとした結果であって、責任はすべて死亡被疑者本人にある」

少佐は、受け身の反論しかできなかった。

「ハインツを、あくまで犯罪人として取り扱うつもりでいるようですが、はっきり申し上げましょう。彼は国家の犯罪の犠牲者です。ハインツは西独へ移住を切望しておりました。隠すまでもありません。ブラチスラバで現場へ行ってみました。対岸まで五、六十メートル余り、水泳に自信があって、どうしてもDDR体制から逃れたいという強い意思があれば、実行するのは不思議ではないと思いました。わたくしは肉親でありながら、彼の強い願望を見抜けませんでした。わかっていたら思いとどまらせ、無謀を諭《さと》し、命を大切にするよう説得したと思います。どんな絶望の中でも、生きていれば必ずチャンスが来ると言い聞かせたことでしょう。それにしても不法越境は本当に犯罪なのでしょうか」

カテリーナは冷静に、しかし熱く語り続けた。

「たとえて申し上げましょう。一人前の大人に成長した子供たちが、家を出て独立したいと希望するのは当然のことですね。仮に両親に考えがあって、農業を引き継いでもらいたい、あるいはこの店を手伝って欲しい。いろいろ親としての願いがあるでしょう。

その願いを子供が拒否する場合、話し合いで妥協点を見出そうとするでしょう。しかし、どうしても、子供たちが拒否する場合、親はあきらめ、子供たちの願いを聞き入れるものです。なぜなら親は、子供たちの幸福を願うからです。親の願いを聞き入れないで、出ていくからといって、父親があるいは母親が、子供たちを後ろから銃で撃ちますか？　もし射殺したとしましょう。これは犯罪です。明白なる犯罪です。両親といえども、わが子殺しの罪を問われるのは当然です。DDRやチェコスロバキアでは、そんな理不尽なことが、日常茶飯事として起こっているのです。静かに立ち去ろうとする子供たちを後ろから射殺しているのです……」

二人の尋問官は言葉を失っていた。憤怒に顔を真っ赤にした少佐は、カテリーナを睨みつけていた。紳士は腕組みしたまま身動きもしなかった。奇妙な沈黙の時間が過ぎた。

カテリーナは不意に胸が熱くなって涙ぐんだ。数日前、村はずれの墓地で泣きじゃくるシルビアを抱いていたことを思い出したのだ。

「わが国DDRは、アメリカ帝国主義や西独の軍国主義、復讐《ふくしゅう》主義の危険にさらされている。DDRを目標にさまざまな謀略やプロパガンダが展開されている。西側を、あたかも自由のパラダイスのように宣伝し、思想的に未熟な人々を惑わしている。

しかしながら、資本主義社会の非人間的な日常生活が、どれほど残酷なものか。失業、貧困、飢餓、病気、暴力そして搾取、必然的結果としての路上生活者、犯罪、婦女子虐待そして売春だ。この事実を考えるとき、誤った幻想を持って、歪んだ自由にあこがれる者を保護し、思想的に強化しなければならない。それを実行する党および国家の政策が、なぜ批判されなければならないのか理解に苦しむ」

ヘスは事務的に冷たく反論した。硬直したイデオロギーに凝り固まった党作成のテキストそのままの言葉だった。カテリーナが受けつけるはずがなかった。

「尋問官の言われることはたしかに真実でしょう。ただし一面において。資本主義社会の吐き気を催すような歪んだ側面を、わたくしは十分理解しています。尋問官は、DDRを命懸けで去ろうとする人々が、なぜ跡を絶たないか、考えたことがありますか？　健全な批判や反対意見を許容しない体制は、遅かれ早かれ自壊します。あなた方は、人民を監視しているつもりでしょうが、あなた方も人民に監視されているのです。このままDDR体制が続くのであれば、いつかきっと人民に復讐されることになるでしょう」

ヘスは小刻みに体を震わせていた。同席する初老の紳士がいなかったら、カテリーナにつかみかかったことであろう。

「あんたの意見は、ブルジョア民主主義、修正主義、トロツキスト、左翼小児病のそれであり、反革命と野合する詭弁《きべん》にすぎない。科学的社会主義の不動の確信に裏打ちされるわが党は、一切の改革主義や改良主義と無縁である」

少佐がテキストを読み上げるように言った。

「反対意見にレッテルを張ってきめつけ、異端視するその態度こそ問題なのです。党の無謬《むびゅう》性《せい》神話とともに、共産党の宿痾《しゅくあ》です。『シタージ』は、DDR体制を守っているつもりなのでしょうが、あなた方こそ、DDRを腐食させSEDを硬直化させ、人々を無気力に追い込んだ元凶なのです。なにかと言えば、反革命ときめつけ、反対や異議を抑圧し、弾圧する。あなた方こそ反革命です。DDRを蝕《むしば》んだ悪性の癌《がん》細胞です。わたくしは、あなた方に反体制分子と言われることを誇りに思います。執行猶予を取り消され、収監されることを厭《いと》いません」

きっと眉《まゆ》を上げ切り返すカテリーナの反撃は、いささかも衰えなかった。腕組みして目を閉じ、やりとりを傍聴する紳士の表情が初めてかすかに変化したが、ヘスは気づかなかった。

「模範党員であった者が、何故かくまでも祖国DDRを誹謗するのか理解に苦しむ」

自信を失ったのか、少佐の質問に勢いがなかった。

「先程も言いました。裏切られたからです。一九四九年十月、DDRの建国を、わたくしはどんなに喜んだことか。ドイツ再生のために、DDRの存在が、平和と進歩、自由と平等、そして人権擁護の砦《とりで》になると信じたのです。そしてドイツとドイツ民族が、三度《みたび》、世界大戦を起こさないために、進歩勢力の前衛であるSEDで働きたく、熱望して党員になりました。そしてFDJの幹部に登用され、フンボルト大学に進学を許されたばかりか、モスクワ大学留学の栄誉まで与えられました。わたくしは、党のため、DDRのため、人民のため、死んでもいいとすら思っていました」

華麗なキャリアだった。

「一九六一年八月、東西ベルリンの境界に『壁』を作る作戦命令が出たとき、わたくしも、主人ラインハルトもその完遂のため、党員として命懸けで働きました。正しい作戦だと確信したからです。人々の西への大量移住によって、DDRが衰弱していくのを食い止めなければ、社会主義社会を建設することはできないと思ったからです。

ラインハルトにホーネッカー同志の副官として、もしかすると戦場になるかもしれない現場で作戦を指揮しました。わたくしは、西側の誹謗と宣伝に対抗し、『壁』がなぜ必要なのか、人々に説明する作戦に従事しました。そして作戦は見事に成功しました。これからDDRに本当の社会主義社会を建設する基本的条件が整ったと感激したことを、はっきりと覚えています」

（それにしてもこの女、なんという美しさだ）

沈黙するヘスは、唐突にこの場にふさわしくない思いにとらわれた。激しく反撃してくる美しい獲物に魅せられていた。ハンターの心理だった。

（この獲物は俺《おれ》のものだ。誰《だれ》にも渡さない。きっと仕止めてやる）

「でもその後、DDR体制が整うにつれ官僚主義がはびこり、違和感と失望に苦しみ始めたのです。衝撃を受けたのは、『壁』を乗り越えDDRを退去しようとする人々を、逃亡者として射殺する命令が出たことでした。これは間違っていると思いました。許せないと思いました。なぜならDDRは監獄や強制収容所ではないはずです。

DDRという、自分の家の『壁』を越えて、出ていこうとする人々を、銃撃する必要があるかということです。射殺される危険を冒してまで、『壁』を乗り越え出ていこうとする人が、何故、跡を絶たないのか。党と政府がこの問題を根本的に分析し、反省しなければならないのに、すべての責任を逃亡する人々に押しつけ、平然としています。

しかも有無を言わさず射殺するという人間性の欠如に私は絶望したのです。それ以来DDD

R体制を疑うようになりました。わたくしは疑問を党機関に訴えましたが、予期したとおり反党的であるときめつけられてしまいました。裏切られました。わたくしが信じた社会主義社会は、そんな非人間的な社会ではなかったのですから……」

ヘスは見とれていた。カテリーナのギリシャ彫像のような白い頬《ほお》が、薄くピンクに染まり、深く澄んだ瞳の瑞々《みずみず》しい青さが映えて神秘的なまでに美しかった。

沈黙するヘスに代わって、少佐が慌てて反論した。党の宣伝テキストを棒暗記したかのような言葉だった。

「あんたのせりふはセンチメンタルにすぎない。米国はもとより、西独の帝国主義、復讐主義と対決しながら、わが祖国DDRが達成した社会主義の成果は世界に冠たるものなのだ。例えば完全雇用である。わがDDRにおいて、失業という言葉は死語となった。そして安価で良質な住宅の大量供給、医療費の完全無料化、託児所や保育園の無料サービス、母性保護のための長期休暇制度、老人年金など、これだけの社会保障を整えた国が他にあるだろうか。すべてわが党SEDの功績であり、DDR体制が誇りうるものだ」

美しい獲物が嫣然《えんぜん》と微笑《ほほえ》んだ。

「もちろんDDRにおける幾つかの成果を否定するつもりはありません。しかし『壁』の中に閉じ込められ、好むと好まざるとにかかわらず、DDR体制に協力せざるをえなかった人々が払った、努力と犠牲に対する報酬としては、決して十分なものではありません。尋問官の言葉は所詮《しょせん》、プロパガンダにすぎません。社会主義の成果としてそれほど誇れるものでしょうな。なるほどソ連やポーランドに比べれば、DDRの成果はたしかに優れています。問題は、対決する資本主義体制との比較です。

西独の生活水準に比べDDRのそれが低いのは公然たる事実です。同じドイツ人が生活し働いているのに、DDRの側が見劣りするのは、DDRの人々に問題があるわけではありません。体制そのものに問題があるのです。尋問官が誇らしげに列挙したDDRの成果は、人々を根こそぎ労働に駆り立てるためのシステムであって、人間らしい豊かな生活を目指すものではないのです。六十歳になって年金生活者になると西独に出国できるのは何故ですか。そうすれば、国家は年金を支払わないで済むからです。託児所や保育施設の完備も、すべての女性を労働に駆り立てるための手段であって、母性保護のためではないのです。すべて動機が不純です。DDR体制とは、国家独占資本主義的搾取のシステムであり、DDRとは、ソフトな強制収容所なのです」

カテリーナは憑《つ》かれたように言ってのけた。奇妙な沈黙が部屋に広がった。ヘスの冷たくすわった目がカテリーナを凝視していた。そこに殺意があった。

「あんたは敵だ！」

少佐は、そう呟いて沈黙した。瞑目《めいもく》し身動きもせずやりとりを聴いていた紳士が、突然、口を開いた。

「DDRがどうして強制収容所だと考えるのか？」

紳士の鋭い眼光とともに質問が飛んできた。カテリーナは強い風圧を感じた。が、少しも悪びれることはなかった。そして静かに答えた。

「申し上げるまでもありませんわ。『壁』と『シタージ』がなかったら、DDRは存在しえないということです。今、DDRで人々が声をひそめて口伝えにしている小話があるのをご存じでしょうか。『DDRは人類史の各発展段階から何を学んだか?　原始社会から文化を、古代社会から奴隷制を、封建社会から身分制を、資本主義から搾取を、社会主義からスローガンを』こんなグロテスクなイメージで、声なき民はDDRを見ているのです」

紳士はまた質問した。

「チェコスロバキアで何が起こっているのか。社会主義の再生とはどういうことか?」

紳士の言葉は威圧的であった。しかし、ふっと父親と論争するような錯覚を覚え、心が和《なご》むのが不思議だった。カテリーナは丁寧に答えた。

「社会主義をチェコスロバキアに正しく適用させる運動です。具体的な方策はまだ発表されていません。党と市民が一体となっていろいろ議論が闘わされています。いずれプログラムが発表されることでしょう。紆余曲折《うよきょくせつ》はあるにしても、もうこの運動を止めることはできません。改革を目指すエネルギーは、チェコスロバキアという国家の歴史と文化、そして民族の魂が溶け合って自然発生したものなのです。

この運動にチェコスロバキアと、その人々ほどふさわしい国家と民族はありません。彼らの実験が成功すれば、社会主義運動の歴史の中で、ロシアの十月革命に匹敵する意義を持つだけでなく、社会主義が二十一世紀を目指し、さらに発展するための展望を開くきっかけを作るものなのです。ただ、成功するかどうかは、外部の干渉を受けるか否かにかかっています」

カテリーナは語り終わった。不思議な静寂と緊迫が漂った。沈黙するヘスが、紳士とカテリーナのやりとりに、鋭く目を光らせた。

（こいつら、一つ穴のむじなだ）

獲物を追う猟犬のような勘で、ヘスはそう感じた。

「よし、終わり！　尋問を終了する」

短く腹の底に響く一言を残し、紳士が立ち上がった。ヘスをはじめ四人がはじかれたように起立した。カテリーナは座ったまま、退室する紳士を見送った。そして突然思い出したのだ。この紳士は「シタージ」第一次官、ウィルヘルム・ベーナー中将、離別する夫ラインハルトの上司であることを。

ベーナー中将が退室したあと、ヘスは呆然《ぼうぜん》としていた。他の三人も同様だった。

「尋問を終わります」

ヘスが思い出したように言った。奇妙に大人しくなっていた。こわばった蒼白《そうはく》の表情に、冷たいガラスのような目がすわっていた。

「このまま、待機するように……」

ヘスは書類を抱えると立ち上がった。三人が慌てて従った。カテリーナは全身の力が抜けていく虚脱感を覚えた。尋問中は、それほど時間が経《た》ったとは感じなかった。しかし午後一時を過ぎていた。ふと喉《のど》の渇きをおぼえ、日本の青年にもらった果物の蜜柑《みかん》を思い出した。懐かしかった。そして、無性に会いたかった。緊張が解けたせいか、堰《せき》を切ったように涙があふれ、カテリーナはひとり声をしのんで泣いた。そして三十分ほど待たされた。

カテリーナはその間、ぼんやり考え込んでいた。この後、どうなるのであろう。このまま身柄を拘束され、収監されるのだろうか。老母とシルビアの嘆きを思うと、やっぱり胸が潰《つぶ》れそうだった。それにしてもベーナー中将が、尋問に立ち会ったのは何故なのか。やはり特別扱いなのであろうか。不可解だった。

誰かがドアをノックした。慌てて涙を拭《ふ》いた。顔を上げた。アルトマイヤー中尉であった。夫、いや「シタージ」中央作戦参謀局長ラインハルト・シュナイダー大佐の副官だ。もちろん面識があった。まだどこか初々しさを漂わせる青年である。中尉を、カテリーナは無意識に日本の青年ホリエ・リョウと比較していた。

「ご案内いたします。局長がお待ちです」

言葉は少なかったが、精一杯の好意が感じられた。うなずいて、椅子を立とうとした。中尉は、機敏に後ろへ回り、カテリーナの椅子を引いた。

「ありがとう」

カテリーナは、中尉の案内に従い、廊下を少し歩いて、エレベーターに乗った。

「お疲れではありませんか？」

遠慮がちに、中尉が尋ねた。

「ええ、少し……」

「このたびは、弟さんのご不幸、心からお悔やみ申しあげます。お力落としのないよう」

意外な言葉であった。

「ありがとう」

エレベーターが四階で止まった。中尉の先導で歩きながら、カテリーナは、久し振りに会うラインハルトに、かすかな懐かしさを覚えていた。いずれ離婚、いや事実上離婚しており、その事実を追認する法的手続きだけが残っている男と女が会う感傷なのかもしれない。だが一方、もうひとりのカテリーナは、たった今尋問を受けたばかりの国事犯として、他でもない「シタージ」の局長と対決しようと身構えていた。

中尉が「中央作戦参謀局長室」と標示のあるドアを開けた。控えの間であった。と、待ちかねたように、もう一つのドアが開いた。

「やあ、しばらく」

カテリーナは黙っていた。

「また、痩せたようだね。無理もない。疲れただろう」

「ええ、少し。お水をいただけませんか」

初めてカテリーナが口を開いた。

「こっちへ掛けなさい。楽にして。おなかが空いているんじゃないか」

久し振りに見る夫であった。気のせいか目つきが優しくなり、髪に白いものが増えていたが、精悍《せいかん》さは昔のままだった。

一緒に住んでいた頃、栄進するにつれて、ラインハルトの表情は険しくなり無口になった。カテリーナは、この種の職業に携わる人間に特有の目つきをひどく嫌い、よくなじったものだった。そんな行き違いから二人の心は離れていった。そしてカテリーナはＤＤＲ体制に激しく反発していったのだ。

「大丈夫ですわ。何も欲しくありません」

向かい合って座ったラインハルトが、改まって切り出した。

「ハインツはかわいそうなことをした」

「いいんです。もう」

遮《さえぎ》った。

「いや、本当にそう思っているんだよ」

「じゃあ、国境越境者の射殺命令を取り消すよう、努力すべきではないのかしら」

ラインハルトは悲しそうに黙った。副官がミネラルバッサー（水）を持ってきた。

「ありがとう」

カテリーナは一気に飲み干すと、副官は席をはずした。しばらく言葉がとぎれた後、ラインハルトはカテリーナの目をじっと見つめながら話し出した。

「ぼくは君の信念をどうこうするつもりもないし、できるとも思っていない。この際、言っておきたいことだある。大きな目的を達成するため、自分自身を欺かなくてはならないこともあるんだ。特にＤＤＲの現実では……」

ラインハルトの言葉には含みがあった。

「離婚の件、君の気が済むのであれば同意しよう。書類に署名して裁判所に送っておいた。条件は一つ、シルビアにはときどき会わせて欲しい。それだけだ」

「わかりました。シルビアはあなたの娘ですから。シルビアも、あなたのことをとても愛しているの。パパ、『シタージ』を辞めればいいのにと言ってました」

「家族を捨てても辞めるわけにはいかない」

厳しい口調であった。

「尋問では、どんなやりとりがあったのか、まだ知らない。君のことだ、どうせヘスを激怒させたことだろう。尋問記録を読んで、もっと激怒する人物がいるはずだ」

「尋問に途中から、ベーナー中将が立ち会われました」

「えっ、ベーナー次官が……」

「ご存じなかったのですか？　チェコスロバキアの改革運動について、直接、尋問されました」

「お考えがあってのことだろう。予想外のことだが」

ラインハルトはしばらく考え込んでいた。

「差し支えなければ教えて欲しい。これからどうするつもりなのか」

思い直すように尋ねた。

「プラハに戻ることができればと思っています。来年の八月までは、カレル大学と契約がありますから。その後は田舎に戻って、母の仕事を手伝うつもりです。母もシルビアも納得してくれました、もう一年だけ待ってくれることを。普通の女になりますわ」

「プラハに戻ることができるかどうかはわからない。あらゆる反体制分子は、国外に出すべきではないという強硬意見がある。問題はヘスだ。どんな上申書を起案するか。最終的には大臣裁定になる」

大臣裁定、つまりカテリーナの運命はミールケ国家治安大臣の手中にあったのだ。だが一九六七年当時、ミールケは、偏執的ともいうべき猜疑心と憎悪を持って、DDRにおける反体制運動弾圧を企画し、実行しようとしていた。チェコスロバキアの改革運動が、DDRに波及することを恐れ、阻止しようとしていたのである。心の底にある自らのやましさに怯え、狂気の弾圧を準備しつつあったのだ。

状況によって、あらゆる反体制分子、つまり体制批判者、兵役拒否者、教会関係者、市民運動家、出国・移住申請者など、DDR体制にとって好ましくない人々を予防拘束・逮捕し、最終的には粛清ないし絶滅する。つまり極秘裏に、それらの人々の殺害を想定する準備を進めていたのである。

ナチに勝るとも劣らない卑劣な計画であり、すべての反対意見の完全抹殺をもくろんだ。そして当該人物を具体的にリストアップしようとしていた。

これだけではなかった。ミールケは、十四歳から十五歳までの子供たちを、情報提供者としてスパイ活動に投入することを主張していたのである。狂気はとどまるところがなかった。もっともこれらの一連の措置による弾圧は実行されなかった。国際世論、とりわけ西独の激しい反発と批判が予想されたからである。対立した存在であるとはいえ、DDRにとり、西独との関係を正常に維持することは政治的かつ経済的に重要なことであった。

現実主義者であったホーネッカーは、独立国として両独が相互承認することにより、西独との関係を正常化させようと望んでいた。したがって西独との関係を損なう極端な反体制弾圧に反対していたのである。「シタージ」内部にも、この政策を支持する勢力が存在した。東西ドイツ問題は、ソ連の意向が決定的であり、DDRがひとり云々することはできなかった。しかも他でもないクレムリン内部で、西側とのデタント（緊張緩和）を目指す勢力と冷戦派が対立していたのだ。

カテリーナの処遇は、複雑な思惑と駆け引きの対象になっていたのである。もちろんカテリーナがそれを知る由もなかった。

ラインハルトが、別れ際、カテリーナの耳元で囁《ささや》いた。

「君は、君のやり方でやればいい。ぼくは、ぼくのやり方でやってみる。結局は同じことを考えているのだ、社会主義と祖国のために。幸せを祈ってるよ、カテリーナ」

「あなたも、お元気で」

握手することもなかった。副官がドアのそばで待機していた。

「カテリーナ……」

呼び止められて、振り向いた。

「いや、いい」

ラインハルトが軽く手を振った。カテリーナは会釈した。二日間と予定されていた尋問が、一日で終わったのは意外だった。尋問に同席していた女性係官から、アールバッハに戻ってもよいと通告された。わずかだが日当と交通費の小切手を手渡され、領収書にサインを求められたとき、カテリーナは狐《きつね》につままれたような気がした。なにか企みがあるのではないか、と身構えた。しかし何事もなかった。尾行や監視の気配もない。あれだけ激しく体制批判をしたのに。

予定を繰り上げ、一刻も早く老母とシルビアのもとへ戻ろうかとも思った。しかし不思議な解放感に、せっかくの東ベルリンを楽しみたいという気持ちには勝てなかった。書店やレコードショップをのぞいて見たかった。買い物もしたかった。東ベルリンはやはり都会だ。エルツケビルゲの山村とは比較にならなかった。

それにもう一つ理由があった。五百マルクも西独マルクを持っていたのである。DDR市民には大金であった。この金は、亮介がカテリーナに渡すよう、シルビアに託《あかし》してあったものだ。ためらったが、結局、好意を受け取ることにした。親愛と信頼の証として。青年の好意を、老母やシルビアとも分かち合いたかった。喜ばせてやりたかった。

カテリーナは、宿泊している「ホテル・ベロリーナ」のすぐそばにあるインターショップに行った。東ベルリンのダウンタウン、アレクサンダー広場に近いせいか、買い物客で混雑していた。それまではその存在を批判し、足を踏み入れることさえ潔しとしなかったのに、この時カテリーナは抵抗なくインターショップの客となっていた。

目を見張った。品揃《しなぞろ》えは、地方都市カールマルクスシュタットやドレスデンの国営商店やカウフハウス（百貨店）と比較にならなかった。洋酒、ワイン、コカコーラやファンタなど清涼飲料、食料品のコーナーには見たこともない見事なオレンジ、イチゴ、バナナ、ハム、牛肉、チーズ、キャビアと、なんでもあった。トマト、キュウリ、サラダ菜、チコリなどみずみずしい野菜が所狭しと並んでいた。

菓子、玩具、電気機器、カメラ、時計、宝石、金銀のアクセサリー、パリモードの婦人服はじめ衣料品、スポーツ用品、レコード、食器、台所用品と品揃えも幅広い。それらはすべて日本、西独などからの輸入品だった。

シルビアに英国製のセーターとブラウスを買った。喜ぶのが目に見えるようだ。老母には暖かそうな西独製の下着と靴下を。他にバナナ、チョコレート、コーヒー、クッキーを買った。心の底にあったかすかな抵抗感が吹き飛んでいた。亮介の好意を受け入れる喜びが大きかった。

化粧品売り場でカテリーナは迷った。シャネルの口紅が欲しかったのだ。濃いローズピンクのいい色だが、高価であった。どうしても欲しくなった。経験したことがない衝動だった。おしゃれをしてみたかった。こんな派手な色が自分に似合うのだろうか。カテリーナはかすかに恥じらいを覚えたが、思い切って買った。想《おも》いの隅に青年がいた。

間奏曲

十月最初の日曜日、亮介は久し振りに散歩を兼ね、午後一時から始まる野外コンサートに出かけた。晴れ渡った晩秋の空と乾いた空気の心地よさに誘われ思い立ったのだ。早めに行けば当日券が買えるはずだった。大使館の日常業務は相変わらずであったが、新聞のコンサート案内を見る余裕は取り戻していた。

遅い朝食を済ませた後、フォルクスワーゲンを走らせ、大使館に立ち寄った。いつものようにテレックスをチェックするためだったが、公電は入っていなかった。

大使館からコンサート会場の古楽器博物館まで、歩いて数分の距離だ。この博物館は、かつて十七世紀、マルタ大修道院長邸宅として使用された宮殿であり、現在は国立博物館音楽部に属する史料館になっていて、由緒ある夥《おびただ》しい古楽器や音楽関係古文書が収蔵展示されている。例えば、スメタナの自筆ピアノ譜、ドボルザークをはじめ作曲家たちの書簡や自筆の楽譜草稿、そして古楽器の中には日本の三味線、琴、尺八、横笛、鼓なども収集されていた。

野外コンサートは、この博物館の内庭にある、おそらくプラハで一番大きいかと思われる、プラタナスの大木の下に造られた野外舞台で行われる。雨が降ったり悪天候だったりすると、演奏会場は、館内の中央参事会の間に変更された。要するに、こぢんまりしたコンサートで、特定のファンが常連だった。散歩をかねて足を運べるくつろいだ雰囲気が、人々に好まれていた。

プログラムは、モーツァルトの『クラリネット協奏曲』イ長調K622、同じく『クラリネット五重奏曲』イ長調K581だった。亮介の好きな曲だ。会場に入ると、自由に選べる百ほどの粗末な椅子席はほとんど埋まっていた。若いカップル、中年や老人夫婦、家族連れ、楽譜を手にした音楽学校の学生らしい長髪の青年とガールフレンドなど、それぞれに過ぎ行く秋のひとときをコンサートで楽しもうとする人々でざわめいていた。

亮介は、一つ空いていた中央最前列の席を選んだ。話し相手もなく開演を待つのは、手持ち無沙汰《ぶさた》だった。微風に色づいたプラタナスの葉が、思い出したようにゆらりゆらりと舞い散る風情が侘《わび》しい。夫人への思いが心を去らなかった。どうしているのであろう。シルビアは元気でいるのであろうか。訪ねていきたかった。会えなくてもいい、DDRに足を踏み入れてみたかった。どんなところなのか。プラハからDDR国境までわずか百キロ余り。しかし日本が国際法上の承認を与えない国家は、外交官の身分を持つ者にとって禁じられた国であった。

ふと、後方でざわめきがして、囁きと席を譲り合う気配がした。何気なく振り向くと、長身の初老の男が窮屈そうに身を屈め、車椅子を押して入ってきたところであった。空いた席を探している。車椅子には七十を過ぎたかと思われる白髪の老婦人がちんまり座っていた。

「あっ」と声を上げるところだった。シュテンツェルであった。思わず腰を浮かせた。と、その時舞台を見守る人々から拍手が起こった。演奏家たちが舞台に上がったのだ。亮介は慌てて座り直し、拍手を送った。

思いがけない出会いに、心が軽くなっていた。もちろん、シュナイダー夫人の消息が聞けるかもしれないと思ったからだ。そして車椅子の老婦人に関心をもった。年配からして、おそらく母親であろう。シュテンツェルのほうは亮介に気づいていない様子だった。

コンサートマスターが音合わせのバイオリンを奏で、そして弦楽器のリードで演奏が始まった。優雅なハーモニーが秋空に広がる。聞き慣れた曲だ。

憂いをたたえ、優しく語りかけるような導入部、モーツァルトが最晩年に作曲したものだけに、人生を諦念《ていねん》する沈んだ旋律、清澄なクラリネットの音色に思わず涙がこぼれそうになった。シュナイダー夫人の嘆きの声を聞くようであった。華《はな》やかな曲に誘われた幻想の中で、亮介は面影を追っていた。あの人が穏やかに微笑むとき、ラファエロのマドンナのようであった。DDRの人工的な冷たい社会に、夫人のような女性が存在することが奇跡のように思われた。その夫人が「シタージ」の取り調べ室で尋問されているのではないかと想像し、亮介は身震いした。いったいどんな風に調べられているのだろうか……。

第二楽章、弱奏される弦楽器を背景に、クラリネットが澄んだ音を響かせた。あたかも夫人が、ひとり呟くかのようであった。バイオリンとクラリネットが対話を交わすように合奏し、やがて第三楽章、今度はクラリネットが主になって、弦楽器とともに、なんとも言えない物寂しい旋律を奏でた。

やがて最初の曲が終わった。繰り返される拍手を聞きながら、亮介は放心状態だった。協奏曲のメロディにかき立てられたカテリーナへの慕情に発狂しそうであった。あたりが静かになって、われに返った。二十分の休憩の間に気持ちを取り直し、亮介は立ち上がった。席に座ったままくつろぐ人が多かった。シュテンツェルを探すと、後方から四列目の席だった。彼は車椅子の老婦人と話し込んでいた。

「こんにちは」

亮介は歩み寄って、声をかけた。視線を上げたシュテンツェルが亮介を認めた。

「おう、おう、これは珍しい。ヘル・ホリエ、しばらく会わなんだが元気かな」

分厚いレンズを通して柔和な目が微笑んでいた。

「初めまして、日本大使館の堀江です」

老婦人に挨拶《あいさつ》した。

「おやまあ、あなたがヘル・ホリエ。初めまして、ハナ・ビンケルヘフォロバーと言います」

老婦人は、意外にはっきりした口調で自己紹介し手を差し伸べた。握手しながら老婦人の整った顔立ちに強い印象を受けた。美しいままに老いた人だ。

「義母だよ」

シュテンツェルが言葉をはさんだ。とっさに亡くなった夫人の母親であることを悟った。

「シュテンツェル先生は、クラシック音楽がお好きなんですか」

「昔は、よく通ったもんだが。年をとるとなにかと億劫《おっくう》になるものだ。今日は天気もいいし、義母が楽しみにしておったプログラムなので、久し振りにエスコートすることになったのだよ。それであんたはひとりかな。あの美女が一緒かと思うたが、ホウッ、ホウッ」

思いがけない冗談だった。亮介は、黙ってうつむいてしまった。

（そうだったら、どんなにか嬉《うれ》しいことだったろう）

「気の毒なことだった」

シュテンツェルは急に声を落として囁いた。

「どうかな。コンサートが終わったら一緒に散歩しよう」

「ええ、喜んでお供します。わたくしが車椅子を押してあげましょう」

亮介は明るく答えた。夫人について情報が得られると思ったのだ。

「では、また後ほど……」

二人の水入らずのひとときを邪魔したくなかった。

コンサートは終わった。亮介は車椅子を押しながら、ブルタバ川畔、カンパ公園沿いのプロムナードを散策していた。目の前にある白髪の引っ詰めの小さな頭が、味わうかのようにあたりを見回していた。シュテンツェルも亮介と並んで歩きながら満足げであった。

対岸の新市街、メーデー橋と緑青の屋根、ネオ・ルネッサンス様式の国民劇場……。亮介はこの角度からプラハを見るのは初めてであった。

「プラハって、どこから眺めても、本当に美しい街ですね」

老婦人に話しかけた。

「モーツァルトの交響曲に『プラハ』っていうのがあるの、ご存じでしょ」

「ええ、知っています。モーツァルトは他に『パリ』という交響曲も作っていますね」

「よくご存じね。でも、『パリ』のほうは、パリそのものをテーマにしたものではないのよ。たしかフランス人の注文で作曲したの。でも、聖体節の儀式のための曲だったそうよ。パリで初演されたから『パリ』交響曲と言われるようになったの。『プラハ』は、プラハそのものを曲にしたの。プラハは美しい街で芸術の都だったのよ。ウィーンなんて田舎町だったの。もっとも戦前のことですわ」

老婦人の言葉は知的で若々しかった。

「ヘル・ホリエはね、大のクラシック・ファンでオペラ・ファンなんだ」

シュテンツェルが言葉をはさんだ。

「それほどではありません。でも、大好きなことは間違いありません。交響曲『プラハ』とオペラ『フィガロの結婚』には、同じような旋律がちりばめられていますね。モーツァルトはプラハの娘さんをイメージして、伯爵夫人の召使いスザンナを創作したのではないでしょうか。モーツァルトはプラハがずいぶん気に入ってたようですね」

亮介は二人に話しかけた。

「伯爵夫人の召使いスザンナ、ベラのはまり役だったわね。ハインリッヒ……」

遠い人を懐かしむ老婦人の声だった。

「ベラって、シュテンツェル先生の亡くなられた奥様のことですか」

亮介は思わず尋ねてしまった。

「うん、オペラ歌手だった」

シュテンツェルが答えた。三人は急に言葉少なくなっていた。第二次大戦中、強制収容所で亡くなったと聞いていた夫人は、オペラ歌手であったのだ。シュテンツェルと老婦人の沈黙は、あまりにも苦痛に満ちた追憶に違いない。そして、これ以上そのことを話題にするのを拒んでいた。

今なお亡くなった夫人に純愛を捧《ささ》げ独身であり、年老いた義母をいたわる姿に亮介は心打たれていた。ひとりの女性をそれほど愛することができるのであろうか。うつろいやすい人間の心を考えるとき、不動の愛を貫き通すことができるのは、人間として喜びと至福の極みではないのか。それほどの女性にめぐり逢《あ》ったのだから……。

「座ろうか」

シュテンツェルが促した。ベンチがあった。

「ありがとう、押してもらって」

老婦人が振り向いて礼を述べた。

「どういたしまして、お役に立って嬉しいです」

「あなた方、お話があるんでしょう。ここは誰もいないわ。ゆっくりお話しなさい。わたしも久し振りだから、少し自分で動いてみようかしら」

老婦人はゆっくり車椅子をころがした。

「そうしよう。こんな爽《さわ》やかな天気も珍しい」

二人は並んで腰を下ろした。

「フラウ・シュナイダーのことだが……」

シュテンツェルが切り出した。

「弟さん、ブラチスラバ郊外の国境河川で射殺されました」

亮介は、悲嘆の夫人にかかわったことは黙っていた。

「詳しいことは、わからんが、本当に気の毒なことだった。九月一杯休講するという届けは出ておる。辞職届けはない。本人は戻ってくるつもりでおるようだ。しかしもう十月というのに何の音沙汰もない。大学としては、契約が来年八月末まであり、急に交代を探すこともできず困っている。面倒なことにならねばよいがの」

「面倒なこととはどういうことでしょうか」

「DDRという国は秘密警察国家だ。ナチのゲシュタポに勝るとも劣らない『シタージ』とやらが、徹底して人民を監視しておる。不法越境事件に彼女が関係しておると疑われたら厄《やっ》介《かい》だ。厳しく調べられているに違いない」

同じようなことを考えていただけに、亮介は、奈落《ならく》の底に突き落とされるような不安をどうすることもできなかった。

「わしは、彼女は闘っておると思う」

「闘う? どういうことでしょうか」

「闘争だ。権力との」

「そんな無謀な。投獄されたら終わりじゃないですか」

「覚悟の上だよ。あの人はいざとなれば舌をかみ切って死ねる人だ」

「まさか……」

「あの人はな、たおやかに見えるが芯《しん》の強い人だ。いや、火のような人だよ」

亮介は、プラハ中央駅での別れを思い出していた。無残なまでに打ちひしがれていた。

「女は、本来、男より強いものよ。命懸けになったらの。ベラがそうだった」

シュテンツェルは静かに語り始めた。

「ベラは、一九四五年二月、ベルリン郊外のラーフェンスブルクの女性強制収容所で栄養失調のあげく病死した。真冬の寒さの中、ろくに暖房もないバラックで、手当もされず痩せ細ってぼろぎれのように死んだ。死を見取った同室の婦人が生き残って解放され、戦後しばらくして、わしをわざわざ訪ねてくれた。ベラの最期を語ってくれたのだ。

ベラは死の直前、『フィガロの結婚』のスザンナのアリアを小さな声で口ずさんでおったそうだ。ほとんど歌にはなっていなかったが、そばにいた何人かの人がはっきり聞いたそうだ」

そして、絶句した。涙がシュテンツェルの頬を伝って落ちた。亮介は呼吸するのを忘れていた。ブルタバの川面を渡る風がかすかに木の葉を揺らし、小鳥のさえずりが聞こえた。

「わしは、ハイドリッヒ暗殺にかかわったのだよ。ベラを殺したのは誰でもない。このわたしだ」

亮介は息をのんだ。


ハイドリッヒ暗殺――。一九三八年、ヒトラーはその最初の領土的野望を実現した。ミュンヘン協定だ。戦争瀬戸際政策で英国とフランスを脅迫し、チェコスロバキアの解体と併合を要求した。そして「平和のために」という呪文《じゅもん》とともに生け贄《いけにえ》にされた。

チェコは、ボヘミア・モラビア保護領としてドイツ領土となり、スロバキアはナチス・ドイツの傀儡《かいらい》国家となった。小国の民の屈辱と絶望だった。人々は冷たく鋭利な復讐のナイフを心に飲んだ。保護領の初代代理総督であり、ナチの高官であったラインハルト・ハイドリッヒを暗殺の標的としたのだ。

一九四二年五月二十七日、プラハ城近くの路上で待ち伏せしていた暗殺者がハイドリッヒを機関銃で射殺したのである。暗殺は、当時ロンドンにあったチェコスロバキア亡命政府が計画した。英軍の協力を得て、在英・チェコ軍から選抜した実行要員を空輸し、パラシュートでプラハ近郊に降下させた。要員は地下の反ヒトラー組織の手引きで市内に潜入し、そして見事に暗殺計画を成功させた。暗殺作戦は、チェコの人々の怒りの抵抗であった。一九四一年九月、ハイドリッヒは着任と同時に戒厳令を布《し》き、チェコの反ヒトラー抵抗運動を徹底的に弾圧した。民族防衛団、社会民主党系、共産党系など、あらゆるレジスタンス運動指導者および協力者を根こそぎ逮捕し処刑した。それが暗殺された理由であった。

だが、ナチの報復も凄じかった。徹底した捜索で暗殺実行者を追及した。暗殺者は教会に潜んでいるところをゲシュタポに発見され射殺された。

そして本当の悲劇が始まった。降下した暗殺要員を匿《かくま》ったとされる、中央ボヘミアの小さな村リジツェを包囲したドイツ軍は、六月十日、見せしめのため老若を問わず成人男性百八十四人を殺戮《さつりく》したばかりか、砲撃し村全体を完全に抹殺したのである。しかも女性百九十六人と子供九十六人は、母親、兄弟姉妹ばらばらに引き離され、強制収容所に送り込まれた。狂気と言ってなお余りある冷酷、残忍極まりない報復であった。暗殺事件は成功したが、悲劇的結末を招き、その後チェコにおける組織的抵抗運動は壊滅した。リジツェの廃墟は今も保存されている。

「わしは、暗殺実行要員をプラハに潜入させるのに一役買った。事件後しばらくして、追及の手が迫り、逃亡の日々が始まった。わしは地下に潜った。追うゲシュタポも逃げ回るわしらも必死だった。パッサージェから地下道へ逃れ、下水道の汚水の中に潜んで寒さと飢えに苦しんだ。ときどき、なんでこんなことをしなくてはならないのかと、本当に発狂しそうになった。人間というものは弱く残酷なものだ。逃亡生活に耐えかね仲間を売る者、発狂する者、自殺する者、狂気が狂気を呼び、果てしない狂気が展開した。そして行き着いた果てがナチの報復、リジッェの虐殺だった。関係のない幾百人もの村人と女性や子供を巻き添えにしてしもうた。多少の愛国者を気取ってとんでもないことをしてしもうた。気づいたときは遅かった。テロは所詮テロだった。狂気の陶酔だった。わしは、弾圧に耐える本当の勇気を持つことができなかった。歴史の流れに逆ろうて、いっときの民族的高揚と憎悪の激情に陶酔した狂気の行動だった。

　やがてベラが逮捕された。わしを助けようとして、ベラはゲシュタポの取り調べに頑として口を割らなかった。処分保留で釈放された。泳がされたのだ。それからだった。歌うことがすべてであった女が、命懸けで抵抗運動にかかわっていったのだ。ベラが再び逮捕されたという情報を耳にしたとき、わしは自首した。自白した。仲間を売った。ベラを助けようと思ったのだ。

　しかし後の祭りだった。ベラはベルリンに送られ厳しく取り調べられたあげく、ラーフェンスブルクの女性強制収容所に放り込まれた。わしはマウトハウゼンに送られた。そこにはノボトニーもいた。一緒に並んでパンをもらったものだ。それが、今、大統領よ。おかしなものだ人生とは……。

　その話はともかく、戦争が終わって強制収容所から解放されると、ベラを探した。生きていてさえくれたらいい。ナチの奴《やつ》らに強姦《ごうかん》され拷問されぼろぼろになっていてもいい。生きていてくれ生きていてくれと願って探した。そしてやっと探しあてたのじゃよ。強制収容所死亡者名簿の中に。わしは、相手がナチス・ドイツであったとはいえ、憎悪のテロにかかわったことで、一生をかけても償いえない罪を犯してしもうた。テロとは所詮狂気だ。狂気だよ。偏狭な怨念《おんねん》の狂気よ。特殊な精神病と言うべきかもしれない」

亮介は全身でその告白を聞いた。

「ところで、わしが言いたいのは、フラウ・シュナイダーは、一途さにおいてベラのような女だということだ。あるべき社会主義の理想に命を捧げようとしておる。女は強いものだ。本当に強いものだよ」

シュテンツェルの目が優しかった。ふと見ると、車椅子の老婦人が近づいてきた。

「ハインリッヒ、帰りましょう。少し寒くなったわ」

亮介は立ち上がると黙って車椅子に歩み寄った。

別　荘

十月に入って、チェコスロバキアの政治情勢は、奇妙な平穏を取り戻していた。九月の党中央委員会総会で保守派が勝利し、言論弾圧を強行したものの、事態は彼らが期待するようには進展しなかった。むしろ改革派の側に余裕さえあった。敗北したわけではなく、戦術的に一時後退したにすぎなかった。本当の主導権はまだ改革派の手中にあった。実際、政治の風向きに敏感なはずの庶民が口をつぐむどころか、酒場や、ビアホール、レストランで、以前にも増してノボトニーを批判し揶揄《やゆ》する話題を酒の肴《さかな》にするようになっていた。表向きの言論規制は何の意味もなさなかった。マスコミが取り上げなくとも、真偽のほどはともかく口コミが隆盛を極めた。

大統領官邸で、ノボトニーがころんでひどく腰を打ったらしいとか、取り巻きと山荘でトランプをするのが唯一の仕事で、保守派側近もあまり近寄らなくなったらしい等々、ゴシップがらみの話であった。そして極め付きのジョークが市民の口から口へ語り伝えられた。この権力者の末路を予感させるものばかりであった。その頃プラハで、いやチェコスロバキアで、こんなアネクドートがはやっていた。

——わが国の大統領は神童であった。何しろ八歳にして、現在と同じくらいの知性と理解力を備えていたのだから——

——ノボトニー大統領夫妻が寝室で話していた。

「今晩、どこにも出かけなかったのかい?」

「ええ、フィガロの結婚に誘われたのだけど」

夫人が答えた。

「でも、知らない人の結婚式に出て、でしゃばりだって言われたくないから、やっぱりやめたの」

殊勝らしく付け加えた。

「そんなことだから、お前はいつまでたっても大統領夫人らしくないって言われるんだ。そういう時は、祝電ぐらい打っておくべきなんだよ」

大統領が夫人をたしなめた――

チェコスロバキアの人々は、愚かな権力者をからかう才能において、おそらく世界一ではないだろうか、と亮介は思う。

そして格好の話題になったのが、ブレジネフとノボトニーの不和説であった。クレムリンの権力者、つまり東側世界の最高権力者としてようやく地歩を固めつつあったブレジネフが、ノボトニーの優柔不断を無能と見なし、おまけにモスクワの忠犬、つまりDDRの独裁者ウルブリヒトの中傷もあって、早晩、退陣させることを考え始めたらしいというのである。近くプラハを公式訪問する、カダール第一書記ほかハンガリー党・政府代表団は、ブレジネフの意を受け、チェコスロバキアの権力者交代にかかわる瀬踏みをすることになるであろうという噂《うわさ》が流布された。たしかに、十月十日から三日間の訪問が発表されていた。こうした情報は、逐一、公電や公信で本省に報告しなければならなかった。大使館の日常業務は相変わらず忙しく、亮介は仕事で気を紛らせていた。夫人の消息はその後もまったくわからなかった。

「シュテンツェル先生から、バーベキュー・パーティに招待されたのだけど一緒に行かないか。日曜日の昼だ。なんでも君を絶対連れてくるようにと先生の厳命なんだ。頼むからつきあってくれよ。ぼくが車で迎えにいくから。場所は、カルルシュテイン城に行く途中の森の中にある村だ。先生の知り合いの別荘らしい。それから、驚かないように言っておくけど、テレザも招待されているんだ。君にきちんと紹介するいい機会だと思ってね。テレザのことでは先生に随分お世話になったんだ……」

同僚の稲村が突然、誘いの言葉をかけてきた。野外コンサートで、シュテンツェルとその義母に偶然会ったのは先週日曜日のことだ。彼は、あの後、急に思いついたのか、金曜日午後になって、慌ただしく伝えられた招待だった。

疲れ気味で、日曜日は一日寝て過ごすことを考えていただけに、亮介は幾分気が重かった。しかし、テレザにゆっくり会えることは嬉しいことであった。信頼する同僚が職をなげうって結婚しようとする女性に会ってみたかった。

それに引き替え、どう考えても成就させることができそうにない夫人への慕情に恋々とする自分を考え直すのに、いい機会であろうとも考えた。この際あきらめよう。何もかも忘れてしまうきっかけにしよう。亮介はそんな思いを抱いていた。

バーベキュー・パーティが始まった。プラハ郊外の小さな村の別荘の庭先は、陽射しのものとはいえ、近くの森を渡ってくる風は冬の気配がする。白く燃える炭火の暖かさが心地よく、炉端で飲むピルゼンビールは格別であった。

じゅうじゅうと焼ける豚肉、鶏肉、ソーセージ、そして馬鈴薯《ばれいしょ》の香ばしい匂《にお》いが食欲をそそる。煉瓦を積み上げた炉の金網の上は豪華であった。シュテンツェルは上機嫌で客にセルフサービスを命じ、自分は炉端に座ったまま、早々と好物のスリボビッツェを楽しんでいた。わきのテーブルには誰がしつらえたのか、半分に切った茹《ゆ》で卵にアンチョビや赤いイクラを載せたカナッペ、アスパラガスのハム巻き、オリーブ、チーズ、きゅうりとピーマンのサラダ、それにプラハでは、あまり見かけない黒パンが並べてあった。

形よく折り畳んだナプキン、年代物のナイフとフォーク、皿、グラス。そして塩、胡椒《こしょう》、マスタードなど調味料の小物。センスよく並べてあるのに亮介は感心した。

テレザがかいがいしくサービスするのを目で追いながら、亮介は、この女性なら稲村が職を捨てても結婚しようとするのは当然と思っていた。一足先に来たテレザが、このパーティの準備をしたようであった。テレザの存在が家庭的で優しい雰囲気をパーティ全体に醸していた。

「お名前はよく伺っております。どうぞよろしく」

稲村に紹介され、テレザははにかみながら挨拶した。ショートカットのブロンド、優しい賢そうな眼をしている。化粧気のない素顔にもかかわらず、チェコの女性に特有の陶磁のような白い頬は透き通るように美しく、唇に薄く引いたルージュが可憐《かれん》であった。

「おうおう、焼けてるぞ、ヘル・ホリエ。このソーセージは近くの農家で分けてもらった一級品だ。めったに食べられないやつだぞ。腹一杯食べてくな」

シュテンツェルが勧めた。

「いただきます。おいしそうですね」

亮介は、テレザが差し出す皿を受け取って、炉端に座った。シュテンツェルが器用にソーセージを取って亮介の皿に載せた。にじみ出る脂の美味と歯応え。たしかに国営商店の品ではなかった。

稲村とテレザが並んで座った。

「ほい、ヨシ、この鶏肉は柔らかい。歯が悪くてもかめるぞ」

テレザが鶏肉を取って稲村の皿に載せた。いいタイミングであった。しぐさに愛情がにじみ出ていた。羨《うらや》ましかった。

「さあ、食べた、食べた。ヘル・ホリエ、せっかく用意したのだから、……おっつけハナも来るだろう。テレザあんたも食べなさい」

シュテンツェルは珍しくはしゃいでいた。あの車椅子の老婦人もやって来るのか。しかし誰と来るのだろう。ひとりでは歩けないはずだ。他にも客が来るのであろう。賑《にぎ》やかになるぞ、亮介は単純にそう思って二つ目のソーセージに手を伸ばした。

「初めて伺いましたが、この別荘、素敵ですね」

なにげなく稲村がシュテンツェルに話しかけた。

「義母の持ち物だ。あれが強制収容所で死んだので、没収されずにすんだ。昔はよく使ったものだが、義母が歩けなくなってからとんとご無沙汰よ。まったく久し振りだ。それはともかくどうかな、いくか！」

そして、スリボビッツェのボトルを亮介に差し出した。

「いただきます！」

「今日は、酔い潰れても大丈夫だ。ヘル・ホリエ」

意味ありげなそのウインクを亮介は挑戦と理解した。

「飲み比べですか。よし負けないぞ」

「勝てるはずないけど、やってみたら」

稲村が珍しくけしかけた。言われるまでもなかった。亮介は、酔い潰れるまで飲まなければ、収まりそうにない衝動を感じていた。出口を見出すことができない焦燥《しょうそう》に悶《もだ》えていた。

グラスを重ねながら、シュテンツェルと議論した。

ファシズムとコミュニズムは呪《のろ》われた双子の兄弟であり、ヒトラーとスターリンの悪業が、この二つのドグマの所産だ。新しい政治の展望を開くため、チェコスロバキアの社会主義の再生を目指す運動が、なんとしてでも実現されなくてはならない。亮介はそう主張した。シュナイダー夫人の反体制活動に対する共感、いや夫人への慕情が深層にあっての主張でもあった。

しかし、シュテンツェルの反論は冷徹であった。改革運動も、もとをただせば権力闘争であり、有史以来、人間は権力的動物として生きてきたことを考えると、究極の解決は、権力を徹底的に分散する無政府主義的方向しかない。しかし人間の「業」として、権力なき政治は機能しない。人間は権力の呪縛《じゅばく》を永遠に逃れることはできない。改革運動は、せいぜい権力の分配と分散そして均衡を目指すしかなく、そこから当然に派生するであろう混乱は、結局、再び権力によって収拾されるしかない。残念ながら改革運動は失敗すると予言した。彼は権力を語るとき、あくまでもシニカルであった。

亮介は酔っていくのを自覚していた。そしてシュテンツェルの予言に反発し、からむように議論を挑んだ。その成り行きに稲村とテレザが驚いているのがわかったが、自分を抑えることができなかった。

辛抱強く亮介の相手をしながら、彼は、待ちかねるように何度も腕時計を見た。耳を澄まして突然、叫んだ。

「ほうれやって来るぞ。われらがマドンナが……」

秋風に乗って乗用車のエンジン音が別荘に近づいてきた。シュテンツェルが立ち上がった。テレザが小走りに道路へ出た。亮介もグラスを置いて立ち上がった。生け垣の間から赤いワルトブルグが見えた。赤いワルトブルグが……。

「あの人、三日前に戻ってきてたんだよ」

呆然とする亮介に稲村が囁いた。

歓喜

頭が痛かった。起きなければと思いながら、亮介は動くのが苦痛だった。あたりは静まり返っていた。どうしてここに寝ているのだろう。自分のベッドではなかった。おかしい。誰かがそばにいる。額に冷たいタオルが当てられていた。

「しまった……」

亮介は、もがくように起き上がろうとした。ソファに寝てしまったようだ。だれかが毛布を掛けてくれていた。

「あら、お目覚め？　大丈夫？」

シュナイダー夫人の声がした。亮介は、はしたなくも酔い潰れたことを悟った。

「お水あげましょうか」

夫人がそばへ来て跪《ひざまず》いた。水色の大きな瞳が心配そうにのぞき込んだ。スリボビッツェの臭《にお》いを意識して、思わず顔をそむけた。

「すみません。こんな恥ずかしいことしちゃって」

「そんなことないわ。嬉しいわ、二人っきりになれて。皆さんお帰りになったの。後はよろしく頼んだよって」

夫人は優しかった。

「でも、心配だったわ。シュテンツェル先生ったら、ヘル・ホリエは急性アルコール中毒で死ぬかもしれないって、脅かしたの」

外は真っ暗であった。

「何時でしょうか」

いつはずしたのか、腕時計を着けていなかった。

「午前一時をちょうど十分回ったところ。もう十月九日よ」

深夜であった。半身を起こそうとしてめまいがした。

「申し訳ありません。何か失礼なことをしませんでしたか」

醜態を思って絶望的に恥ずかしかった。

「ちっとも。本当よ。心配しないで。おかしくって、楽しくって、久し振りに笑いころげたの。シュテンツェル先生とあなたの一騎打ち、見ものだったわ」

歓迎のバーベキュー・パーティが終わって、別荘の居間で過ごしたひととき。予期せぬ再会に、アルコールの勢いも手伝い、亮介ははしゃいでしまったのだ。

夫人が突然、プラハに戻ってきたことを喜び、シュテンツェルが急に思いついて、そのパーティを手配したのだった。稲村も一枚噛《か》んでいた。

夫人は三日前、列車でプラハに戻ると真っ先に大学に行き、シュテンツェルに連絡を取った。そして亮介のこともたずねた。しかし夫人は、亮介との連絡に慎重であった。「シタージ」の監視を心配していたのだ。

シュテンツェルは、人目につきにくい別荘でのバーベキュー・パーティを提案した。夫人はそれを受け入れ、前日から別荘に泊まり込み支度した。亮介が感心したテーブルの料理は、テレザではなく夫人が用意したものであった。射殺されたハインツが乗り捨てた因縁の赤いワルトブルグは、夫人の不在中、ブラチスラバから移送され、大学のガレージに保管されていた。

再会の舞台は整えられ、シュテンツェルの演出どおりにドラマは展開したのであった。だが、亮介が酔い潰れることまで、計算していたものかどうか。

跪いた夫人が、亮介の頭を胸に抱き締めて囁いた。

「ありがとう。楽しかったわ。あなたが、わたしを笑わせようとしてたのわかってたの。随分、笑わなかったものね。ごめんなさい。悲しませるばかりだったわね」

亮介は、じっとしていた。豊満な胸が温かく、金木犀《きんもくせい》の匂いがした。懐かしい匂いだった。不思議な安らぎにうっとりしていた。聖母マリアに抱かれたらこんな感じなのであろうか。酔い醒《ざ》めの脳裏をそんな想いがかすめた。

乾杯、乾杯、一体どれくらいグラスを上げたことであろう。歓迎パーティは盛り上がった。そして飲み比べ。

シュテンツェルが提案したゲームは歴史上の人物、あるいは小説やオペラなど架空の人物の名前を挙げて、その人物に関係のある人名を答えるというものだった。答えられなかったら罰に、スリボビッツェを飲んで、該当する人物のジェスチャーをしなければならなかった。

「カルメンのために」といったら「ドン・ホセのために」という具合に。いろいろな人物が登場した。例えば「ヒトラーとスターリン」「マダム・バタフライとピンカートン」「キリストと聖母マリア」「シューマンとクララ」等。

だが、博覧強記という点においても、酒量においても、シュテンツェルにかなうはずがなかった。そして酔い潰れた。しかし、亮介は夫人が笑いころげるのが嬉しかった。随分無理して道化役者を演じたのであった。

プラハ南西郊外約三十キロ、ベロウンの町に近い森の中にある別荘は森閑としている。本当に二人っきりであった。亮介は起き上がった。酔い醒めのせいか、少し寒気がする。

「稲村が怒っていませんでしたか?」

「いいえ、よろしくお願いしますって。彼、素敵な青年だわ。テレザもいい娘さん。似合いのカップルで羨ましかったわ。あら、そうだわ。彼のメモ、預かってるの。目を覚ましたら渡してくださいって」

夫人は、テーブルの上にあった紙片を亮介に手渡した。叱責《しっせき》の言葉を覚悟し、亮介はメモを開いた。

「君があこがれるのがよくわかった。もう何も言わない。えらそうな忠告をして申し訳なく思っている。ただ美し過ぎるのが、なぜか気にかかる。ともあれ祈るしかない。幸いあれ。酔い潰れたことはこの際、不問にしよう。けしかけたぼくにも責任があるのだから。

明日、月曜日朝、六時四十七分、カルルシュテイン駅始発に乗れば七時五十分、プラハ・

スミホフ駅に着く。必ず迎えに行く。出勤時間に十分間に合う。シュテンツェル先生と母上を送ってテレザとプラハへ戻る。　八日、午後九時二十五分　Y・I」

胸が熱くなった。

「何が書いてあったの？」

テーブルをはさんで向かい合って座った夫人が尋ねた。

「あなたのことです。美しい人だって。それから酔っ払ったこと、許してくれるそうです」

「まあ、ありがとう。そうよ、あなたは酔っ払って、みんなを楽しませてくださったのよ。わたしも許してあげます」

夫人の笑顔が素敵だった。言葉がとぎれた。静かな居間に、ときおり、森の木立ちを揺って風が通り過ぎるのが聞こえた。老朽化した別荘の暖房は十分には機能していない。旧式の電気スタンドのほの暗い灯の下で、夫人は花の精のようであった。大きな瑞々しい瞳が亮介をじっと見つめている。

「いかが？　ご気分は」

「ええ、少しよくなりました。お疲れじゃないんですか。すっかりご迷惑かけてしまいました。すみません」

「大丈夫よ。わたしもしばらく、うたた寝したみたい。少し寒いわね」

毛布をスラックスの膝《ひざ》に広げて夫人が微笑んだ。

「今日は、あなたの大切な日よ。一緒に迎えることができてよかったわ。お誕生日おめでとう。わたしの大事な酔っ払いさん」

「ええっ、ぼくの誕生日、覚えていてくださったのですか。感激です」

シルビアの誕生日の集いのとき尋ねられたのだった。

「真夜中に、お誕生日のお祝いするのもロマンチックね。初めてだわ。これ、わたしとシルビアからのプレゼント」

夫人がテーブルの上にあった包みを差し出した。

「サイズがとれなかったので、勘で編んでみたの。少し大きめにしたつもりなの」

包みを開けると、濃紺の毛糸のセーターだった。早速、着てみた。

「あら、ぴったりだわ。よかった。一部分はシルビアが編んだの。あまりいい毛糸が手に入らなくて、それでも母が伝《つて》を頼って手に入れたの」

「ありがとうございます。しゃれたセーターですね」

グレーベ家の人々の心遣いが嬉しかった。

「ねえ、朝まで語り明かしましょうよ。ずっと考えてたの。こんどあなたに会ったら、いろいろなこと、お話ししようと思って楽しみにしてたのよ」

「嬉しいですね。朝まで二人っきりでお話しできるなんて、酔っ払ったおかげでしょうか。なんだか酔いが醒めてきました。それにしてもよくプラハに戻ってこれましたね。まだ信じられません。夢を見ているのではないでしょうね」

「本当に、夢みたい」

「心配で、心配で、気が狂いそうでした。毎日、あなたのことを考えていました。それが突然、会えて……、驚きました。嬉しさをどうしていいのかわからなかったのです。みっともない酔っ払い方をしてしまいました。ごめんなさい。でも、あなたとシルビアのこと、どんなに心配したことか」

話しているうちに、激情が込み上げた。抑えようとして、かえって涙があふれるのをどうすることもできなかった。

「ごめんなさい、もう泣かないで。そんなにわたしたちのこと思っていてくださったの。嬉しいわ」

夫人がそばへ来た。ソファに座る亮介の頭を抱き寄せた。夫人も涙ぐんでいた。

「わたしも、リョウのこと思ってたの。プラハに戻ってこられたことが信じられないの。逮捕されると覚悟してたし……。哀《かな》しかったわ。リョウに会いたかったの。本当に会いたかった。あのお手紙、嬉しかったわ。ありがとう。勇気づけられたの」

夫人の唇が、亮介の唇に触れた、そっと、ほんの一瞬。許されるぎりぎりの親愛の表現であった。いつのまにかカテリーナは、リョウと呼んでいた。自然にそして当然のように。

亮介を抱き締め、カテリーナは、プラハに戻った喜びを改めて実感した。夢ではないのだ。カテリーナは改めて運命の絆《きずな》を感じた。

学生デモ

　十月末、朝晩の冷え込みに、人々は冬支度を急がなくてはならなかった。遅くなる夜明けと早くなった日没、そしてこの時季、しばしば立ち込める濃霧は、プラハの街を次第に陰鬱《いんうつ》な気配に包み込んでいった。やがて木枯らしに舞う落ち葉が路上から消えると、冬の季節の始まりであった。しかも政治の季節までも寒さを加えていくかのようであった。だが、亮介は元気一杯だ。シュナイダー夫人がプラハへ戻ってきたことが何よりの原因だ。幸せだった。

　もっとも、別荘で語り明かした夜以来、夫人に会っていなかった。しかし亮介は満ち足りていた。二人は憑かれたように語り合った。まるで離れ離れになっていた肉親が、何十年ぶりかに、やっとめぐり逢ったかのようであった。それぞれに生きてきた人生の喜びと哀しみ。話題が尽きることはなかった。

　あの月曜日早朝、赤いワルトブルグでカルルシュテイン駅まで夫人に送ってもらった。寒い朝だった。夫人の手づくりのセーターが暖かった。明けきらない夜の靄《もや》が立ち込める人気《ひとけ》のない駅のホームで、列車が着くまでの間、亮介の腕にすがる夫人が愛《いと》しかった。冷たい空気が亮介のほてった心を程よく冷ましてくれた。語り明かした二人は、黙って見つめあうだけで十分であった。

喜びは仕事に反映した。亮介は猛烈に働き、情報収集に走り回った。そして、改革派を声援した。亮介は改革運動が本格化すると主張してやまなかった。

「この調子だったら、ひとりで改革運動を煽動しかねない勢いだな」

稲村がからかった。実際、亮介は館内政務会議で、九月の言論弾圧は改革派の戦術的後退だと言って譲らず、慎重な参事官にたしなめられることも多かった。

中沢大使は、部下の議論に頼もしげに耳を傾け、時に鋭い助言をした。政策論争は権力闘争そのものであり、保守派に限界の陰りが出ていると……。

そして亮介の主張が証明されようとしていた。改革派が、新たな攻勢に出るという確度の高い情報をキャッチしたのだ。

在プラハ外交団には幾つかのグループがあった。その一つ、西側大使館の若手書記官クラスの集まりが、毎月一回持ち回りで開かれていた。メンバーはアメリカ、カナダ、イギリス、フランス、オーストラリア、スイス、オーストリア、イタリア、スウェーデン、フィンランドそして日本だった。懇親と情報交換の場であった。そのメンバーのひとり、イギリス大使館のマッケンジー書記官と知り合い、親しくなった。ブリッジをたしなむ亮介は、ときどきマッケンジー書記官が主催するブリッジ・パーティに招かれた。負けることが多かった。それでも、まめに出席した。目的は情報だった。彼らの情報収集能力は一目置かざるをえなかった。この情報もそのブリッジ・パーティでつかんだものだったのだ。亮介はそれを公電に起案した。

「十月二十六日、当地英国大使館マッケンジー一等書記官が、社交の席で、最近のチェコ政情につき、当館、堀江に内話するところ次のとおり。

一、十月十九日および二十四日に開催された党幹部会で、スロバキア共産党第一書記アレクサンデル・ドゥプチェクは、党と政府の権限の境界を明確にするよう提案した。ノボトニーをはじめとする保守派はこの提案に激しく反発した。ノボトニーは、チェコスロバキア共産党第一書記兼大統領であり、党ならびに行政府の長として強大な権限を独裁的に行使しており、ドゥプチェク提案に反対するのは当然のことであった。保守派が多数派を占める幹部会は表決の結果、とりあえずこの提案を却下した。

二、しかしながらドゥプチェクは次期党中央委員会総会で、緊急動議として再び提案する模様であり、保守派がこの動議を阻止することは手続き上不可能である。党中央委員会の勢力分布は必ずしも明らかではないとはいえ、去る九月、保守派が強行した言論弾圧は不評であり、逆に改革路線を支持するムードが高まっている。このような状況を考えれば、権力の分散に関する緊急動議、つまりノボトニーの退陣を求める動議が採択される可能性はきわめて大きく、ノボトニーの失脚が、具体的な政治日程に登場することになった。

三、政局がここまで混乱した責任はノボトニーにあるとする見解は、いまや一般的であり、十月末に予定されている党中央委員会総会の成り行きによっては、チェコスロバキア政治情勢は一気に緊迫するであろう。いずれにせよ年末から年初にかけ、プラハから目を離すことはできない。

なお本情報は、党中央委員会幹部会に近いチェコ筋から入手した由であり、同書記官によれば、関連情報を総合し、当地英大使館はノボトニー失脚をほぼ九十パーセントの確度と観測している由である」

暗号で発電された極秘情報だった。

そして十月三十日、三十一日、二日間にわたる党中央委員会総会が開催された。前回の九月総会で反撃に転じた保守派は、この総会で政治的主導権を安定的に確保することを狙《ねら》った。ノボトニーの腹心であり、保守派イデオローグであるヘンドリフ党幹部会員がその指揮を執り、自ら「社会主義社会の現発展段階における党の地位と役割」と題する基調報告を行い、新しいテーゼを提案した。

テーゼの狙いは共産党一党独裁の確保であり、改革派の反撃を封じ込むため、イデオロギー統制の強化を意図していた。ドゥプチェクの提案を牽制《けんせい》し、同調者が拡大するのを防ぐため、党幹部に対するイデオロギー教育の強化という締め付けを狙っていた。表面的に保守派は攻勢に出ているように見えた。しかし実態は受け身であり、攻撃の勢いは弱かった。シュテンツェルの言葉に倣《なら》えば、保守派は、川の流れを堰《せ》き止めようとしていた。が、ここまで来たら止められるはずがなかった。

そんな緊張が続く日々の中、シュナイダー夫人が大学での講義を再開したという情報は、亮介を喜ばせた。人気教師の悲劇の噂が学生の間に広がり、講義は、以前にも増して盛況を極めた。その情報は、シュテンツェルから稲村というルートで亮介に伝わってきた。

しかし夫人が、結婚指輪をはずしたということ、艶《あで》やかになって恋人ができたらしいと、学生たちが噂していることを耳にし、亮介はかえって沈んだ。

ラインハルトの存在を決して忘れることはなかったからだ。たしかに夫人は離婚した。だが、ラインハルトを思うとき、彼もまたDDR体制の犠牲者ではないのかと胸が痛んだ。

夫人が教壇に復帰して、三週間余りたった十月三十一日のことだった。カレル大学の学生約三百人が、ストラホフの学生アパート団地広場で集会を開き、大統領官邸に向けデモ行進しようとし、出動した警官隊と睨み合っているという情報が飛び込んできた。党中央委員会総会が終了した直後、夜八時ごろのことであった。稲村が親しいチェコ人新聞記者から聞いたのだ。例によって、大使館で残業していた亮介に稲村が急報してきた。

ありえないことが起こったのだ。警察の統制が厳しいプラハで、無届けデモをするなど考えられないことだった。しかも警官隊と対峙《たいじ》するとは……。日頃冷静な稲村が興奮していた。現場へ行くから来てくれという。亮介は中沢大使と石崎参事官に電話で事件発生を報告し、現場へ向かった。共産党独裁下のチェコスロバキアだ。マスコミの報道に頼ることは危険だった。検閲と情報操作で事実が歪曲されることは日常のことであり、自分の目と耳で情報を集めることが、情勢判断に不可欠であった。大使館員は、時に情報収集のため危険な状況に置かれることもある。

予想したとおり、付近一帯は交通規制が敷かれ、車で現場に近づくことはできなかった。

警察の装甲車やパトロールカーが何台も出動し、団地広場に繋《つな》がる道路のすべてが封鎖され、学生たちは包囲されていた。亮介は徒歩で現場へ向かった。

指揮車の拡声器が「無届けデモは違法である」と警告し解散を促した。デモ隊は怒号とシュプレヒコールで対抗し、警告を無視した。

「われらに光を」「警官、帰れ」「われらに光を」「警官、帰れ」

学生たちは、手に手に、ロウソクをかざしていた。どこかに稲村がいるはずであったが、混乱している現場では探しようがなかった。

やがて、警官隊はじりじりと前進しはじめた。学生たちを団地内に押し込める作戦のようであった。突然、はじけるように乾いた射撃音が響き、デモ隊の側から叫び声と悲鳴が起こった。警官隊が実力行使に出たのだ。催涙ガスが打ち込まれ、警官が一斉にガスマスクを着けた。学生たちが投石を始め、ガラスが割れた。遠巻きにして見守っていた近所の人々が慌てて物陰に隠れた。

「かかれ」

指揮官の号令に警棒を振りかざし、警官たちがデモ隊に突進した。催涙ガスに特有の臭気がして目が痛くなった。亮介はハンカチを目に当てた。涙が止まらなくなった。

学生時代の一九六〇年、日米安全保障条約改定反対の騒乱を思い出していた。亮介は国会議事堂を取り巻くデモの群衆の中にいた。異様なエネルギーがぶつかり合っていた。混乱の中で東大の女子学生が死んだ。もちろん騒乱の規模は比較にならなかったが、状況は同じだった。どんな場合においても権力の暴力は圧倒的であり、容赦しない。デモ隊は瞬く間に蹴《け》散《ち》らされた。逮捕された学生たちが警官に小突き回され、血を流しながら、護送車に放り込まれるのを、亮介は目撃した。

翌日、党機関紙『ルデー・プラボォ』は、この事件を第二面に小さな記事で報道した。

「ストラホフ地区の学生寮に住む学生たちが、度重なる停電や暖房不足のため、勉学を妨げられているという事実は、学生寮管理責任者ならびに工事担当責任者の怠慢にもとづくものである。しかしながら学生側も違法なデモによって要求を貫徹しようとしたことは遺憾であった。なお、一部、市民の間で噂されているような、デモに参加した学生たちの逮捕は行われなかった」

これは、典型的な検閲下の報道記事であり、保守派が統制する報道がどんなものであるかを示していた。事件のもみ消しを計り、責任を学生と寮の管理責任者に転嫁しようとしていた。学生たちは収まらなかった。

十一月九日、カレル大学学生約五百名は改めて抗議集会を開き、五時間にわたる討議の結果、学生の自治権確保、警官隊による催涙ガス使用禁止、暴行警官の処罰、逮捕者がなかったとする新聞報道の訂正を要求する決議を採択した。そして、内務大臣と文部大臣に対し、十一月二十日を期限とし、責任ある回答を行うよう求めた。

保守派指導者たちはこの事件の処理を甘く見て、おざなりの対応でうやむやにしようとした。だが、学生の要求は教授たちにも支持され、大学の民主化と自治、そして政治改革の要求へと発展していったのである。

「われらに光を」というシュプレヒコールは、頻発する停電の改善要求とともに、政治改革を求める二重の意味が込められていた。やがて、学生たちの要求に呼応し、労働者、一般市民、知識人が連携のスクラムを組んだ。生活水準の向上、警察の民主化、表現の自由、そして結社の自由を求める声は、乾燥しきった草原に野火が燃え広がるように広がった。民主化と改革を求める運動は、党員や知識人にとどまらず、市民一般の間で公然と議論されるようになったのである。


カテリーナは、学生デモ事件について、いろいろな情報を耳にした。ショックだったのは、教え子のヤン・パラフが問題の学生集会を組織し、無届けデモを仕掛た首謀者の一人として、警察当局に勾留《こうりゅう》され取り調べられたということであった。

ヤン・パラフは、どこか死んだ弟ハインツに似た雰囲気があると、カテリーナはかねがねそう思っていた。おとなしいが激情的なところがあり、哲学科の学生らしく、「正義」や「自由」そして「真実」の概念をめぐり、保守的な教授に論争を挑んだ。当然、問題学生としてマークされていた。

そのヤンが、首謀者の一人どころか、リーダーとして激しく煽動したことが明らかになった。投石の号令をかけたのもヤンであったことを警察は突き止めていた。

教授会でも問題となり、しかるべき処分を提案した保守的な教授もいたが少数意見だった。

ゴルトシュテュッケル副学長が学生デモを支持したことも幸いだった。ヤンは退学処分をまぬがれた。それだけではなかった。ゴルトシュテュッケル副学長は、大学の自治拡大と民主化を目指し、教職員と学生が一体となって行動する時が来たとの見解を表明した。この見解は大学内外の知識人の圧倒的な支持を得た。

カテリーナは、プラハを離れていた数カ月の間に、チェコスロバキアの民主化運動が急展開していることを知った。大学の雰囲気がすっかり変わっていた。ノボトニーの失脚が、そう遠くないことも予感した。

スターリン主義的な共産党一党独裁が、終わりに近づいていることは否定しがたい流れだった。チェコスロバキアの社会主義再生を目指す運動が、東欧だけでなく世界の社会主義運動に新しい可能性を開くかもしれないという期待に、カテリーナの心は高ぶった。社会主義者として、この運動に積極的に参加しようと思い始めていた。

事件の翌日、十一月一日、ノボトニー大統領兼党第一書記は、数名の腹心とともにモスクワへ飛んだ。この訪ソが、チェコスロバキアの元首として、また最高権力者として最後の公式ソ連訪問となった。もっとも、訪問の目的は、大十月革命五十周年記念式典ならびにソ連東欧首脳会議出席のためと発表された。

ノボトニーは窮地に立っていた。十月党中央委員会総会で、その権力基盤は大きく揺らぎ追い詰められようとしていた。改革派の包囲網がじりじりと絞られていた。そして学生デモ事件に象徴されるように、反ノボトニー感情は巷《ちまた》でも決定的になり、ノボトニーは焦っていた。目的の行事が終わっても、なかなか戻ってこず、十日になってようやく帰国した。長過ぎる滞在について憶測が飛んだ。

「風邪《かぜ》を引いて寝込んだ」

という情報も流れた。そしてこんな極め付きの噂が伝わった。

「ノボトニーはブレジネフと密かに会見し、チェコスロバキアの政治情勢を協議するとともに、権力維持のための支持と助力を要請したが、色よい返事をもらえなかったらしい」

もちろん、この噂を信じない者はなかった。木枯らしが吹くプラハの街は、「プラハの春」の民主化運動に向け決定的に動き出していた。

約束

懐かしい人々との再会の喜びと興奮がようやく落ち着き、カテリーナは、ある約束をしていたことを思い出していた。その約束は出国許可の条件であったのだ。しかも、それが原因であるのか、以前にも増して厳しい監視の目が注がれていることに、カテリーナは気づいた。大使館の「シタージ」要員による監視や尾行には慣れていたが、それ以上の巧妙さと徹底した方法で監視されているような気がして、不気味であった。

そして思いがけないことが起こった。不在中、何者かがアパートに入り込んだことに気づいたのだ。ライティングデスクの上に置いてあった日記帳がのぞかれた痕跡がある。しおりが覚えのないところに挟んであるのが何よりの証拠だ。几帳面《きちょうめん》なカテリーナが錯覚するはずがなかった。それに部屋の中にかすかな臭いが残っていたのだ。臭いは体臭といってよかった。どこかで嗅《か》いで、不快に思った遠い記憶があった。潔癖なカテリーナは、窓を開け放って空気を入れ換えながら、動悸《どうき》を抑えることができなかった。

この事件の理由には、思いあたることがあった。あの約束だ。そのことに、特別な目的があることを、予感しないわけではなかった。だが善意に解釈して、プライベートな約束と考えていた。しかし自分が知らない、あるいは知らされていない重大な秘密が約束に隠されていたのではないか。罠《わな》にはまったのであろうか。そんなはずはないと、必死に否定した。仮に「シタージ」の高等な技術としても、あんな風に人を騙《だま》すことができるのであろうか。悪魔の所業ではないか。

カテリーナはあの約束を思い出していた。

尋問が終わった日の遅い午後、買い物を終え、カテリーナはホテルに戻った。レセプションに立ち寄り、部屋の鍵《かぎ》を受け取ろうとした。

「部屋番号、五四三のキーをお願いします」

「かしこまりました……」

愛想はいいが、目つきの悪い中年の男が鍵を差し出した。ホテルで働く人の多くが「シタージ」の協力者であった。いや、「シタージ」正規職員であることさえある。

「ああそうだ、先程、封書を預かりました」

白い角封筒を引き出しから取り出した。

「ありがとう」

不安がよぎった。一瞬、ラインハルトかと思った。開けてみると、見慣れない筆跡で走り書きされたメモが入っていた。

「本日、夕食を差し上げたい。午後七時、迎えの車を差し向ける。

W・ベーナー」

驚いた。ベーナー第一次官からだった。有無を言わさぬ招待であった。いや、命令であった。断ることはできそうにない。やっぱり何かあるのだ。「尋問」に次官が自ら立ち会ったのは異例のことであった。

カテリーナは再び重苦しい現実に直面しなければならなかった。改めて武者震いするような闘志を覚えた。何を仕掛けてくるのか。だが、不思議に本当の意味での恐怖感や圧迫感はなかった。むしろ親近感さえ覚えていた。

離別した夫ラインハルトは、ベーナー次官を畏敬《いけい》し心服していた。ラインハルトを抜擢《ばってき》し、要職につけたのは、他でもないベーナー次官であった。めったに役所のことを口にしないラインハルトであったが、「あんな人が『シタージ』にいるとは信じられない」と、人柄をたたえたことがあった。言葉の前後、どういう会話があったか忘れてしまっているのに、鮮明な記憶となっていた。カテリーナは一度だけ、局長時代の次官に会ったことがある。たしか東ベルリンのソ連大使館のパーティだった。

ベーナー次官が第二十局長であったとき、ラインハルトは課長として仕えた。第二十局は「シタージ」の中核をなす部署であり、反体制、反国家活動に対する監視と謀略工作を任務としている。つまり、あらゆる内部の敵を摘発する国家治安センターであった。カテリーナが反体制活動家として、この局の監視下にあったことは皮肉というしかない。しかし、それゆえカテリーナを庇《かば》うことができたのであった。

「シタージ」第二十局長というポストは、俗にモスクワ派といわれ、保守的でスターリン主義的な発想と手法を絶対とし、戦前のソ連亡命グループに属するエリート幹部が占める重要ポストであった。モスクワ派の頂点に立つのがミールケ大臣である。そして、ベーナー次官もモスクワ派の有力者であった。ラインハルトは、一九六三年第六回SED党大会後の人事で、モスクワ派に属さない、初めての第二十局長に就任したのだ。画期的な人事であった。そしてラインハルトはさらに栄進した。

一九六七年五月の第七回SED党大会で党中央委員候補に選ばれ、国家治安省・中央作戦参謀局長になった。次官候補、最右翼のコースであった。

モスクワ派に対するもう一つの勢力は、生え抜き派、または独立派とでもいうべきグループで、モスクワ派とは微妙に一線を画していた。国防および治安を担当する党政治局員、エーリッヒ・ホーネッカーがその勢力を代表していた。ラインハルトは、かつてホーネッカーの副官でもあった。「シタージ」といえども決して一枚岩ではなかった。見えない抗争が続いていた。そしてモスクワ派は微妙に後退しつつあった。ウルブリヒトの権力基盤は浸蝕されつつあったのだ。

七時ちょうどに黒いソ連製乗用車ボルガがホテル玄関の車寄せに滑り込んできた。カテリーナはロビーを出た。運転手が降りてドアを開けた。やはり目つきが鋭かった。

「ご案内します」

「よろしく」

必要最低限の会話であった。車はフランクフルター・アレー（大通り）をかなりの速度で東へ向かった。どこへ行くのか幾分不安だった。行く先はベルリンの北東部郊外ツォイテンの森の中にある政府迎賓館のレストランであろうとカテリーナは見当をつけた。リヒテンベルクの高層住宅団地を過ぎて家並みが低くなり、やがてカールスホルストの高級住宅街へと入っていく。車は急に速度を落とし、右折した。どこかの国の大使館があった。ツォイテンではなかった。車は徐行し、路地を曲がって止まった。

意外なことに、そこにはこぢんまりした質素な一戸建て住宅が建っている。ベーナー次官の私宅に違いなかった。運転手の案内で門内に入った。玄関の電灯がついてドアが開き、次官が顔を出した。

「やあ、いらっしゃい。待ってました」

大きな手が差し出された。感じがまったく違っていた。「尋問」のとき漂わせていた厳しさが嘘のようであった。カテリーナは身構えた大げさな想像が恥ずかしかった。

「こんばんは。お招きありがとうございます」

「いらっしゃい。ベーナーの家内、ギーゼラです」

優しい笑顔の太った夫人が次官の後ろに立っていた。

ベーナー家での思いがけない夕食会はこうして始まった。質素なテーブルに夫人の手料理が並んでいた。

「ラインハルトも誘ったのだが断られた。知り過ぎた他人と同席するのは、気詰まりだって言うんだ。相変わらず頑固な奴だ」

カテリーナは微笑むだけだった。

「うっかりフランス料理なんか出して、ブルジョア趣味だと、叱《しか》られるのもかなわないから、ドイツ伝統のメニューにしたよ」

次官が笑いながら説明した。夫人が台所から大きな皿を捧げてきた。アイスバインであった。豚肉を骨つきのまま、ぶつ切りにして塩茹でしたもので、マスタードをつけ、ザウワークラウトという、塩漬けして発酵させた酸っぱいキャベツを添えて食べる野趣あふれる料理だった。

「素敵だわ。大好きなんです。亡くなった父の好物でした」

「たくさん召し上がってね」

夫人は親切だった。素朴で飾り気のない人柄に好感が持てた。次官は、夫人の手編みと思われる焦茶色のタートルネックのセーターがよく似合っていて、髪は見事な銀髪であった。食事をしながら話が弾んだが、政治向きの話はまったく出なかった。次官夫妻の趣味は園芸で、カテリーナも得意とするところであり、話題に困らなかった。

コーヒーになった。食卓からソファに場所が変わり、次官夫人も座った。

「カテリーナさん、わたしたち、あなたのことずっと以前から知ってるの」

次官夫人の、優しい眼差《まなざ》しが見つめていた。思いがけない話題になった。

「はい、次官には、ずっと以前ソ連大使館のパーティでお目にかかったことがあると思います。でも奥様には……」

カテリーナは、慌てて記憶を探った。思い出せなかった。

「もう十四、五年前になるのかしら。あれは何の集会、いやデモだったのか忘れちゃったけど、あなたのことをはっきり覚えているの。青いＦＤＪのシャツを着た花嫁さん」

「あらっ、恥ずかしいわ。あのときのわたしをご存じだったのですか」

「偶然、見かけてね。ウンター・デン・リンデンに仮設された雛壇《ひなだん》から。偉い人たちの後ろの方に立っていたんだよ」

次官が言葉をはさんだ。次官夫人が遠い記憶をたぐるように話し出した。

「花嫁さんだってわかったのは、白いベールをかぶってブーケを持ってたからなの。花婿さん、そう、ハンサムで背の高い将校制服の若者と腕を組んで、嬉しそうにデモ行進の中にいたわね。あの時のあなた、輝いていたわ。そして雛壇の最前列中央に立っていたウルブリヒト第一書記に、ブーケを捧げたわね。テレビやカメラのライトを浴びて、世界中で一番幸せなカップルに見えたわ。人々が祝福の拍手を送って、歓声が上がって、ウルブリヒトがあなたの手にキスをして……」

カテリーナは照れくさかった。FDJの青いシャツの娘と、「シタージ」の青年将校は、党員手帳をかざして結婚を宣誓した。そして、インタビューに答えたものだった。

「反米・反帝国主義デモに参加するのが、わたしたちのハネムーンです」と。

思えば、カテリーナにとって、ラインハルトとの結婚ですら、個人の幸せを夢見てのことではなかった。社会主義のための献身であった。社会主義の敵と闘う「シタージ」将校の求婚に応えることは、党員として誇らしいことと思ったのだ。それほど高揚していた。

懐かしく哀しい思い出であった。結婚生活の小市民的平穏や家族の喜びに行動力を失うことが、党のエリートとして堕落だと思っていた。DDRに理想の社会主義社会を建設するため、個人的幸福を追求するのは間違いだと考える、うぶで生真面目な田舎娘が、一途《いちず》に社会主義に恋をし、DDR体制と結婚したのだ。

カテリーナは、次官夫人の思いがけない追憶を黙って聞いていた。

「それからもう一度、あなたに会ったの。ほら、あれはいつでしたかね。『ベルリーナ・アンサンブル』で詩劇の公演会があったでしょう。ハインリッヒ・フォン・クライストの作品『ペンテジレーア』を翻案した詩劇でしたわね。あなたが朗読するの聞きました。素晴らしかったわ。わたしも主人も夢中になったの。演劇的な才能だけでなく、あなたの文学的才能に驚きました」

「あら、そうだったのですか。嬉しいわ。あれは六年前の五月です」

カテリーナは、次官夫妻に素直に心を開いていた。

『ペンテジレーア』は、アマゾン女族の女王ペンテジレーアとギリシャ王侯アキレウスの悲恋物語であるが、登場人物たちが、正・不正を裁く具体的な法律と自分個人の正義感との間の、絶え間のない葛藤《かっとう》を生き抜く姿が描かれているのだ。カテリーナはこの作品を、DDR体制を批判する意図を持って選んだ。登場人物の言葉に寓意《ぐうい》を託したのであった。

フォン・クライストは十八世紀末から十九世紀初めにかけ活躍したドイツの詩人であり、劇作家であった。既成社会に受け入れられない正義感を持ち、自らの責任でその正義を貫徹しようとする悲劇を好んでテーマにした。あろうことか、当時カリスマ的存在であったゲーテに挑戦したのである。保守的権威と思想に対して……。あまりの過激さに、彼の思想と世界観は認められなかった。クライストは絶望し、ベルリン郊外の湖、バンゼーのほとりで愛人とピストル自殺した。

「……事実として、はっきりしているのは、わたしは、この地上で救われえないということだ」という言葉を残して。

「覚えてますわ。こんな言葉があったでしょう。『……野原を自由にかけめぐる風のように生きていくの。もう、男どもに命令されかしずくのはたくさんよ。独立できるわたしたちの王国をつくるのよ。それも女たちだけの王国を。これからは、独裁者のようにふるまう男どもを無視するわ。法律もわたしたちにふさわしいものを定めるの……』って」

夫人が一節を暗唱した。問題になった箇所であった。「男ども」を党に擬したのだ。党イデオロギー部から指摘され、査問されるきっかけになった。

カテリーナは衝撃に沈黙していた。

「あの寓意を理解した人はショックだったのじゃないかしら。悲恋物語ですよね。恋人のアキレウスを殺してしまったことに気づいたペンテジレーアが、悲嘆し狂乱する場面、圧倒的な迫力でしたわ。あなたの悲しみでしたわね……」

カテリーナは、次官夫人の言葉に、特別の意味が込められていることを悟った。

「実は、協力してもらいたいことがあるんだが」

カテリーナの目をじっと見て、次官が切り出した。

「強制するつもりはまったくない。しかし他に方法がない。どうしても君に頼みたいのだ。プラハで何が起こっているのか、何が問題なのか、君の立場での観察を知りたいのだ。プラハの政治情勢は激変する。政権交代は時間の問題だ。もちろんDDRに重大な影響がある。情報はいろいろなところから入っており、一応わかっている。しかし、所詮、情報は情報にすぎない。わたしは、特定の視点から見た情報を知りたいのだ。その視点とは、君の視点だ。賢い君のことだ、わかるだろう……。誤解してもらいたくないので言っておくが、あくまでも君の気持ちを尊重したい。嫌なら、否と、はっきり言えばいいのだ」

とはいえ、次官の言葉には、否と言わせない切迫したものがあった。

「お言葉の趣旨はわかります。でも、具体的にどうすればよいのでしょうか」

「ギーゼラに手紙を書いて欲しい」

「奥様にですか?」

「そうだ」

「でも、ご迷惑ではないんですか。わたくしは……」

「わかっておる」

次官はカテリーナの立場、つまりDDRの反体制活動家としての視点から、チェコスロバキアの政治情勢を観察し、私信の形で報告せよと言うのであった。

「奥様へのお手紙は、やはり検閲されるのでしょうか」

不安だった。

「たぶん、検閲される。検閲も承知の上だ」

次官の真剣さに気圧《けお》された。

「そうよ、カテリーナさん、わたしに普通にお手紙を書いてくだされればいいのよ。残念ですけど、お返事は出せないの。それはわかってくださいね」

「そうだ、普通の手紙だ。偽名など使う必要はまったくない。正々堂々と、今日の尋問のように考えを述べればいいのだ」

カテリーナは次官と夫人の目を交互に見た。緊迫した沈黙が支配した。心のシグナルが行き交った。

「わかりました。奥様にお手紙を書きますわ。お友達になれることを願って」

詮索することはせず、カテリーナは承諾した。次官が手を差し出した。約束の握手だ。力強い温かい感触がした。次に夫人が……。優しく柔らかい手であった。

不意に、ラインハルトが別れ際に囁いた言葉がよみがえった。

「君は、君のやり方でやればいい。ぼくは、ぼくのやり方でやってみる。結局は同じことを考えているのだ……」

暗い影

カテリーナがうつむいてデザートのケーキを食べていた。物思いに耽《ふけ》っていた。小指を立てた白い手がなまめかしかった。

日曜日午後、遅い昼食であった。レトナー公園の「レストラン・プラハ」、ブルタバ川と旧市街を見下ろす高級レストランだ。一九六五年、ブリュッセル万国博覧会で金賞を授与されたチェコスロバキア・パビリオンを移設したもので、斬新なデザインと近代的な建築技術を駆使した建物だった。

一週間ほど前に亮介が誘い、カテリーナはそれを少女のように喜んでくれた。

「初めての、ランデブーね。嬉しいわ」

電話の向こうでカテリーナは言った。亮介はこの日を待ちに待っていた。

ところが目の前に座ったカテリーナの表情は暗く元気がなかった。疲れているようにも見えた。別荘以来の再会を楽しみにしていただけに、亮介は拍子抜けした。

霧の日が多いプラハの十一月、珍しい陽光が真っ白のテーブルクロスに照り返っているのに、カテリーナが座るところだけ、暗い影が射すかのようであった。ギリシャの彫像のように整った白い顔に浮かぶ考え込む表情が硬かった。

亮介はとまどった。不安だった。こんなはずではない。話しかけても、カテリーナはどこか上の空なのだ。怯えるような雰囲気さえある。視線を感じたのか、カテリーナが顔を上げた。

「どうしたの、リョウ。なんだか哀しそうね」

言葉と裏腹に浮かぬ表情だった。

「カテリーナこそ、どうしたのですか?」

青い瞳が曇っていた。カテリーナは視線をそらしてうつむいた。

「なにか心配そうですね」

亮介は畳みかけた。

「いいえ、別に……。ごめんなさい、ちょっと、考えごとしてたの」

怯えた鹿《しか》の目のような瞳だった。何か隠している。亮介は哀しかった。レストランは結構込んでいる。日曜日のこと、家族連れや恋人同士といった客がほとんどであった。ざわめきの中で二人の口数は少なかった。

「コニャックは、ありますか？」

沈黙に耐えられず、亮介は通りかかったウェイターに声をかけた。

「申し訳ありません、ブランデーしかございません。ルーマニアのミルコフはいかがでしょう。お薦《すす》めできるブランデーです」

「じゃあ、それ、一つ……」

「あらっ、リョウだけ？　わたしもいただきたいわ」

「珍しい。カテリーナもブランデーですか？」

「ごめんなさい。リョウにおつきあいするの」

気を取り直したように、カテリーナが答えた。華やかな微笑みだった。

「いい色ですね。そのルージュ……」

「嬉しいわ。気に入ったの？　リョウに買ってもらったのよ」

「えっ、ぼくが？」

「そうよ、忘れたの？」

いたずらっぽく微笑む笑顔が、シルビアにそっくりだった。

「使わせていただいたの。お礼を言うのが遅くなってごめんなさい。ゆっくり報告したかったの。母とシルビアにもおすそ分けしたのよ。とても喜んでくれたわ。ありがとう」

「なあんだ、そうだったのですか。よかった。ぼくも嬉しいです」

「リョウって、本当に優しいのね。お心遣いをいただいて……。いいお買い物だったの。哀しい気持ちを紛らわすのに……」

ブランデーが来た。

「じゃあ、乾杯」

「ツーム・ボール（乾杯）」

二人は嬉しそうにグラスを上げた。カテリーナは、自分の表情に一喜一憂する亮介に改めて愛しさを覚え、暗い思いを振り切ろうとした。

ここ数日、不吉な推理に怯えていた。ヘス中佐がプラハに潜入しているのは間違いないと考えたのだ。アパートに忍び込んだのは、ヘスとその手下ではないか。この推理に、カテリーナは確信を持っていた。女性特有の嗅覚《きゆうかく》というべきであったかもしれない。確信の根拠はアパートの部屋に残っていたかすかな臭い、体臭であった。カテリーナは思い出したのだ。

三年前の夏だった。「シタージ」本部、蒸し暑い取り調べ室で、激高しヘスが机をたたいて振りまいた汗に混じっていた体臭だった。

カテリーナは日記帳を見られたことを恐れた。「十一月二十六日、日曜、午後一時、リョウとランデブー。レストラン・プラハ」と書き込んでいたのだ。それだけではなかった。断片的ではあったが、年下の青年に対する想いを書き留めていたのだ。心の中をのぞかれてしまったことが、裸身を変質者にのぞかれたような気がして、鳥肌が立った。羞恥《しゅうち》と怒りに眠れぬ夜を過ごした。

ヘスがこのレストランに乗り込んでくるのではないかと怯えていた。あの陰険な男なら、やりかねない。青年に時間と場所の変更を相談しようと考えないわけではなかった。しかし推理を確認するため、あえて予定どおりやって来たのであった。心重く緊張していた。青年が不審に思うのは当然だろう。食事の間の一時間半余り、レストランの客に神経を尖《とが》らせていた。だが気配はなかった。

カテリーナの心は少しずつ和んでいった。会話が弾んだ。ブランデーのせいであったかもしれない。いや、青年との心の触れ合いの喜びであった。

亮介は、カテリーナを見ながら内心、驚嘆していた。しおれていた白い蘭《らん》の花が、瑞々しく生気を取り戻すのを目の当たりにして、次第に会話が弾んだ。

「ねえ、リョウ、わたし嬉しいの。どうしてだかわかる?」

「沈み込んでいたから、心配してました。何か、いいこと思い出したのでしょう」

「いいえ、そんなことじゃないの」

カテリーナはブランデーをちょっと飲んで小首をかしげた。

「教えてあげましょうか。カ・テ・リ・ー・ナ。やっと、リョウが、わたしの名前を呼んでくれるようになったのよ。フラウ・シュナイダーって言わなくなったの」

亮介は、カテリーナと呼べるようになっていた。偶然のめぐり逢いに始まるあこがれ、そして好意に始まる心の交流が、ハインツの死という悲しみを分かち合ったことによって、精神的な絆を強くし、親愛の情は深くなっていた。

「あなたのことを想い詰めているうちに、自然に、カテリーナって呼んでました」

「わたしも、リョウって、いつのまにか呼んでたの」

「カテリーナ。カテリーナ……。いい名前ですね」

「ええ、わたしも気に入ってるの。父が選んでくれたの」

「カテリーナ。口にするだけで、生きててよかったなあって……」

「嬉しいわ。そんなに気に入ったの?」

「死にそうに気に入ってます。カテリーナのためなら死んでもいいと思ってます。死ぬまで一緒にいたい」

突然の激情を抑制することができなかった。

張り裂けるばかりに見開いたカテリーナの瞳がきらめいていた。

「心配なことがあったら、隠さないで、ぼくに話してください。カテリーナが沈んでいると不安なんです。そんなカテリーナを見守るのは、つらいのです。例えば、今日のように。カテリーナ、ぼくに何か隠している。カテリーナがいろいろ難しい問題を抱えていることは、これまで聞いたことから、ある程度推測できます。もう、どんなことを聞いても驚きません。お願いだから、隠さないで。カテリーナのためならなんでもします。カテリーナ、好きです。

愛してる。死んでもいいくらい――

迸《ほとばし》るように想いが爆発した。

「カテリーナのそばにいたい。不安なのです。カテリーナが突然、どこかへ行ってしまうような気がして。カテリーナがいなくなったら、ぼく、どうやって生きていけばいいのか。もしかしたら、ぼくたち二人の魂が何百年も探し合っていたのかもしれません。ぼくたち約束されて、めぐり逢ったのでしょう。カテリーナが、そう言ったじゃないですか。年上だとか、DDRの人だとか、反体制活動家とか、どうでもいいことです。カテリーナ、カテリーナ、ぼくの、カテリーナです」

愛を告白するには適当な場所ではなかったかもしれない。しかし魂が突き動かす衝動はとどめることができなかった。

目の前に座るカテリーナが涙ににじんでいった。テーブルに置かれたカテリーナの右手が水色のハンカチを握り締めていた。

「わたしもよ。あなたのこと愛してるわ、とても……」

かすれた声だった。カテリーナは声を殺して泣いていた。涙を気づかれまいと顔をそむけた広い窓の下、プラハの母なるブルタバ川が太陽にきらめきたゆたい、水鳥が群れ舞っていた。視線をカテリーナに戻すと、その笑顔は白い蘭の花が生き生きと艶やかに咲き誇るかのようであった。

少し離れた柱の陰のテーブルで、サングラスをかけた長髪の男が、連れの男と話し込むふりをしては、ときおり不気味な視線を投げかけ、奇妙な動作を繰り返した。カテリーナの不吉な予感は的中していた。変装したヘスだった。だが、カテリーナは気づかなかった。喜びに震えるカテリーナには何も見えなかった。

二人がレストランを出たのは夕暮れであった。もう少し一緒にいたいとカテリーナがせがんだ。公園を散策した。寄り添うカテリーナのミンクのコートが暖かった。いや、体温であったかもしれない。亮介の腕に回したカテリーナの腕が、どんなことがあっても離すまいとするかのようにきつかった。

木立ちの中で、どちらからともなく二人は立ち止まった。カテリーナの白い微笑みが待っていた。抱き寄せたカテリーナの体は、切ないほど柔らかかった。かすかに硬直しながら、亮介はそっと唇を重ねた。

「初めてね。リョウの……」

嬉しそうに、カテリーナが囁いた。亮介はもう一度唇を重ねた。カテリーナの反応は思いがけなかった。激しく優しく官能的だった。舌を絡められ、深く引き込まれた。

亮介が、カテリーナを「ドゥ」と親称で呼ぶようになったのは、この日からのことであった。恋人同士に許される言葉であった。二人は改めて固い絆をかみしめ、歓喜の抱擁《ほうよう》にわれを忘れていた。

尾行するヘスとその手下が、喜びの二人の一部始終を、特殊なカメラで盗撮していた。

第4章 悲愁

緊迫

亮介と過ごした翌日午後遅く、カテリーナは弾むような思いで大学から帰宅した。三十も半ばを過ぎて初めて知った恋心をいとおしんでいた。このときめきは何だろう？　生きていることを確かめる思いであった。レストランでのひととき、温めあっていた愛情を、唐突に確認し合ったほてるような陶酔。年上の女のためらい。外国の青年外交官を愛してしまった不安。だが後悔の念はまったくなかった。

リョウがまもなく電話してくる。何と言えばいいのであろう。心が弾んだ。いつもの習慣でバスルームに入った。シャワーを浴びるため、ブラウスを脱ごうとして、突然、忌まわしい記憶がよみがえった。慌てて玄関のホールへ急いだ。ドアチェーンを確認するために。動悸《どうき》がした。居間のソファに座ると、不吉な推理がはっきりよみがえった。息苦しくなった。不安というより恐怖を感じた。ベルが鳴った。

リョウだ！　カテリーナは歓喜にはじかれるように電話に飛びついた。

「はい、わたし……。待ってたのよ！」

応答がなかった。

「もしもし、リョウなの？」

まったく応答がなかった。眩暈《めまい》がし、体が震えた。たたきつけるように電話を切った後、ソファに座り込んだ。呆然《ぼうぜん》としていると、しばらくしてまたベルが鳴った。受話器を取ろうとした。ためらった。

「もしもし、リョウ？　リョウなの？　誰《だれ》？」

恐怖が全身を駆けめぐった。ヘスに違いないと確信し、カテリーナは引きちぎるように電話のコンセントを抜いた。

亮介は、何度も電話をかけたが、カテリーナは不在だった。気になったが、クリスマスの買い物に忙しいのであろうと考え直した。クリスマスに、老母とシルビアがプラハにやって来る。四人でお祝いしましょうと、あの日、レストランで嬉《うれ》しそうに話していたのを思い出したのだ。社会主義国の買い物は行列することから始まる。買い物は忍耐であった。翌日も、帰宅している時間を見計らって何度も電話した。不在であった。亮介は胸騒ぎがした。「レストラン・プラハ」で落ち合ったとき、カテリーナは物思いに耽《ふけ》り、怯《おび》えるかのようであった。あの時の暗く硬い表情を忘れてはいなかった。その理由を明かしてはくれなかったが。

カテリーナの立場を考えると、頻繁に電話をすることがはばかられた。不便なのは、いつも近く館から電話をかけることを厳しく自制していることだった。盗聴を恐れたのだ。いつも近くの公衆電話を使った。電話をかけるタイミングを何度も失った。三日目、四日目やはり不在であった。たまりかねて亮介はアパートを訪ねてみた。しかしカテリーナはいなかった。そうこうしているうちに政治情勢も急展開していった。館務は多忙を極めた。亮介はカテリーナのことが気がかりだが、どうすることもできなかった。

十二月になってプラハは一気に緊迫した。八日、ブレジネフ・ソ連共産党書記長が、突然やって来たのである。一泊し、翌九日には帰国するという慌ただしい滞在であった。

どんよりした寒い冬雲が低く垂れ込める陰鬱《いんうつ》な冬の日。空港から大統領官邸のフラッチャニー（プラハ城）まで、沿道には小学生をはじめ駆り出された労働者や一般市民が並んだ。プラカードや赤旗を持たされた人たちもいた。歓迎というより、葬送の列を待ち受けるかのようであった。人々は不機嫌だったが、善良な市民としてとりあえず歓迎の意を表した。亮介も、大統領官邸の近くで動員された人々の後ろに立って観察した。

ものものしい警戒の中、警護隊に囲まれた車列がやって来た。黒塗りのチェコ製高級車タトラに、ブレジネフがノボトニーと同乗し、盛んに手を振っていた。ピオニールの子供たちがリーダーの合図で歓声を上げ、ソ連とチェコスロバキアの小旗を振った。ちぐはぐに演出された歓迎がそらぞらしかった。

公式発表は「ブレジネフ・ソ連共産党書記長の来訪は、チェコスロバキア共産党および政府の招待による親善訪問であり、滞在中、ノボトニー第一書記、レナールト首相ならびにその他の党幹部会員と会見した」と簡単なものであった。

権力の座に執着するノボトニーは、ブレジネフを権力闘争に直接介入させ、逆転を狙《ねら》ったのであった。党幹部会に諮《はか》ることもせず、独断でブレジネフを招待したという噂《うわさ》が流れた。権力者というものは権力を失うことが、それほど恐ろしいことなのか。権力維持のため、なりふり構わぬノボトニーが醜悪というより憐《あわ》れにすら思えた。

亮介が、アパートに戻るのは未明一時、二時であり、仮眠するだけの帰宅であった。

ブレジネフとノボトニーがどんな密談をしたのか人々にわかるはずがなかった。だが大統領官邸と党中央委員会筋から漏れてくる断片的ながらきわどい情報は、瞬《また》く間に市民の間に伝わり、ジグソーパズルのように事態を浮き彫りにした。ノボトニー政権は末期的状況にあった。誰が権力の座を狙っているのか、裏切ったのは誰か。権力をめぐり、党幹部たちが右往左往するのが手に取るようにわかった。

ブレジネフが突然プラハを訪問した目的は、政権基盤が揺らぐノボトニーの梃入《てこい》れだった。ブレジネフは、チェコスロバキアが直面する政治危機を、党幹部の個人的な勢力争いと見なし、自分とモスクワに忠誠を尽くすのは誰か、党幹部の序列はどうか、そして党幹部会の勢力関係はどうなっているのか、そんな判断基準でキングメーカーの役割を果たそうとした。しかし介入してみると、複雑に拮抗対立する勢力関係はブレジネフの手に余る事態だった。結局、嫌気が差したのかブレジネフは、「エート・バーシェ・ジェーロ（それは君たちの問題）」だと、調停工作を投げ出してしまった。

権力の中枢にある党幹部たちにとって、緊迫した政治状況は、クリスマスどころではなかったに違いない。しかし庶民には庶民の暮らしがあった。プラハの街はクリスマスの準備で賑《にぎ》わっていた。あちこちの広場ではクリスマスツリーの市が立ち、マーケットはクッキーの材料を求める主婦たちでごった返し、にわか造りの露店では、クリスマス料理用の鯉《こい》を買う人々が行列を作っていた。寒空に小雪が舞い、暖房に使う石炭の煤煙が混じった重い臭《にお》いの空気が政治的な不安と重なり、プラハの雰囲気をますます暗くしていた。それでもクリスマスの食卓を準備する主婦たちは逞《たくま》しかった。平穏で幸せなクリスマスを願って、家族のために辛抱強く行列に加わった。

やがて不穏な噂が飛び交い始めた。ノボトニーが逆クーデターを考えて、軍と警察を動員し、改革派を一斉逮捕するというのである。

中沢大使をはじめ、日本大使館員は一段と緊張を高めた。しかも緊張をあおるかのように、ワシントン、ロンドン、パリ、ウィーン、ベオグラード、そしてモスクワ等の日本大使館から、チェコスロバキア情勢に関する外務大臣あて情報電報が続々と転電され始めた。電信室のテレックスは間断なくテープを吐き出した。いずれも情報電報は、ノボトニーの失脚が時間の問題であり、その後における政治情勢の危険な展開を予測するものであった。亮介の仕事はそれだけではなかった。上司の指示で何通もの公電案を起案しなければならず、手もとに回ってくる決裁済みの夥《おびただ》しい電報を発電しなければならなかった。亮介は殺気立っていた。カテリーナへの想《おも》いと不安を胸の底に押し込んで仕事に没頭した。とうとうアパートに戻れず、大使館で仮眠する事態になった。大使以下全館員それぞれの持ち場で即応態勢に入った。

そして十二月十九日から三日間の日程で党中央委員会臨時総会が開催された。十二日に開催されるはずであったが一週間も延期されていたのだ。保守派、改革派、それぞれ最後の多数派工作に、しのぎを削った結果であった。

臨時総会に先立ち、十七日、開催された党幹部会で、ノボトニー派と目されていたコウツキー党幹部会員が、ノボトニーの事実上の退陣に同調し、「第一書記の分離」に賛成した。そしてノボトニーの腹心であったヘンドリフまでもがこれに賛成した。保守派の結束は崩れ始めた。だがノボトニーは、まだあきらめていなかった。懐刀《ふところがたな》のマムラ党公安局長指揮下に数百名の公安部隊を動員し、用意されたリストに従い改革派を一網打尽にするとともに、シェイナ将軍指揮のもと国防省特別部隊が戦車を出動させ、首都プラハを、そしてブラチスラバを制圧し、戒厳令を布《し》くクーデター計画がひそかに企てられていたのである。噂には根拠があったのだ。

十二月党中央委員会臨時総会は、こうした異常な状況のもとで開催された。ノボトニーの退陣問題は、「党の指導体制の再編成について」とする議題で討議された。ノボトニーが兼任する党第一書記を辞任し、大統領職にのみとどまるという案だった。臨時総会は十一人からなる第一書記選出のための諮問委員を選び、クリスマス休会に入った。

後に明らかになるのだが、ズール将軍、プルフリーク将軍、ペピッヒ将軍など改革派を支持する将軍たちが陰謀に気づき、ただちに対抗措置を取ったため陰謀は不発に終わった。だが緊迫した空気はそのままであり、何が起こるか予測できない状況に変化はなかった。

「十二月の臨時総会から一月総会までの期間は、非常に緊迫した空気が漂い、あらゆる種類の噂が駆けめぐった。わたしはクリスマスを家族とともに、ブラチスラバで過ごしたが、正直に言って、その間、夜中に突然、警察がドアをノックすることを思って、とても落ち着いた気分になれなかった」

当時、権力闘争の渦中にあった改革派指導者ドゥプチェクは、そう述懐している。

脅迫

無言電話を受けた後、カテリーナは息を殺して過ごした。幾分の冷静さを取り戻し、対策を考えた。ヘスが何を目的とし、何をしようとしてるのか不気味であった。

あらゆる可能性を考えてみた。プラハまで、わざわざやって来たばかりか、不在中を狙って忍び込んだ手口は、私生活から弱みを探り出し、付け込んで脅迫しようとするのではないかと推測された。それにしても異常な行動であり、その執拗《しつよう》さに戦慄《せんりつ》した。

日記帳をのぞかれたことは、返す返すも口惜《くや》しかった。リョウへの影響も気がかりだった。東ベルリンの「シタージ」本部でヘスに尋問を受け、リョウとの関係を追及されたことを忘れるわけにはいかなかった。リョウは、もはや、単なる友人ではない。かけがえのない恋人であった。日記帳にその想いの断片を記したのを、読まれてしまったのだ。

付け込まれる可能性を考えなければならなかった。恋しさと心細さに、リョウに連絡しようとしては思いとどまった。どんな罠《わな》が仕掛けられているかわからない。その夜は、うとうとしてはうなされ、目が覚めた。

翌日、いつものように大学に出勤した。ふさぎ込んでいてもしかたがない。持病を発症させないためにも気分を紛らす必要があった。それにもうすぐクリスマス休暇だ。片付けておかなくてはならない仕事があった。締め括《くく》りの講義をしなければならず、学生に提出させたドイツ語作文の添削もあった。

リョウに連絡したい思いはつのった。だが、大使館に電話するつもりはまったくなかった。夜遅く、アパートに電話しようと考えた。できれば会って相談したかったのだ。

そしてこの日、仕事を早めに切り上げた。やはり落ち着かなかった。午後三時、いつもより早く大学を出た。バーツラフ広場へ出て買い物をするつもりだった。気分を変える手っ取り早い方法だ。それに、毎日、少しずつ買い物をしておかなければ、とてもクリスマスの準備はできない。シルビアのためにコートを探していた。いつのまにか、すっかり背丈が伸び、新調しなければならなくなった。チェコの縫製品は東欧では高級品だった。バーツラフ広場に車を止め、衣料品店をめぐった。どの店も混雑していた。シルビアが注文するようなものはなかなか見つからない。黒い毛の襟がついた赤いコートだった。三軒目の店で、赤いしゃれたデザインの品を見つけ、じっくり吟味している時、ふと視線を感じ顔を上げた。ヘスだった。戦慄した。

「これはこれは、珍しいところで、お目にかかりましたな。奇遇だ」

おぞましい推理は完全に的中した。尾行されていたのだ。

「いや、公務でプラハに来ておりましてな。やっと暇ができて、娘の土産を探して、この店に来たところでした。で、見つかりましたかな。お望みのものが」

「いいえ、なかなか見つからなくて……」

カテリーナはようやく答えた。

「いかがですかな。コーヒーでも」

どう対応していいのかわからなかった。

「ま、ま、そう固くならずに、こうしてお目にかかるのも、ご縁というものでしょう」

「ありがたくないご縁ですわね」

やっと自分を取り戻した。

「相変わらず、きついお言葉で。とても年下の青年に恋する女性とは思えませんな」

血の気が引いた。ヘスは本性を露《あらわ》にしていた。

「いかがです。ちょうど、この店のとなりにカフェが」

「そうですわ。いい機会かもしれません。伺いたいこともあるし」

カテリーナは決心した。

「望むところですな」

ヘスがにんまり笑った。

二人はカフェの隅に座った。カテリーナは不法侵入を詰問したが、ヘスはしらを切り、逆に薄笑いを浮かべながら、傷ついた獲物をなぶるようにカテリーナを見ていた。

「いかがですかな、その写真。覚えがないとは言えますまい」

カテリーナはヘスが差し出した写真を見て、憤怒と羞恥《しゅうち》に身を震わせた。

「残念ながら職務でしてね。反体制活動家とやらを、甘やかしておくわけにはいかんのですよ。社会主義と党の敵には断固懲罰が加えられなければならない」

ヘスは嗜虐的《しぎゃくてき》な快感を覚えた。

「まあ、局長殿とは離婚されたのですから。情事を楽しまれるのもいいでしょう。男が欲しくなるのも自然の摂理であって、そこまで野暮なことは言いますまい」

「やめなさいっ。嫌らしい。卑怯《ひきょう》だわ。恥を知りなさい。こそ泥みたいに他人の家に忍び込んで日記帳をのぞいたり盗み撮りしたり、最低だわ」

カテリーナは声を押し殺して叫び、写真を破り捨てた。

「どうぞ、どうぞ、ご自由に。ネガから焼き増しすれば、百枚でも二百枚でも」

「この写真をどうするつもりですかっ」

「西ドイツの『レーゲン・ボーゲン・ツァイトゥング』（ゴシップ新聞）にでも売りますか。美貌《びぼう》のDDR反体制活動家、日本青年外交官との情事ってな見出しで、この抱擁《ほうよう》する写真が出れば、どういうことになりますかな。それとも、この青年の上司である大使閣下に送りつけますか。使い道はいろいろですよ。なかなか綺麗《きれい》なラブシーンですな。絵になっておる」

カテリーナは失神しそうになるのをこらえた。冷たい汗が噴き出た。辛うじて座っていた。あたりが真っ暗になり、息苦しかった。

「それで、条件は、何ですか？」

カテリーナは呟《つぶや》くように聞いた。リョウを巻き込んではいけない。前途ある青年を泥まみれにしてはならない。とんでもないことをしてしまった。自分の不注意が、青年の純情と真心を踏み躙《にじ》ってしまおうとしている。カテリーナは絶望的になった。その表情を見て、ヘスがほくそ笑んだ。

「条件？　取り引きするのであれば、相談に乗りますよ。改めて話し合いますか。明日、午後五時、『アルクロン・ホテル』に来てもらいましょう。夕食でもしながら相談しましょう。なに、難しく考えなくていいのです。あなたが、われわれに協力してくれることを約束してくれれば。他にも聞きたいことがありましてな。ベーナー次官と何を約束したのか……。まあ、そんなところですかな」

「要するに、スパイになれっていうことですね」

「ふむ、スパイという言葉に抵抗があるようですな。情報提供ですよ。われわれには、たくさんの協力者がおりましてね。その一人になってもらえばいいのです。ま、そんな話は、明日ゆっくりすることとして、今日はひとまずこれで失礼しましょう。お互い、損がないようにしましょうや」

夕闇《ゆうやみ》濃いバーツラフ広場は、雑踏でごった返していた。仕事帰りの人々が、買い物をしようと集まっていた。さっきまで華やかに見えたショーウィンドーのクリスマス・セールの飾り付けが虚《むな》しく、色あせた遠い別世界になっていた。喧騒がほとんど聞こえない。耳鳴りがした。死ぬべきだ、死ぬべきだ……。誰かが耳の底で囁《ささや》いていた。持病の神経症の発作である。心のバランスをマイナス方向に失うと発症するのが常だった。ハインツが非業の死を遂げたときもそうで、ブラチスラバから夢遊病者のようにプラハへ戻ったのだった。

呆然としたまま、カテリーナは車に乗った。赤いワルトブルグ……、リョウとの出会いを作ってくれた車であった。思い詰めるあまり、すべての思考が停止していた。もはや闘う反体制活動家ではなかった。赤いワルトブルグは、市内を一時間余り、あてもなく彷徨《さまよ》ったあげく、いつのまにかプラハを離れ、真っ暗な幹線道路をプシーブラムへ向け、のろのろと南下した。やっと目的地を見つけたかのように。

擦《す》れ違う車が段々と少なくなった。「スラッピイ」という標識が見えた。ブルタバ川に造られた巨大な人工湖であった。間道へ左折した。小さな村を過ぎ森を走り抜けた。闇は一段と濃くなった。ヘッドライトがカテリーナを死に場所に導くかのようであった。また森にさしかかった。黒々とした木立ちが風に鳴っていた。

突然、ライトの中に小動物が浮かんだ。急ブレーキを踏んだ。子鹿《こじか》だった。とおせんぼするかのように、きょとんと驚いたように立ち尽くしていた。カテリーナはクラクションを鳴らさなかった。びっくりさせたくなかったのだ。ライトを消して外へ出た。漆黒《しっこく》の闇、エンジンの回転音が聞こえた。零度に近い冷気で我にかえった。

（どうしてこんなところにいるのかしら）

カテリーナはあたりを見回した。暗闇の道路の先に小さく灯が見えた。どこにいるのかわからなかった。見当がつかなかった。プラハを遠く離れているようであった。

車に戻った。寒かった。ライトをつけると、子鹿はもういなかった。

ギアを入れ、マリオネットのような動作でクラッチをはずした。その灯に吸い寄せられるようにのろのろと赤いワルトブルグは走り出した。その灯は村の入り口の街灯だった。標識が見えた。徐行して止まった。スラッピイは、プラハから六十キロも離れている。

ふと見ると電話ボックスがあった。カテリーナはエンジンを切って車を降りた。リョウの声を聞きたかった。小銭を探して、覚えてしまった番号をダイヤルしたが、コールする鈍い発信音に応答はなかった。受話器を置くと、軽い音を立ててアルミのコインが戻った。指先が寒さにかじかんでいる。

ボックスを出ようとして、シュテンツェルの風貌が心をよぎり、うろ覚えの番号をダイヤルした。

「はい、シュテンツェルです」

「……わたしです。カテリーナです」

涙声になった。

「おう、おう、こんばんは、珍しい。どうしたのかな」

老人の憂しい語り口に、こもっていた心細さが一気に噴き出し激しい泣き声を上げた。電話の向こうは黙っていた。カテリーナは、ひとしきり泣き続けた。

「何があったのかな。話してごらん」

シュテンツェルはカテリーナに語りかけた。

「ほれ、泣いてちゃわからないぞ」

「はい、わたし、もうだめなんです」

カテリーナはやっとまともな返事ができた。

「めったなことを言うものではないぞ。人間、だめだと言うことはない。どんなことがあっても、自分で自分を否定することはない。敗北だ。それはともかく、どこにいるのかな?」

「はい、スラッピイに」

「ほう、こんな時間に。もうすぐ十時になる。道に迷ったのかな。まず、落ち着きなさい。慌てると、ますます自分がどこにいるのかわからなくなる。ま、おおよそ見当はつく。なんでそんなところへ行ったのか。あんたらしくないの。何があったか知らんが、ダムに飛び込むつもりのようだな。図星だろう。だが、わしは、好かんな。そりゃ人間として最低だよ。それに何より冷たい。この寒空に、わざわざ冷たい寒い思いをすることはないだろう。どうかね、戻ってきなさい。そこでUターンして、道なりに走ると幹線道路に突き当たる。それを右に曲がる。そのまま走ればプラハだ。一時間とかかるまい。ともかく家へ来なさい。ちょっと書き物をしておってな。遅くまで仕事をするつもりだ。義母はもう寝ておるが熱いグリュー・ワイン（赤ワインで作る一種の甘酒）でも用意しておこう。わしに電話してきたのは、何か話したいことがあるのだろう。なんでも聞いてあげよう。ダムに飛び込むのはそれからでも遅くはない。ま、ともかく戻ってきなさい。貧乏な年寄りだが、悪知恵をめぐらす頭は、まだまだ惚《ぼ》けてはおらんぞ」

その言葉が冷えた心にしみ、カテリーナは、改めて静かに泣いた。

対　決

「アルクロン・ホテル」の遅い午後。クリスマス直前のオフシーズンでロビーは閑散としていた。その隅のソファでカテリーナはヘスと対決していた。カテリーナは決意を固め、やって来たのだ。

ヘスは手ぐすね引いて待っていた。筋書きどおりに事が運び、サディスティックな予感に舌なめずりしてカテリーナを迎えた。反体制活動家に変心した党エリートと考えるのをやめた。いまやカテリーナは裏切り者、スパイ容疑の犯罪者だった。辱《はずかし》めてそのプライドを木っ端みじんにするつもりだった。日本の若い大使館員に恋をする女の弱みにつけこんで、強請《ゆす》るつもりでもあった。カテリーナに対する劣等感と倒錯した恋情の嫉妬《しっと》心《しん》が重なり合っていた。

カテリーナが体制側にとどまっていれば約束されたエリート、だった。めぐりあわせによっては、ヘスはその部下でしかなかった。顎《あご》で使われていたかもしれないのだ。

それが今は立場が逆転している。カテリーナの部屋に忍び込んで日記帳を発見し、メモを写真に撮った。そこには年上の女の激しく切ない想いが記されていて、そのことにヘスは嫉妬した。この女はおれのものだ。日本の若造にとられてなるものか。脅迫してベッドに引きずり込むつもりだった。

これまで何度も経験があった。恋する男を庇《かば》おうとする女は弱いものだ。ヘスは卑猥《ひわい》な妄想《もう》に興奮さえした。そしてもう一つの狙いはベーナー次官だった。

カテリーナは「シタージ」内部の権力闘争に直接巻き込まれようとしていたのである。きっかけは人事だった。

「シタージ」を監視する特務機関は、ベーナー第一次官に、疑惑の目を注いでいた。きっかけは人事だった。シュナイダー大佐を中央作戦参謀局長に抜擢《ばってき》した狙いを計りかねていた。

この人事は第六回ドイツ社会主義統一党大会で承認された「DDRにおける、より高度な社会主義体制の発展と擁護を実現するため、国家治安機関の役割を強化し組織を近代化する」という、基本政策の一環として実施されたものであった。国防治安担当政治局員エーリッヒ・ホーネッカーが提案し、党政治局の承認を得た。ホーネッカーはかつて自分の副官を務めた部下の栄進を喜び祝福した。そしてミールケ国家治安大臣が発令した人事であった。だが特務機関は、この完璧《かんぺき》な人事措置の背後に何があるのか不審に思い、周辺情報を集めていた。離婚したとはいえ、シュナイダー大佐の前夫人カテリーナが反体制活動家であること。

さらに、ベーナー次官夫妻がカテリーナと個人的接触があるという情報もキャッチしていた。しかもベーナー次官がカテリーナをプラハに出国させるよう関係者を説得したこと、カテリーナの実弟ハインツが、スロバキアで不法越境を試み射殺されたことなど、不審な点が多い。疑念を強めた特務機関は、「シタージ」にもぐり込ませてある秘密機関員ヘスに指令し、この際、カテリーナの身辺を徹底的に洗い、ベーナーの陰謀を暴く手がかりを摑《つか》むよう特命した。ヘスが異常なまで執拗にカテリーナを追う理由であった。

だが事態は、ヘスの思うようには展開しなかった。カテリーナは妙に静かに話し続けた。

「……だから、申し上げましたように、あなたのいかなる脅迫も拒否します。写真を自由になさい。いっこうに構いません。一晩考えてみたのです。冷静に。

もちろん、ショックでしたわ。不在中のアパートに忍び込まれたこと、写真を撮られていたこと。でも、いかがわしい写真ではあるまいし。わたしたちの愛の記念になりますわ。恋人同士が抱擁して口づけを交わすのは自然なことじゃないですか。わたしたちの運命的で精神的な絆《きずな》、日記帳を盗み読みしたぐらいで、理解できるはずがありませんわ。人間性と知性に乏しいあなたに、どの程度の読解力と洞察力があるのか、参考のために知りたいわ」

「き、貴様。愚弄《ぐろう》しおって……」

ヘスは声を押し殺し、獣のように唸《うな》っていた。

「あら、暴力を振るうつもりなの？　ここはＤＤＲじゃないのよ。チェコスロバキアなの。

間違わないでちょうだい。大事な質問があります。あなたはどういう資格で、わたしをここに呼び出したのですか。先日、わたしが、あなたの尋問に応じたのは、『シタージ』つまりDDR国家治安省の出頭命令に従ったのです。ソクラテスじゃないけど、悪法でも法は法ですから、DDR市民として命令を遵守したのです。

しかし、ここはチェコスロバキアです。主権国家です。DDRの警察権が及ぶはずがありません。いくら兄弟的社会主義友好国でも。あなたがしていることは、チェコスロバキアという、れっきとした独立国家の主権を侵害しているのです。国際法に照らし議論の余地がない不法行為です。『シタージ』は、どこまで馬鹿で、傲慢《ごうまん》なのかしら。それとも、あなた、『シタージ』とは関係がない特別な組織のために動いているのではないですか。

いずれにしても今、わたしとあなたの関係は対等なのです。外国にいるDDR市民同士、それだけの関係なのよ。尋問官と被疑者の関係ではありません。あなたがしていることは無頼漢の脅迫なのです。強請《ゆすり》なの。たかりなのよ。頭が悪いあなたには、自分が何をしているのかわからないのでしょうけどね」

言葉とは裏腹にカテリーナはあくまで平静だった。脅迫に対抗するには、高圧的かつ侮蔑《ぶべつ》的《てき》であれというのが、シュテンツェルの助言であった。ヘスの怒りを含んだ屈辱の表情がちぐはぐになった。知らない人は、女が持ち出した別れ話に、嫉妬に身を焼く男が、よりを戻すのに失敗して激怒するかと見たことであろう。ヘスは怒りに身を震わせていた。

「わたしは、あなたに脅迫され、たしかに動転しました。一時は、死のうかとさえ思い詰めました。そして脅迫を逃れようと、必死で考えました。そして、さっき言ったことに気がついたのです。気がついたら馬鹿らしくって、涙が出るほど笑っちゃいました。わたしもDDR市民ですから、ほかのDDR市民と同じように、『シタージ』の恐怖政治の暗示にかかりやすい状態にあったの。盗聴、不法侵入、買収、脅迫、謀略、誘拐《ゆうかい》、監禁、暴力そして殺人すら平気でする『シタージ』に、怯えるのは当たり前でしょう。

自分だけでなく、恋しい人も巻き込まれるのではないかと考えると、ますます暗示にかかるのは、人間の心理として当然ではないですか」

シュテンツェルは、ナチス時代を生き延びた生々しい経験を踏まえ、人々が暗示にかかり、やすやすと脅迫を受け入れてしまうプロセスを解き明かした。これに対抗するには信念と精神力が必要であると、カテリーナを叱責《しっせき》し激励したのであった。

「わたしは、あなたの脅迫を受け、咄嗟《とっさ》にリョウにも累が及ぶかもしれないと、恐れて混乱してしまったの。前途有望な日本の青年外交官を薄汚いスパイ事件に巻き込んではならない、その一心でした。死のうと思ったの。『スラッピイ』のダムに飛び込んで……。でも、やめたわ。馬鹿らしい。だって冷たいし寒いでしょう」

カテリーナは静かに笑った。シュテンツェルが語りかけてくれた言葉を思い出していた。

「理由もないのに、イメージと先入観であなた方を恐れ、そこに付け込まれるというからくりに気づいたのです。プライベートな写真を盗撮されたからといって、その脅迫にいちいち屈服していたら、うかうか道も歩けないじゃありませんか。もう一度、確認しておきます。

わたしは、いかなる協力もできません。一切の脅迫を拒否します。写真については、お好きなようになさってください。これで用件は片付いたと思います。失礼させていただきます。そうそう、もう一つ大事なことを助言しておきますわ。レディの部屋に忍び込むのだったら、シャワーぐらい浴びてきてくださいな。最低のエチケットだわ。あなたのような薄汚い男は女性に逃げられるのがおちなのよ。甘くみないでちょうだい」

カテリーナは立ち上がった。ヘスは一言も発することができなかった。徹底して辱められたのは自分だった。カテリーナの最後の言葉がヘスにとどめを刺した。

ヘスには、人に言えない心の傷があった。最初に人を殺した時の記憶が突然甦《よみがえ》った。憤怒と経験したことがない敗北感に、ヘスは、おこりのようにわなわなと体が震えるのをどうすることもできなかった。

ヤロスラフがひと仕事するには十分過ぎる時間であった。実際、ものの五分とはかからず、簡単に見つかった。予想したとおり、特殊なアタッシェケースであった。思わず笑ってしまった。昔、さんざんつきあったナチの将校用ブリーフケースとほとんど同じだったのだから……。持ち主はドイツ人とだけ聞かされていた。頼まれた仕事について、おおよその見当をつけていた。

しばらくぶりに外科手術用の手袋をはめ、聴診器を当ててダイヤルを回した。そして、一本の針金を鍵穴《かぎあな》にさし込むと簡単に開いた。一発だった。「ブッ」は無造作に放り込んであった。ネガフィルムと二十枚ばかりの写真が入っている封筒を抜き取り、元どおりに閉め、五ミリとずれのない正確な位置に戻して、部屋を出た。ホテルの部屋の鍵など、プロに言わせれば、かかってないのと同じであった。腕時計を見た。入って仕事をして出てくるまで、六分余り。腕は落ちていなかった。

この技術はドイツ人が経営する錠前屋で徒弟工をしていた少年時代に基本を習得したのだ。転職したため本業とすることはなかったが、ナチス占領時代、経験と才能が買われ地下運動の鍵屋になり、命懸けで磨いた技であった。ロビーに降りてくると、二人から少し離れたテーブルに座って、コーヒーを頼んだ。

ハインリッヒ・シュテンツェルが、事情はあとで説明すると言って、ヤロスラフにいきなり仕事を頼んできたのは今朝のことだった。いかにもシュテンツェルらしかった。彼とは反ナチ・レジスタンスの仲間であり、戦友であった。死線をともにさすらった仲間の結束と信頼は不滅なのだ。月に二、三回、電話をかけ合う程度の連絡しかなかった。胃潰瘍《いかいよう》の手術をしてから酒が飲めなくなり、一緒にスリボビッツェを飲む機会が、めっきり少なくなったのは寂しいことだが、仕事を頼まれたことが嬉しかった。二つ返事で引き受けたのだった。

コーヒーをすすりながら、ふと見た店の隅の男女が気になった。別れ話のもつれかと思った。それにしては変な雰囲気だった。男はどうみてもゲシュタポ風であった。まだあんなのがプラハをうろうろしている。奇妙に腹が立った。勘がはずれるわけはない。ナチス占領時代のプラハで、私服のゲシュタポを見分けることは生死にかかわることであったのだから。

それと同時にゲシュタポ風の男と、対決するかのように話す女の表情や雰囲気があのときのベラに似ている。気力というのだろうか、女は闘争心をむき出して男と向き合っている。

シュテンツェルがハイドリッヒ暗殺事件に関与していることを突き止めたゲシュタポは、国民劇場の楽屋に入り込み、オペラ歌手のベラにつきまとい、執拗に職務尋問を繰り返していた。ベラも、あんな顔でゲシュタポと渡り合っていた。当時、ヤロスラフは舞台装置係の大工をしていて、国民劇場の楽屋裏で何度か見かけた記憶であった。ベラ……、結局、強制収容所で死んだ。シュテンツェルの恋女房だった。実際、いい女だった。明るくお茶目で賢かった。『フィガロの結婚』のスザンナを地で行くはまり役であった。もう二十年以上前の話だ。過ぎ去った歳月のなんと早いことか。

話が終わったのか女がソファを立った。ゲシュタポ風の男が女を睨《にら》みつけていた。女がハンドバッグから財布を取り出し、小銭をテーブルに置いた。挨拶《あいさつ》もしない。

女は離れた。ロビーを横切り玄関へ向かった。細身にまろやかな胸、いい体つきだ。腰のあたりのくびれはどうだ。程よくふっくらとした尻《しり》……。ヤロスラフの視線が女についていった。

緊張した彫りの深い白い横顔が魅惑的だ。水色のスーツを着て、ミンクのコートを手にしている。不思議な印象だった。女は透き通るかのようであった。回転ドアが回り、ガラスに溶け込むように女の姿が消えるのを、ぼんやり見送った。頼まれた仕事は終わった。

ぬるくなったコーヒーを飲み干し、さりげなく、あたりを見回した。セールスマンなのであろう、中年の男が、分厚いカタログを広げ何やら計算に夢中になっていた。さすがのヤロスラフも気づかなかったが、セールスマンのテーブルに置かれた封筒の中で、高感度指向性の盗聴用マイクを仕込んだテープレコーダーが回っていたのだ。カテリーナとヘスのやりとりは、完全に録音されていた。セールスマンは、ヘスを尾行、監視していたのである。その男は、ベーナー次官の部下だった。

　シュテンツェルがスリボビッツェのグラスを手に考え込んでいた。ヤロスラフは水で割った白ワインを飲んでいた。部屋の中に、まだかすかに異臭が漂っている。フィルムと写真を目の前にある石炭ストーブに放り込んで燃やしてしまったのだ。

「どうってことない写真だった。わしはてっきり絡みのエロ写真と思うとった。へっ、へっ、へっ、あの美女のな」

「らちもないことを……」

　シュテンツェルが呟いた。スリボビッツェをあおると話し始めた。

「その、ゲシュタポ風の男だが、まったくそのとおりなのだ。ＤＤＲの『シタージ』とかいうゲシュタポなのだよ。あんたの勘は相変わらず冴《さ》えとる。まだ惚けてはおらんな。安心した。しかしいろいろ話を聞いてみるとどうも腑《ふ》に落ちん。そのゲシュタ……、いや、『シタージ』が監視されておる。カテリーナはそう言っておった。あの美女はその接点に立っておるようだな。本人は何も気づいておらんが、まず間違いない。と、すると写真を失敬したことが、かえってあの美女を危険にさらすことになるのではないか。つまり、あの男の立場に立てば、監視し内偵する組織なり人間が反撃的な対抗措置を取ったことになる。まさか普通の爺《じい》さんに抜かれたとは想像もすまいからのう。今頃《いまごろ》、あの男は写真を抜かれたことに気づいてパニックになっておるだろう。どんな組織が背後にあるのかわからないが、男は写真を抜かれた失敗はひた隠しにする。失態だから報告できるはずがない。そういうわけで、あの写真は名実ともに存在しないことになる。それはそれで成功だった。直接関係のない人間が薄汚い事件に巻き込まれる心配は当面なくなった。美女も安心するだろう。だが、これからだぞ、慎重に行動することが肝心だ。いずれ言い聞かせておかなくてはなるまい。ありがとうよ。いい仕事をしてくれて」

「なんだか七面倒臭い話のようだが、役に立ったのなら、わしも満足だよ」

「おうおう役に立ったとも。これはお礼だ」

シュテンツェルが封筒を差し出した。

「礼だと？　水くせえ。仲間じゃないか」

「ま、そういうな。わしも貧乏だが、大学から月給をもらっておる。ほんの気持ちだ。それにもうすぐクリスマスだぞ。何かの足しにしてくれ。それから病気の具合はどうだ。困ったことがあったらいつでも声をかけてくれ。昔の仲間もだんだん少なくなっていくからなあ。寂しいことだ。お互い体だけは大事にしようぜ」

ヤロスラフがくしゃくしゃのハンカチをポケットから摑み出し、とってつけたように鼻をかんだ。

「そろそろ失礼するか」

シュテンツェルは立ち上がった。窓辺に寄ってカーテンの隙間から外の気配を窺った。

「おう、雪だ。雪になっちまった」

「こりゃ、積もるな。大雪になるぞ」

そばへ来たヤロスラフが司じようにのぞきながら呟いた。あたりはもう真っ白だった。暗い空から音もなく舞い落ちる雪の結晶は、地上で白く厚い毛布になったかのように、プラハの何もかもを覆い包んでいた。

亮介は、シュテンツェルからクリスマス・カードを受け取った。きまり文句のクリスマスの挨拶がチェコ語で印刷してある。カードの端に、氏の直筆でドイツ語のメッセージが記されていた。

「思いがけなく、クリスマス用にカトレアの花を預かることになっていた。しばらく温室に置いておくつもりだ。冷たい風が吹いておる。寒さで枯れそうになれたし。会えることを楽しみに……」

カテリーナの消息だった。

悲　愁

亮介は、「カフェ・スラービア」でシュテンツェルと向かい合って座っていた。レストランは混雑していた。隅の方にやっと席が取れた。クリスマス・イブを明日に控える金曜日夕方のこと、早々と祝い酒にご機嫌の客で賑やかだった。

クリスマスの挨拶を理由に、アポイントを申し込んでおいたのだ。家政婦が取り次いでくれたのか、シュテンツェルから連絡があって、近くまで行くからと「カフェ・スラービア」で会うことになったのだ。亮介の目的は、もちろんカテリーナの消息を知ることであった。彼女が異常な事態にあることは、彼からのクリスマス・カードに記されたメッセージから窺えた。一刻も早く真相を知りたかった。

シュテンツェルは、いつものように飄々《ひょうひょう》としていた。亮介のクリスマス・プレゼントを喜んでくれた。さっそく包装を解き、取り出したモンブランの万年筆を手に、感触を確かめ楽しむかのようであった。

「これは結構なものだ。軸が太いのがよい。長い時間、字を書いても疲れないようだ。さすがにドイツ製だ。欲しいとは思っておったが、簡単に手に入るものではなくて、あこがれておった。嬉しいなあ。ジェクイュ、ジェクイュ（ありがとう、ありがとう）、フゥオッ、フゥオッ、フゥオッ」

気づいたのだが、その笑いは感情の変化とともに微妙に変化した。シュテンツェルが万年筆を心から喜んでいるのが手に取るようにわかった。子供のように無邪気に喜ぶ姿は、感動的ですらある。辛酸を嘗《な》め尽くした人生においてなお、人はこのようにささやかなことを、かくまで喜ぶことができるのであろうか。いつかカテリーナが、この老人のことを、人生の達人と言ったことがあった。苛酷《かこく》な運命を乗り越えてきた旅路の果てにたどり着く境地なのであろうか。敬愛の念は深まるばかりであった。

「なあ、ヘル・ホリエ。考えてみると不思議なものよ。こうして、あんたと友達になれたのは、やっぱり神様の思し召《おぼ》しとかいうものだろうか。ありがたいことだ。わしは貧乏な学者で、何のお礼もできんが……」

シュテンツェルは、握手の手を改めて差し出した。温かく優しい感触があった。

「いろいろお心遣いをいただいて感謝しています。お礼を申し上げなくてはならないのは、わたしです。クリスマスのお祝いとともに新年のご多幸を心からお祈りします」

亮介は、感傷的になるのを抑えて、改まった挨拶をした。

シュテンツェルは、コーヒーを一口すって、亮介の目をじっと見た。眼鏡の分厚いレンズの向こうに見慣れた優しい目があった。

「バーベキュー・パーティ以来のことだが、疲れているようだな。少し痩《や》せたのではないかな」

「はい、学生デモ事件、ブレジネフのプラハ訪問、それから十二月党中央委員会総会と、息つく暇もない忙しさでした。徹夜続きの果てに、つい先日まで大使館に泊まり込んでいました。いささか疲れました」

「そうだろう。テレザがヨシと会う暇がないと嘆いておった。わがノボトニーに、あんたたちも振り回されたのか。気の毒に、あれも往生際の悪い男だよ。ま、一月までのことよ。おっとっと、今日は野暮な政治向きの話はやめにしておこう」

いつもなら、質問を浴びせかけるところであったが亮介は黙っていた。しばらく沈黙が続いた。シュテンツェルが切り出した。

「シュナイダー夫人、いや、カテリーナのことだがの、今、あるところで静養中だ。いろいろあったようだ。本人は精神的というか、神経的にかなり参っておった。しかしもう心配することはない。あんたも心配しただろう」

「はい、突然消息不明になって……」

シュテンツェルは、顔を亮介に近づけると、声をひそめて話し出した。

「東ベルリンから『シタージ』とかいう、DDRの治安機関の男がプラハまでやって来て、相当しつこく彼女につきまとったらしい。一時は動転し、取り乱したようだった。脅迫されていることがわかったので、わしが叱《しか》って知恵をつけてやった。気丈な彼女のこと、男と対決し脅迫をはねつけたものの、やはり女だ。緊張に神経がおかしくなってのう。義母が心配して家に泊めて様子を見たのだが、どうもいかん。信頼できる仲間の医者に相談したら、なんだか難しい病名の、ま、早くいえばある特殊な神経症であることがわかった。

わしがつけた病名は『聖母マリアのヒステリー』だ。気に入っておる。彼女にぴったりだ。フッ、フッ、フッ」

シュテンツェルは、静かに笑った。

「冗談はともかく、医者の勧めもあって、あるところに預かってもらっておる。お嬢ちゃんと、母親がDDRからやって来て看病したこともあって、回復は早かった。もうほとんど大丈夫のようだ。クッキーを焼いたりするほど元気を取り戻した。このクリスマスから新年にかけて静養すれば問題はあるまい」

「何も知りませんでした。そんなことがあったのですか……」

亮介はようやく事態を理解した。あたりを見回し、シュテンツェルは一段と声を低め話し始めた。

「どうも腑に落ちん。『シタージ』ではない機関が彼女を監視しているようなのだ。つきまとった男は『シタージ』の人間なのだが、命令は『シタージ』ではないところから出ておると推測される。反体制活動家という理由で監視されているのではない。彼女自身、これまで経験のないことだと怯えておった。何かの事件に巻き込まれたのではあるまいか。もう少し様子を見たほうがいいのだが、ここは一つ慎重であらねばなるまい」

亮介は、心臓を万力でじわじわと締めつけられるようだった。

「それからのう。彼女は、あんたを巻き添えにするのをひどく恐れておった。神経がおかしくなったのも、どうやらその辺に引き金があったらしい」

思い当たることがあった。あの日、「レストラン・プラハ」でカテリーナは変だった。食事をしながら、上の空で考え込み、怯えていた。理由を尋ねたが答えてくれなかった。

「男と女が、互いに愛《いと》しく慕わしく思うのは素晴らしいことだよ。あんたたち二人をじっと見てきた。わしは、それなりに力になってきたつもりだ。カテリーナは、一途《いちず》にあんたに惚《ほ》れとる。ためらった挙句にだ。賢い純情な女が惚れるということは、不幸なことなのだ。決して幸せなことではない。誤解しないで欲しい。あんたがつり合わないというわけじゃない。カテリーナは優しい人だ、本当にマドンナだ。あの人は何事にも、一途で真面目にぶつかっていく。しかし人間の世界は、それほど単純ではない。確実に裏切られる。そして傷ついた。もろにのう」

シュテンツェルは言葉を切って亮介の目をのぞきこみ、話を続けた。

「自殺未遂の経験があると告白されたことがあったが、あんな生き方であれば、命がいくつあっても足りまい。そんな女があんたに惚れたのよ。そして今度の事件だ。あんたをきっと不幸にすると思い詰め神経をだめにしてしまった。気持ちが揺れ動いている。しばらくそっとしておいたほうがいい。落ち着けば、いずれ会うこともできるだろう。犬どもの監視の目も考えておく必要がある。カテリーナは、あんたが心配しておるに違いないことを、ひどく気に病んでおった。彼女も苦しんでおるのだ。しばらく、そっとしておいたらどうだろう」

「カテリーナに会わせてください。どこにいるのですか。お願いですから教えてください」

会いたい一心の哀願であった。

「だめだ、こらえなさい。教えられない」

「いつか伺ったことがある別荘ですか？」

「いや、違う。少し遠くにおる」

「教えてください。お願いします」

「聞きわけのない人だ」

シュテンツェルがもてあますように呟いた。

「愛しているのであれば、彼女の気持ちをわかってやりなさい。今、彼女に会えば、かえって苦しませるだけだ。病気がぶり返す。いつか話さなかったかのう、世の男にとって人生の苦悩と悲哀、この大部分は女性に始まると……。それにのう、男にとっても女にとっても、愛するということは耐えることでもあるのだ。ベラは耐え抜いて強制収容所で死んだ。わしは今も耐えておる。耐える勇気がない愛情は本物ではない。いや、そんなものは愛情というべきではない。ただの情欲だよ。情欲を愛情と勘違いしておるだけのことよ」

盗撮された写真とそのフィルムがひそかに取り戻され、事なきを得た一件について、亮介は知る由もなかった。シュテンツェルが沈黙していたのだから。カテリーナの哀《かな》しみと不安の原因もほとんど理解していなかった。

寂しい土曜日のクリスマス・イブだった。楽しみにしていただけに、ひとしおの寂しさであった。マカレンコバ通りのアパートに閉じ籠《こも》って過ごした。

コペンハーゲンの国際通信販売会社オスターマンに注文して、取り寄せたクリスマス・プレゼントが虚しかった。カテリーナのためにエルメスのスカーフとチョコレート、シルビアのために赤い革の手袋とキャンデーの詰め合わせ、そして初めて会うことになっていたカテリーナの老母に好物だという卵リキュールと厚手の靴下。それぞれ選んだのだ。心を込めて用意しながら受け取ってもらえない贈り物ほど、寂しいものはない。亮介は惚《ほう》けたように真っ暗な部屋を歩き回り、窓辺に立ち尽くしていた。

クリスマスの少し前から降り始めた雪は、降ったりやんだりしながら、かなり積もっていた。高台のアパートから見下ろす雪に覆われたプラハの夜景は、絵に描いたようなホワイトクリスマスだ。窓々から漏れる明かりのもとに集う人々の、幸せなざわめきが聞こえるかのようだった。

カテリーナはどうしているのだろう。どこにいるのだろう。会いたかった。話をしなくてもいい、遠くからでもいい、カテリーナに会いたくて気が狂いそうであった。高ぶった神経をなだめるにはアルコールしかなかった。ウイスキーをストレートであおった。カテリーナを抱き締めた甘美な記憶がよみがえり、神経はかえって高ぶった。

「愛するということは耐えることでもある」

月並みな言葉であった。しかしシュテンツェルが口にするとき、特別の重さと凄味《すごみ》があった。強制収容所でぼろぎれのように死んでいった、愛妻ベラの面影を抱いて独身と貞節を守る男の言葉であった。

それでも亮介は、会わせてくれと哀願した。カテリーナの苦悩も考えない、だだっ子のような哀願であった。シュテンツェルからすれば、見苦しい限りであったろう。

「あんたのカテリーナに対する愛とやら、そんな薄っぺらいものであったのか」

彼は嘲笑《ちょうしょう》したのではなかったか。

「情欲を愛情と勘違いしておるだけのことよ」

容赦のない言葉であった。たしかに愛を告白し、カテリーナを抱き締めた。カテリーナの人生を抱え込む覚悟で。それが破滅に繋《つな》がるにしても、カテリーナへの愛に殉じるのであれば本望とさえ思い詰めていた。現実に、カテリーナには暗い影がつきまとっていた。亮介は、愛を守り抜く苦難を改めてかみしめた。哀しみと不安は募るばかりであった。カテリーナが、この事件をきっかけに、二人の愛を考え直そうとするのではないか。愛するがゆえに、この愛をあきらめようとするのではないか。カテリーナを失う予感に怯えていた。

いつのまにかグラスを重ね、酩酊《めいてい》する意識の底で夢うつつにカテリーナの面影を追い求めていた。

真っ暗な部屋であった。絵画を見ていた。クラナッハの作品なのだろうか。裸身の女が昆虫の羽のような薄衣をまとってポーズしていた。丸顔の独特の雰囲気をたたえた表情は、笑っているのか泣いているのか。死を予感する恍惚《こうこつ》と諦念《ていねん》の表情に違いなかった。あちこちの有名美術館で見かけるクラナッハの女人像は、どれも同じような表情であった。

突然、絵の中の女が口をきいた。

「わたしよ、カ・テ・リ・ー・ナ……」

婉然《えんぜん》とカテリーナがたたずんでいた。

「カテリーナ、どこにいたの?」

話しかけようとして口が動かないのだ。金縛りにでもあったように。

「ずっと、待ってたのよ。寂しかったわ。怖かったわ」

甘えるようにカテリーナが囁いた。

「ねえ、抱いて、寒いわ」

いとしさに胸が張り裂けそうだった。

「リョウ、本当に、わたしのこと愛してるの?」

青い瞳《ひとみ》が哀しそうに見つめた。

「嘘《うそ》つき、愛してなんかいないわ」

激しく突き放すような言葉だった。

「いつも、すましてたわ、お行儀がいい外交官さん」

挑発するようにカテリーナが体をくねらせた。

「わたしを愛しているのだったら、証拠を見せて」

すがるように哀願した。

「抱いて。待ち焦がれていたのよ」

カテリーナは両手を広げた。裸身が待っていた。たまらず、力一杯抱き締め、押し倒した。

温かく柔らかい感触に官能に震えた。懐かしい金木犀《きんもくせい》の匂《にお》い。こんないい匂いがどこからするのだろう。その匂いを探って入ろうとした。力の限り抱き締めた。白い閃光《せんこう》が亮介の体を突き抜けた。突然、カテリーナの体が乾いた軽い音を立てて崩れ落ちた。骸骨《がいこつ》を抱いていたのだ。哄笑《こうしょう》が聞こえた。シュテンツェルの声のように思えた。と、そこで目が覚めた。不吉な後味の悪い夢だった。

ソファでうたた寝していた。午前二時だった。酔っていた。ふらふらと起き上がった。夥しい体液が噴射していて、シャワーを浴びなければならなかった。言いようのない屈辱と自己嫌悪に絶望した。おぞましさに突き上げられるように浴室に飛び込んだ。冷たいシャワーを浴びた。水ごりであった。そして獣のように声をあげて泣いた。アルコールに弛緩《しかん》した脳髄が緊張し、ほてった心と体が次第に冷却していった。

きっとカテリーナは去っていく。どんなに愛しても彼女は去っていく。いや、消えていく。あきらめる心の準備をしておくべきなのだ。所詮《しょせん》かなわぬ恋であった。激情の抱擁は幻想だったのだ。たった今見た夢のように。ならばせめて遠くからカテリーナを見守ろう。見苦しいことはすまい。耐えよう。耐えることも愛なのだ。シュテンツェルのように。

外は、また新しい雪が降り始めていた。深夜、プラハは厚い雪をかぶって、ひっそりと眠っていた。

カルロビ・バリ

世界を白く塗りつぶしたような光景である。晴れ渡った青空と太陽の照り返しがまぶしく、目を開けていられない。カテリーナが療養するサナトリウムは長期滞在用アパートだった。見下ろす谷間の街から離れた高台に立っていた。起伏に富んだ北ボヘミア、雪の田園風景、オージェ川とテプラ川が合流する峡谷に展開する雪をかぶった古い町並み、眺望は素晴らしかった。遠く、黒い森の白い裾で野兎《のうさぎ》がはね回っていた。

カテリーナは、シルビアがいれてくれた朝のコーヒーを飲みながら、サンルームの揺り椅《い》子《す》に座っていた。それにしても大雪だった。クリスマスの少し前から降り出した雪は、二十六日になってようやくやんだ。テレビの天気予報では、中部ヨーロッパ全域に出されていた大雪警報がようやく解除され、一転、この快晴であった。

プラハの華麗な雪景色に思いをはせた。考えるまいとしても自然に亮介のことが想われてならなかった。別離を決意していながら、カテリーナはひるんだ。苦悩した。唐突な別れに亮介がどれほど傷つくことか。しかし、予想されるヘスの魔手から亮介を守るため、どうしても決断しなければならなかった。どれほど愛していたか、きっとわかってもらえる。そして亮介が悲しみに耐えるであろうことを次第に確信していった。

シルビアと老母が朝食の支度をしている。スクランブルエッグの香ばしい匂いがして、シルビアの明るい声が聞こえた。

「おばあちゃん、胡椒《こしょう》とって。そこ、棚の右」

「はいはい、これでいいのかい」

「そう、ありがとう。これでよしと」

ふさぎ込んでいたシルビアが、元気を取り戻してくれたのが嬉しかった。亮介とともに、プラハでクリスマスを祝う約束だったが、ここカルロビ・バリは、プラハから百キロ以上も離れていた。

もっともDDR国境から十五キロ余り、故郷アールバッハから車で六十キロ、目と鼻の先であった。選んでここへ来たわけではなく、偶然だった。すべてシュテンツェルが手配した。たまたまここに専門病院があっただけのことである。

ヘスと対決した極限の緊張の後、症状は一気に悪化し錯乱状態になった。カテリーナは、そのことをよく覚えていない。三日ほど記憶がとぎれていた。氏の友人である神経科医の勧めもあり、とりあえず入院したのだ。大学事務局と相談した氏の知らせで、DDRから老母とシルビアが駆けつけ、優しく看護してくれた。

静かな森の中、特殊な病院ということもあって隔離された状況は好都合であった。内臓疾患があるわけでなく、心の安定を取り戻すと回復は早かった。一週間ほどで退院し、担当医が斡旋してくれたサナトリウム、といっても3LDKで日常生活に不自由がない設備のアパートメント・ホテルに滞在していた。養生をかね、そのままクリスマス休暇を過ごすことになったのだ。カテリーナは冬休み中、ずっと滞在するつもりであった。神経痛を持病とする老母も温泉治療を望んだ。めったにない機会であった。

ここカルロビ・バリは有名な温泉保養地で、十四世紀、神聖ローマ皇帝カレル四世が、鹿狩りをしていて偶然見つけたという伝説があった。十九世紀には、各国の王侯貴族が湯治と保養に訪れた。とりわけ鉱泉水を飲む治療法が有名になった。ベートーベン、モーツァルト、ゲーテ、トルストイ等もたびたび滞在したことで知られるヨーロッパ屈指の温泉郷なのだ。

旅先のことでもあり十分な準備はできなかったが母、娘そして孫娘、三人でクッキーを焼いた。水入らずで祝ったクリスマスであった。

朝食が終わって、くつろいだとき、老母はカテリーナに声をかけた。

「おまえ、随分よくなったようだね」

「ええ、おかげさまで。ご心配かけました。もう、大丈夫」

「何があったのか知らないが、症状がひどかったから、どんなに心配したか。お願いだから、もういい加減にしておくれ。お前にもしものことがあったら、わたしゃ、これから先、何を頼りにすればいいんだい。早く帰ってきておくれ」

涙もろくなった老母が、哀願した。

「ごめんなさい。夏休みが始まったら、大学のお仕事もなくなるし、後片付けを早くして、予定を早めて八月初めには戻ります。もうすぐよ」

「ママが帰ってきたら、毎日、こうやって三人で暮らせるのね。嬉しいな。ママが病気になって、楽しみにしていたこと、ぜーんぶだめになっちゃって哀しかったけど許してあげる。でも、リョウ、どうしてるのかな。ひとりで、寂しかっただろうね。ママが病気になったこと知ってるの?」

カテリーナは黙っていた。

「ギョウって、あの日本のお方かい?」

「ギョウじゃないの。リョウ」

シルビアがたしなめた。ザクセン地方の訛《なま》りで、祖母のRの発音が変だった。

「ハインツのことで、大変お世話になった方じゃろう。まだお礼もせなんだが」

「そうよ、だからプラハで、リョウとクリスマス・パーティするの楽しみにしてたのよ。それを、ママが、みーんなだめにしたの」

「ごめんなさい」

「変ね、ママ、リョウのことになると、どうして黙ってしまうの? あ、わかった。喧嘩《けんか》したんだ」

「まさか、だってリョウ、あなたの大事なボーイフレンドでしょ」

「うん、わたしのフィアンセ。リョウのお嫁さんになるの」

「また、馬鹿言って、この子は。外国のお方にご迷惑じゃないのかい。外国の人にかかわると大変だよ、DDRでは」

祖母が心配そうに言った。

「ねえ、シルビア、リョウのことそんなに好きなの？」

カテリーナが尋ねた。

「大好き。優しいのよ。リョウと一緒にいると、すっごく楽しいの」

「じゃあ、プラハまで行ってくれば。列車で一時間半ぐらいでしょう」

「ほんと？　行っていいの？」

「たくさん作ったクッキー、持っていってあげれば。それにね、ママのお手紙届けて欲しいの。ママはもう会えないけど、シルビアをよろしくって書いたのよ」

「どうして？　やっぱり喧嘩しちゃったの？」

「ママ、もうすぐDDRに帰らなくちゃならないでしょう。それにリョウだって、いつまでもプラハにいるわけないでしょう。どこか別の国へ転勤するかもしれないのよ。遠い日本に帰るかもしれないのよ」

「そうだよ、いつまでも、ご親切に甘えていては、ご迷惑だよ。いくらいい方でも」

老母は、娘の決心にほっとしたようであった。薄々気づかないわけではなかった。夜中、ベッドで声を殺して泣いているカテリーナを不憫《ふびん》に思っていた。知らないふりをしているだけのことだった。

暮れも押し詰まった二十九日、シルビアはプラハへ行くことになった。老母も同行することになった。アパートの様子を見ておかなくてはならなかった。カテリーナの身の回りの細々とした衣類や化粧品などを取りに行く必要もあった。急な入院であり、身近に世話をするものがいなかったため、アパートメント・ホテルで長期滞在するには、やはりなにかと不自由であった。

カテリーナは自分を見つめるために、ひとりになりたかった。それで大晦日《おおみそか》から新年にかけ、プラハで過ごすようシルビアに勧めたのだ。楽しみにしていたクリスマスを台無しにしてしまった償いの意味もあったが。もちろんシルビアは大喜びだった。老母もプラハ見物を楽しみにしてくれた。相談はまとまった。そして三人、カルロビ・バリ駅のレストランで、列車の到着を待ちながら軽食を取っていた。早めに出てきて時間は十分あった。

「プラハへ着いたら、駅からすぐ、リョウに電話してごらん。きっとアパートにいるわよ。大使館は十二月二十八日から一月三日までお休みだって言ってたわ。日本では新年を、わたしたちのクリスマスのようにお祝いするのだって。シルビアが行くと、きっと喜んでくれるわ。びっくりするでしょうね。よろしく言ってね。詳しいことはお手紙に書いたの。忘れずにきっと渡してね」

シルビアは母親の寂しそうな表情が忘れられなかった。

「お手紙、きっと渡してあげる。喧嘩したのだったら、仲直りできるように、わたしが話してあげる」

「何度も言ったでしょう。喧嘩なんかしてないわ」

「だったら、一緒に来ればいいのに」

「ママ、病気なの。本当に元気になるまで大事にしたいわ。しばらくここで静養するの。ドクターもそう言ってるでしょ」

「ま、しかたがないか。でも、リョウ、喜んでくれるかな」

「ご迷惑になるようなこと、しないほうがいいよ。わたしたちゃ、何と言ってもDDRの人間なんだよ。それに、その日本の方、外交官であれば、なおさらのこと」

老母が心配そうに口をはさんだ。

「どうして、わたしたち遠慮しなくちゃならないの。DDR、DDRって。そんなの大嫌い。わたしたちみんな同じ人間だわ。リョウは、DDR人だからって、差別なんかする人じゃないの。そんなこと言うのだったら、おばあちゃん、もう来なくていい。わたしひとりでプラハに行くわ」

涙声になっていた。

「はいはい、ごめんよ。わたしは心配しているだけなんだよ。ちょっと手洗いに行ってこよう」

祖母は、取り繕《つくろ》うように立ち上がった。

「シルビア、ここへいらっしゃい」

母親が娘を膝《ひざ》の上に抱き寄せた。大きくなっていた。もう、子供ではなかった。

「あなたの言うとおりよ。DDR人だからって、卑屈になることなんてないわ。人間として堂々としてほしいわ。リョウ、わたしたちのこと、人間として大事にしてくださるのよ。だからわたし大好きなの。素敵な人だわ。でもね、わたしはリョウを幸せにしてあげることができないの。今度病気して、そのことがよくわかったの。でも、もしかしてシルビアならできるかもしれないわ。ママの代わりに……」

見たこともない真剣な母親の表情だった。シルビアは緊張した。

「まだ、こんなお話しするの早いかなって思ったのだけど、シルビアがリョウのこと本当に大好きなら、一生この人と一緒にいたいと考えるなら、まず、それが本当に自分自身にとって幸せなことなのか、見極めることが大事なのよ。自分が幸せでなければ他人を幸せにすることなんて絶対できないわ。ママ、そういった意味では大変な間違いをしてしまった。自分が幸せになろうなんて考えてもいなかったわ。DDRの人々を幸せにしようと考えたの。そしてあなたが大っ嫌いな共産党員になったわけ。でも、人々を幸せにするどころか、結果的にDDRを強制収容所にするのに手を貸してしまったわ。それだけではなかったの。おばあちゃんを、あなたのパパを、わたしの大切なシルビアを、みんな不幸にしてしまった。そして、もう少しでリョウの人生までも目茶苦茶にするところだった。わたしの過ちに、どんな償いができるのか、ママはそのことを考えてます」

シルビアは母親がかわいそうに思えてならなかった。もう、共産党員の悪口を言うのはよそうと思った。

「プラハに行ったら、リョウによろしくね。寂しがるでしょうけど、ママの気持ちわかってくださるわ。それから、こんどリョウに会ったら、シルビアがどうしてリョウのこと大好きなのか、よく考えてきなさい。女の子は遅かれ早かれ結婚することを考えなくてはならないの。わたしは、あなたのパパが初めての男性だったわ。どんな男性か、ろくに考えもしなかったわ。DDRを守るお仕事をしている人だからって、それだけが一生の問題を判断する基準だった。シルビアがどんな男性を選ぶか、わたしにはわからない。あなたの自由だから。今は、夢のようにあこがれているのかもしれないけど、リョウがいつまでもあなたのそばにいるわけではないの。何と言っても外国人なの。それになにかと制約が多い外交官という特殊なお仕事を持つ人なのよ。いずれ遠く離れ離れになってしまうの。残酷なようだけど、そのことをよく考えておきなさい。あなたの夢がかなうように、ママが応援したとしても、現実に難しい問題があることを忘れてはだめ」

リョウがいなくなる！——シルビアは考えてもみないことだった。母親の胸に顔を埋めた。

（でも、ママがいればいい）そう思った。

「女がひとりの男性を愛することは、楽しいことばかりではないの。王子さまとお姫さまの恋物語のようなメルヘンではないのよ。これから先、シルビアには、きっといろいろな男の子や男性が言い寄ってくるわ。来年の七月には十四でしょ。二十歳になるまで、あっという間の時間だわ。ママ、あなたに母親らしいこと、何もしてこなかったわ。おばあちゃんにまかせっきりで。でも、一つだけ教えておくわ。いいえ、ママが考えていることを話しておくわ。あなたが将来、愛について迷ったとき参考にしてほしいの。そういえばママがこんなことを言ってたなって、思い出してくれればいいのよ。愛し合うことは切ないことなの。愛することの究極は、愛する人のために死ねるかということじゃないかしら。死ぬほどつらいことはないわね。だから愛することは死ぬことなの。このことを忘れてしまって、いえ、気づかずに、愛し合っていると思い込んでしまう。そうね、例えていえば、空気があるから呼吸できて、人は生きることができるのに、空気の存在を忘れて当然のように生きているようなものだわ……」

母親の憑《つ》かれたような言葉に、シルビアは愛することの厳しさを漠然と感じ取った。駅のアナウンスがプラハ行き列車の到着がまもないことを告げた。祖母が待合室に入ってきた。母親の膝から下りると、シルビアは改めてしがみついた。そして泣いた。母親が涙を拭《ふ》き、抱き締めてくれた。優しい接吻《せっぷん》だった。

シルビア

亮介は、ボリュームを目一杯上げて、ビバルディの協奏曲『四季』を聞いていた。注文していた西独グルンディッヒ社のステレオプレイヤーが届いたのだ。ボーナスで奮発した、自分自身へのクリスマス・プレゼントだった。機械音痴の亮介が、ドイツ語のカタログを頼りに苦心惨憺《くしんさんたん》して組み立てた。音が出たとき思わず手をたたいてしまった。大型スピーカーから出る音の迫力はさすがであった。まるでオーケストラが目の前で演奏するかのようだった。とうとう買った念願のステレオだった。

『四季』の、きらめいて緩急畳みかける旋律と曲想に引きずられ、人生の季節を思った。

貧乏学生時代、クラシック音楽を聞きたい一心で、都電に乗るのを倹約してコーヒー代をためた。御茶ノ水や、神保町《じんぼうちょう》界隈《かいわい》の音楽喫茶店にもぐり込み、リクエストの順番を待って、五、六時間も粘ったことが懐かしかった。ベートーベンやモーツァルト、そしてシベリウス、チャイコフスキーなどの名曲を喫茶店で知ったのだ。あの頃はまだ貧しかった。

昭和三十年代初め、九段《くだん》にあった学徒援護会が斡旋するアルバイトと、日本育英会の奨学資金を頼りに大学へ通った。そして、志を立て外務省入省試験を目指し勉強していた。折から、日本はようやく戦後復興を完了し、本格的な高度経済成長の上昇気流に乗ったところであった。東京は、オリンピック準備の工事で、都内いたるところで工事をしていた。人々は希望に燃え、エネルギーが迸《ほとばし》っていた。あれは日本の国運という四季において「初夏」ではなかったのか。そして、自分にとっても……。

そして今、プラハにいる人生の数奇を思わずにはいられなかった。しかも予想もしない局面にあった。運命に翻弄されていた。

実際、運命とは何だろう。なぜプラハへ来たのか。なぜカテリーナとシルビアにめぐり逢《あ》ったのか。そしてなぜカテリーナを愛してしまったのか。そのカテリーナは突然、姿を消してしまった。考えまいとしても不安と恋しさが募った。シュテンツェルの説得にカテリーナの異変を悟り、覚悟を決めつつもあきらめきれない日々。どこへも行かず、ひとりレコードを聞いて過ごそうとする年の瀬、束の間の休息であった。

昨日は御用納めで、中沢大使が大使執務室に集まった全館員を前に挨拶した。

「わが任国は、激動のうちに一九六七年を閉じようとしている。全館員がこの一年、それぞれの持ち場で奮闘してくれたことに、館長として心から感謝する。党中央委員会十二月総会の結果からして、ノボトニー政権の余命は、幾ばくもない。新年は、早々からかつてない激動を迎えるものと予想される。政局は切迫しており、年末から年始にかけ、どのような事態が発生するかわからない。このため折角の休みだが、全館員がプラハにとどまるよう、参事官からお願いしてある。館の任務遂行上やむを得ない非常措置である。あしからずご理解とご協力を得たい。わたしからも重ねてお願いする」

亮介は大使の言葉に武者震いした。全館員が冷酒で乾杯し、一年を締め括った。

クリスマスから新年にかけ、チェコスロバキアの政局は一応休戦状態にあった。しかし切迫した空気がプラハの街に漲《みなぎ》っているのは、大雪のあとの凍てついた寒さのせいだけではなかった。

曲は第四番「冬」第三楽章の終わり近く、激しいバイオリンに、北風の烈風が吹きすさんでいた。そしてかすかに聞こえる春の訪れを予告する南風のバイオリン。陶然と耳を傾けていた。旋律にまじって電話のベルが鳴ったような気がした。いや、電話だった。もしかして、カテリーナの消息が聞ける……。しかし、その電話はプラハに着いたシルビアからのものだった。

「すぐ行ってあげるからそこにいなさい」

シルビアはプラハ中央駅にいた。亮介の声を聞いて安心したのだろうか、涙声になったのがいじらしかった。多くを話さなかった。すぐ電話を切り、慌ただしく用意して、コートを着た。フォルクスワーゲンの鍵を手に、突然、気がついた。

「まずい。タクシーで行こう」

もし監視されていれば、外交官ナンバーの車はあまりにも目立ち過ぎる。黄色のプレートに赤く「CD74・12」と記されたナンバープレートは毒々しいほどであった。どこの国の大使館の誰の乗用車であるか識別できるようになっていた。

シルビアの、そしてカテリーナの状況を亮介はまったく把握していない。用心するにこしたことはなかった。ミール広場まで歩けばタクシーが拾えるはずだ。

アパートを出た。午後二時をちょっと回ったところだった。大雪のあと除雪した雪が歩道の端にうずたかく凍てついていた。寒かった。朝の天気予報では、日中は零下五度とのこと。歩きながらあたりの気配を窺った。住宅街は、ひっそり静まり返り、人通りはほとんどない。凍結した道路を踏み締めて歩いた。四つ角でまるでスパイか犯罪人であるかのようにさりげなく視線をめぐらした。尾行を当然のように意識して行動する自分が悲しかった。ミール広場へ出ると、タクシーは簡単につかまった。

中央駅までそう時間はかからない。チップを弾んで待たせた。運転手は愛想よく二つ返事だった。亮介は、駅のホールに入ると柱の陰であたりの様子を窺った。いつのまにか、そんな行動が身に着いていた。シルビアが監視されている可能性もある。構内は閑散としていた。キオスクに立ち寄り新聞を買い、広げながらあたりを見回したが、不審な様子はない。シルビアがいた。赤いオーバーを着て、隅のベンチに座り、老婦人と話していた。祖母に違いなかった。カテリーナの姿はなかった。予期したことだが落胆した。新聞を畳むと、亮介は、二人に向かってゆっくり歩き出した。

ホールの中程まで来た。人待ち顔にあたりを見回すシルビアと視線があった。亮介は手を挙げた。心細げなシルビアの表情が一瞬、輝くばかりの笑顔に変わった。立ち上がり、走り寄ると、飛びついてきた。亮介は待ち構えて抱き止めた。また、背丈が伸びていた。腕の中でシルビアが泣きじゃくった。

「泣かないで、ほらほら、みっともない。もう安心だよ」

背中をさすってやった。離れたベンチに立ち尽くす老婦人が、二人を見守っていた。亮介は微笑《ほほえ》んで会釈を送った。うなずく老婦人がハンカチで鼻をかんだ。

翌日の午後、大使館に立ち寄った後、亮介はカレル橋へ向かった。午後一時、聖ザビエル像のところで、シルビアと落ち合うことになっていた。散歩してシルビアの写真を撮る約束になっていたのだ。曇っていたが風がなく、寒さは和らいでいた。雪のプラハの散策にちょうどよかった。約束の時間どおりカレル橋にやって来た。こんなにのんびりするのは久し振りだった。シルビアはまだ来ていたかった。

　橋の上から眺める雪をかぶったプラハ城の偉容はまた格別であった。欄干《らんかん》に立ち並ぶ三十体の聖人像に凍った雪がこびりついて、マントをまとっているように見えた。

　ブルタバは青黒くゆったり流れていた。そういえば、この川が取り乱すのを見たことがない。いつも平然としていた。怒濤《どとう》のように荒れ狂って流れることがあるのだろうか。水鳥が舞っていた。両岸の百塔の町並みの黒と白のコントラストは、まるで立体的な墨絵を見るようであった。

　カテリーナを想った。シルビアと祖母の口から、一部始終を知った。病気のことも初めて詳しく知った。

　昨晩、シルビアと祖母をアパートに招き、手料理でもてなした。和風のコロッケを用意したのだが、祖母がいたく喜んでくれた。祖母はザクセン地方の訛りで、訥々《とつとつ》と話した。

「あなた様に、娘や、孫娘がお世話になりますのも、神様の思し召しだと思うております。ありがたいことです。ご親切に甘えていいものか、心配しとりますが。

　カテリーナは普通の娘に育てたつもりでしたが、生真面目過ぎまして、思い詰めると、時に気が触れるようなことがありましてな。今度は何があったのか、ひどい気鬱でどうなることかと思いました。親の口から言うのも何ですが、気立ても器量も悪くないし、学校の成績もよく、死んだ連れ合いの自慢の娘でした。わたしゃ、家事のことや礼儀作法も人並みに仕込んで、平凡で幸せな結婚をしてくれることを願《ねご》うておりました。それが、まあ、あなた、

ＦＤＪやらパルタイ（党）にかかわるようになってしもうてから、人が違ったようになりましてな。教会にも行かずに警察官と結婚するやら、心配ばかりで。それと言いますのもナチや戦争のせいでして、カテリーナの考えもわからんことはないのですが、コミュニストが世直しできるほど人間は単純じゃありません。おまけに、ご承知のとおりハインツまであんなことになりまして。年をとりますと切ないことばかりで、これから先、何を頼りに生きればいいのか、心細い限りです」

そう言って時に泣いた。シルビアが祖母を慰めるのが愛しかった。

「おばあちゃん、ママやパパの悪口言わないで。心配しなくていいの、わたしがおばあちゃんのそばにいて、ずうっと面倒見てあげるから。何度も約束したでしょう」

胸が熱くなって二人のやりとりを聞いたのだった。六十を少し過ぎたばかりと耳にしていた。だが、それよりずっと老けて見えた。握手した手は農作業に荒れて逞しく、素朴な肌ざわりであった。恋しい人の母親の手であった。深い皺《しわ》が刻まれた顔、カテリーナが受け継いだ大きな優しい瞳が、何かを訴えていた。

眺めるブルタバは、いつものように表情も変えず流れていた。

「わっ！」

可愛い叫び声とともに、子鹿のような生きものが亮介に飛びついた。シルビアだった。

「何考えてたの？　そばに来たのに気づいてくれないんだもの」

すねるように甘えた。

「ごめん、ごめん、雪をかぶったお城があんまりきれいなので、見とれてたんだ」

シルビアは赤いオーバーを着ていた。三つ編みのポニーテール、白い毛糸の帽子をかぶっていた。黒いブーツをはいていた。気のせいか少し大人っぽく見えた。

「さあて、と。どこへ行こうかな。旧市街？　それともお城？」

「お城！」

元気よくシルビアが応《こた》えた。

この日半日、夕方暗くなるまで、シルビアにつきあってやった。カレル橋の聖ザビエル像の下で写真を撮った。ファインダーの向こうでポーズするシルビアは子供でもない、大人でもないこの年頃の少女特有の、妖精《ようせい》のような妖《あや》しさがあった。

カレル橋からモステツカ・ウリツェ、マラー・ストラナからネルドバ通りの坂道を上った。

昔、騎士たちがプラハ城に登城するため、馬や馬車に乗って通った道だった。道路に凍てついた雪に足を取られそうになって、亮介にしがみつくシルビアが幸せそうな笑顔を浮かべた。

坂を八分目ほど上ったところで左折し、ザメッケ・スホディに出る。そこでまた右へ回り込むように坂を上り石段を上がるとプラハ城の正面だった。ほとんど人影はなく、マチアス門に衛兵が立哨《りっしょう》していた。城の左手は大統領官邸だ。

「うわあ、きれい！」

シルビアが白い雪を蹴立てて駆け出した。この城門の左手は高台になっていて、プラハを一望に見晴らすことができるのだ。曇り空の下、雪をかぶったプラハ市街のパノラマだった。ゆったりと流れる青黒いブルタバと白い百塔の町並みは壮観だ。

「ママにも見せてあげたいなあ」

シルビアが言った。亮介は黙っていた。

（見せてやりたかった。こうして一緒に歩きたかった）

寄り添うシルビアがそっと亮介の手を取った。

「どうしたの？　変なの。ママもそうなの。あんなにリョウ、リョウって言ってたのに、病気になってから、リョウのことあまり話さなくなったの。喧嘩したの？　それでママ、病気になったのかな。仲直りすればいいのに」

亮介は黙っていた。

「怒ったの？」

不安そうにシルビアが尋ねた。

「怒ってなんかいないよ。ママの病気、早くよくなればいいのにね」

亮介は取り繕った。

「ねえ、リョウ、お願いがあるの」

改まってシルビアが切り出した。きらきら光る母親譲りの大きな瞳が、真っ直ぐに亮介を見つめていた。

「あしたジルベスタ（大晦日）でしょう。旧市街広場の天文時計を見に連れていって。それから朝までリョウと一緒にいたい。リョウといろんなことお話ししたいの。またすぐ離れ離れになってしまうでしょ、一分でも長くリョウと一緒にいたい」

もう子供の言葉ではなかった。亮介は気圧《けお》されていた。

「それからね、ママのお手紙預かってるの。あした持ってきてあげる」

思い切ったような口調だった。

「いつ渡そうか迷ってたの。ごめんなさい。きっとリョウが寂しがるだろうと思って渡しそこねてたの」

(やっぱりそうだった。別れの手紙なのだ)

亮介は悟った。目の前に広がる白いプラハが歪《ゆが》んで見えた。

別れのラブレター

一九六七年がいよいよ過ぎ去ろうとしていた。旧市街広場、市庁舎時計塔の前は混雑していた。プラハ名物、天文時計が新年を告げる瞬間を見守ろうと、集まった人々である。十五世紀に造られた由緒あるこの時計塔には伝説があった。完成させてまもなく、時計を作った名工は、何者かに襲われ目をつぶされてしまった。同じものを作らせないためであったというのだ。

実際、精巧な仕掛けであった。毎時、骸骨姿の死に神が鐘を鳴らし、文字盤のすぐ上にある回り舞台が回って、キリスト十二使徒の人形が静々と現れては消え、最後に塔の一番上にある窓が開き鶏が飛び出て時刻を告げた。これだけのからくり時計が五百年近くも昔、プラハで作られていたのだ。

そして、この広場の除夜、変わった風習があった。新年を迎えた瞬間、時鐘とともに広場の明かりが消え、塔上でファンファーレが吹奏される。暗闇の中で人々は持参したワインで乾杯し、グラスを石畳にたたきつけ、新年を祝い幸福を祈るのだ。そして誰彼なく接吻する無礼が許された。魂胆のある若者たちが、女友達を交えた仲間を誘って集まった。誘われる方も万事承知の上で。

待ちきれなくなって酒盛りを始めたのか、酔っ払ったグループが騒いでいた。即興なのだろう、政治的な歌を歌っていた。

「ノボトニーさん、さようなら、ごくろうさん。鶏が鳴いたらとっとと失せろ」

独裁者の権威も威光もなかった。広場を警備する警察官も騒ぎを傍観していた。去年であれば、即刻逮捕されたことであろう。時代の変化はそんなところにも表れていた。

亮介はシルビアとその人込みの中にいた。祖母は同行しなかった。零下五度、凍てつく寒さに外出を敬遠した。しんしんと冷える寒気が足元から伝わってきた。広場の周囲には除雪した雪が白い岩のように凍てついている。亮介は足踏みしながら、ブーツをはいてこなかったことを後悔していた。腕につかまるシルビアは、スキーウェアとブーツで完全防寒していた。

「シルビア、寒くない？　大丈夫かな」

「ちっとも。おばあちゃんが言うとおり、暖かくしてきたの。リョウは？」

「足が冷たい。やっぱりブーツにすればよかった」

「新年のお祝いしたら、早くお家に戻りましょうよ」

このあと、亮介のアパートでシルビアと過ごす約束をしていた。午前零時まで十分余り。寄り添うシルビアのぬくもりを感じながら、亮介は戸惑っていた。

シルビア。この子とどうかかわればいいのか。いずれにしても、この子を裏切ることになるのではないか。不安とともに、亮介は改めてシルビアの存在を意識していた。

「何考えているの？」

シルビアの言葉にわれに返った。

「シルビアのこと」

「本当？　いいことなの？」

「もちろんさ」

後ろめたかった。亮介の腕にからむシルビアの手に力がこもった。体を擦り寄せてきた。広場がどよめいた。午前零時五分前だった。組んでいた腕を解くと、シルビアはしゃがんだ。足もとの小さなバスケットからワイングラスを取り出した。赤ワインの瓶は、抜いたコルクで軽く栓《せん》がしてあった。みんな祖母が用意したものだった。あちこちでワイングラスの触れ合う音がした。慌てて手がすべったのか、グラスが割れて、叫び声と笑いがまきおこった。

二分前になった。シルビアが差し出すグラスとワインの瓶を受け取った。グラスを手にシルビアが立ち上がった。一分前。亮介はグラスにワインを少し注ぎ、味見した。そしてシルビアのグラスと自分のに注ぎ、待ち構えた。十秒前。カウントダウンが始まった。大合唱になった。デセット、デビエット、オスム、セドゥム、シェスト……、途中からシルビアがドイツ語で数え出した。フンフ、フィア、ドライ、ツバイ、アインス。

一九六八年！　広場に大喚声がこだました。ファンファーレが高らかに響き渡り、明かりが消えた。すぐそばのティーン教会、そしてプラハ中の教会の鐘が鳴りだした。

また大喚声が起きた。二人はグラスを合わせた。凍てつく雪明かりに、ほの白くシルビアが微笑んでいた。亮介とシルビアは大声で怒鳴るように新年の祝詞を述べ合ったが回りの喧騒でよく聞こえなかった。二人揃《そろ》ってグラスを石畳みに打ちつけた。広場のあちこちでグラスが砕ける音がした。突然、シルビアが抱きついてきた。抱いてやった。気のせいか感触が違っていた。女の気配がした。背中をなぜようとしてやめた。亮介の胸に顔を伏せ、シルビアはじっとしていた。あたりを見回すと、喧騒の雪明かりの薄闇の中、何組もの若者たちが抱き合って接吻していた。ふとシルビアが顔を上げ、心持ち背伸びしておずおずと唇を寄せてきた。亮介は息を殺してじっとしていた。カテリーナの面影と激しい口づけの記憶が生々しくよみがえった。

一九六八年、運命への時は、確実に刻まれていた。

「ねえ、お願いがあるの」

　亮介の胸に顔を伏せたシルビアが言った。

「何だろう。シルビアのおねだりは……」

「もう一度、カレル橋の聖フランシスコ・ザビエル様のところへ行きたい」

「なんだ、そんなこと。朝までずっとシルビアと一緒にいる約束なのだから、なんでもおねだりを聞きましょう。ここからすぐじゃないか」

「ええ、でも、足冷たくないの?」

「大丈夫、歩けば温かくなるさ。どうせ自動車を置いた聖サルバドール教会の角まで歩かなくちゃならないし、そこからカレル橋まですぐじゃないか。でも、どうしてなの」

　二人は人込みを離れて歩き出した。

「もしかしたらもうプラハに来れないかもしれない。なんだかそんな気がしてしかたがないの。だからもう一度、聖ザビエル様にお願いしておきたい」

「復活祭のお休みに、また来るんじゃなかったの。そう思ってたのに……」

「もちろん、来たいわ。リョウに会いたいもの」

「どうして来れないの?」

　腕につかまるシルビアはどこか哀しげだった。

「そんな気がするだけ」

「来れないのだったら、ぼくがＤＤＲに行こうかな」

「えっ、本当？　嬉しいっ。でも、日本の外交官がＤＤＲに来れるの？」

「一つだけ方法がある。オスト（東）・ベルリンは例外なんだ。四ヵ国共同管理といってね、ベルリンは西も東も合わせて、占領国であるアメリカ、イギリス、フランスそしてソ連が共同で管理することになっているんだよ。オスト・ベルリンはソ連だけでなく他の西側三国も管轄権があるんだ。つまり西側の人もオスト・ベルリンに入ることができるんだ。逆にベスト（西）・ベルリンは、西側三カ国だけではなく、ソ連も管轄権を持っている。ソ連の人もベスト・ベルリンに入ることができるんだ。

ぼくは、オスト・ベルリンの境界を越えてＤＤＲの領土に入ることはできないけど、オスト・ベルリンまでは入ることができるんだ。でも、やっぱり無理かな。シルビアはベルリンじゃないところに住んでいるんでしょ。シルビアには会えなくても、マウアー（壁）、『ベルリンの壁』を、是非見ておきたいんだ」

「難しくってよくわかんないけど、リョウは本当にオスト・ベルリンに来られるの？」

興奮したのか、シルビアが立ち止まった。

「本当だよ。問題は時間がいつ取れるかだ。休暇を取って行くつもり」

歩き出したシルビアが明るい声でいった。

「じゃあ、いつ来るのか決まったら教えて。ベルリンのパパのところで待ってるから。わたしの学校がお休みのときにしてね。パパにも紹介してあげる」

無邪気なシルビアの言葉に亮介は狼狽《ろうばい》していた。

「どうしたの？　急に黙っちゃって……」

「なんでもない。ママのこと思い出したんだ、急に」

「そう、ママのこと愛しているの？」

「もちろん。でももう会えないだろうな。いや、会ってもらえないだろうな」

今度は、シルビアが黙ってしまった。二人はカレル橋のたもとに来ていた。ブルタバがいつものように平然と流れていた。橋の上に人影はなかった。欄干に立ち並ぶ聖人像がパントマイムを演じるかのように、凍てつく雪をまとって、それぞれのポーズで灯明に浮かび上がっていた。対岸に雪をかぶったプラハ城の黒いシルエットは無言劇の舞台装置のようだった。

聖フランシスコ・ザビエル像は、旧市街側から見て、五番目の左側だ。

立ち止まると、シルビアが立ったまま両手を組んで胸に当て頭を垂れて祈っていた。何を祈るのであろうか、一心に祈っていた。その後ろ姿を見守った。シルビアは、カテリーナの分身であった。さっき広場の闇の中で、おずおずと唇を寄せてきた思いがけない行動は、幼いしぐさであったが一途な愛情の表現に違いなかった。母を恋した外国の青年に、思いを寄せる少女がそこにいた。祈る後ろ姿が何かを訴えていた。亮介は粛然とした思いで立ち尽くし、見守った。

シルビアが振り向いた。思い詰めた表情だった。提げていたバスケットを開けて白い封筒を取り出すと、亮介に差し出した。

「これママのお手紙なの……」

亮介は黙って受け取った。分厚い封書だった。

「別に読んだわけではないのよ。ママ、サナトリウムのアパートで、夜遅く泣きながら書いてたの。知らないふりしてたの。看病してたとき、ママ、うわごと言ってたわ。ごめんなさい、リョウ。ごめんなさい、リョウって。そしてパパにも」

真っ直ぐに見つめるシルビアの視線が痛かった。

「ねえ、リョウ、ママをパパに返してあげて。その代わり、わたしがママのような素敵な女性になりますから。わたしが本当の大人になるまで待っててください。DDRの人もきっと自由に外国に行けるようになるってママが言うの。聖ザビエル様にお願いしたの。日本へ行ってリョウのフラウ（お嫁さん）になれるようにって……。わたし、リョウのこと大好きなの。愛してるわ。お願いだからもう子供扱いしないで」

堰《せき》を切ったように訴えた。亮介にしがみつくと、シルビアは声を上げて泣いた。

部屋に戻った亮介は、シルビアを寝かしつけた後、カテリーナからの手紙を読んだ。

マイン・リーバー・リョウ（わたしの愛しいリョウ）！

カルロビ・バリのサナトリウムにいます。クリスマスの少し前から降り出した雪は、こちらでも大雪になりました。プラハの雪景色を思っています。そしてあなた、リョウのことを。あなたをどんなに悲しませてしまったか、自分の罪深さにおののくばかりです。唐突に下した、わたしの身勝手な決断に、あなたがどれほど打撃を受け傷つくことか、苦しみ悩み考え続けました。しかし、お別れするしかないという決断は、正しいと確信するようになりました。きっとわかっていただけると信じます。そして、わたしがあなたをどんなに愛していたか。

まず、わたしに何が起こったのか、説明しておかなくてはなりません。あの日、レストランで、あなたが心配したように、暗い重苦しい気持ちでいたのです。DDRから来た特務機関の男が、わたしの不在中、アパートに入り込み、いろいろ探った形跡に気づいたのです。わたしは怯えていました。心配させたくなくて、リョウに打ち明けるのをためらいました。その重苦しさを、あなたの愛の告白ですっかり忘れてしまったのです。

あなたの腕に抱き締められました。もし、あのまま、あなたの愛撫《あいぶ》に誘われたら、わたしは果てしなく狂乱したであろうことを告白します。普通の女であった自分をいとしく思いました。あなたはいつも自己抑制的でお行儀がいい青年でしたね。それなのに、あの日、わたしたちの行動は写真に撮られていました。そして脅迫されたのです。わたしは動転し、取り乱しました。あなたを巻き添えにしてしまい、遠からず脅迫があなたに向けられることを確信したのです。彼らの常套《じょうとう》手段ですから。

その不安で病気がひどくなり錯乱したのです。気がつくとカルロビ・バリの病院にいました。忌まわしい出来事の後、サナトリウムで過ごす静かな日々、いろいろなことを考え直すのに、とてもいい機会でした。

わたしの愛しいリョウ！

あなたは、わたしにとって初恋の人なの。離婚した子持ちの、三十も半ばを過ぎた女が言うせりふにふさわしくないことを、十分わきまえたうえで、あえてそう言いたいのです。少しも恥ずかしく思っていません。恋することはこんなにも切ないことだったのですね。初めて知りました。遅すぎた初恋でした。でも素敵でした。生きていてよかったとつくづく思っています。今まで、わたしは爪先《つまさき》立って生きてきたような気がします。普通の女の人が味わう喜びとかときめきにほど遠く生きてきました。しかし、あなたにめぐり逢ってからというもの、女の幸せとは何だろうと思い続けてきました。そして本当のカテリーナは、今までのようなわたしと違う生き方を望んでいたのではないかと考えるようになりました。

本当のことを申し上げるなら、復活祭のあの日、あなたに逢った瞬間でした。ああ、やっとめぐり逢えたという、戦慄するような不思議な感覚、遠い魂の記憶とでもいうのでしょうか。エクスタシーにも似た衝撃でした。うまくその感覚を説明することができないのが残念です。今にして思えば、あなたに恋をした瞬間でした。そうアマゾン女族の女王ペンテジレーアが、初めて会ったギリシャの貴公子アキレウスに恋をした一瞬のように……。この悲恋物語をご存じですか？　笑わないでくださいね。わたしは少女のとき読んだこのお話が、忘れられないのです。

わたしの愛しいリョウ！
あなたのことを想うと心が和《なご》みました。勇気が出ました。生きようという希望、そして幸せになれるという確信がわいたのです。苦しくつらいとき、何かにつけてリョウのことを想いました。あなたの愛にすがって、普通の、そして、わたしの心が願うカテリーナになりたかったのです。修羅《しゅら》の世界から抜け出したかったのです。夢中になって、あなたに恋をしていました。しかし今度の出来事は、火照《ほて》ったわたしの心に冷水を浴びせかけました。

わかっています。あなたがどんなにわたしを愛しているか。ひたむきですものね。それだけに、わたしは恐れたのです。あなたが、わたしのために破滅し、自爆してしまうことを。滅びの美学として、あなたは自己満足するかもしれません。しかしそれは間違いなの。わたしはペンテジレーアのように、直接その手に掛けて恋しいリョウを殺さないまでも、わたしのために破滅させるようなことをしたくありません。しかしこのままでは、結果的にあなたを、わたしの手に掛けて殺してしまうようなことになるのです。アキレウスはペンテジレーアを恋するあまり、決闘の場にほとんど丸腰で現れ、屈服することによって愛と誠実を示そうとするのです。ところが狂気に錯乱したペンテジレーアは、その深い思いを理解できませんでした。一方的な闘いが始まります。ペンテジレーアが渾身《こんしん》の力を込めて放った矢は、アキレウスに命中します。そのうえ、瀕死のアキレウスは、けしかけられた戦闘犬に襲われ、八つ裂きになります。狂ったペンテジレーアは、あろうことかアキレウスの遺体に嚙《か》みつくのです。凄惨《せいさん》極まりない愛の破局です。正気に返ったペンテジレーアは、アキレウスの遺骸を抱いて悲嘆慟哭《どうこく》し、短剣で胸を刺して自害し果てるのです。運命に約束され、めぐり逢った魂が、こんな悲劇的な結末となったのです。わたしは、ペンテジレーアのようになりたくありません。

少女の頃、この物語を読んで泣きました。でも、一つだけどうしてもわからないことがありました。いくら狂っていたとはいえ、ペンテジレーアが、なぜ殺したアキレウスに嚙みついたのか。

十九世紀ドイツ、異端の劇作家フォン・クライストは、この悲恋物語を戯曲化しましたが、その中で、次のような言葉をペンテジレーアに与えています。意味を正確に理解したのは、あなたに恋をしてからのことでした。

「好きな人の首にすがって、好きよ、大好き、恋しくって、食べてしまいたいほど好きよと、言ってしまってからその言葉を考えて、自分でも胸が悪くなるほどその言葉にうんざりする女、そんな愚かしい女がどんなにたくさんいることかしら。でも、いとしいあなた、わたしはそんなことはしなかったわ。このわたしが、あなたの首にすがりついて泣いたとき、わたしは言葉どおりのことを本当にして見せたわけよ。わたしは見かけほど、狂っていたわけではないの」

この言葉を、あなた、わたしのリョウに贈ります。本当に食べてしまいたいほど好きでした。わたしは、あなたになりたかった。あなたに、わたしになってほしかった。愛し合う男と女がどんなに願っても、永遠に究極の霊と肉の一致を実現できない切なさは、恋しい人を、食べてしまうしかないという衝動に駆り立てるものなのですね。この愛するゆえの別れをわかってください。今までのように愛してくださるのでしたら、わたしに近づかないでください。見守ってください。あなたの想いをください。

わたしは、どうしても、もうひとりのカテリーナにならなければなりません。

「そこをおどき。アマゾンの女王を侮る者たちに復讐《ふくしゅう》の闘いを挑むのです。もうまつわりつかないで、邪魔なの。リョウ。父との約束を守るためにも、裏切られたらどうするか。闘うしかないのです。わたしは闘って死ぬしかないのです」

さようなら、わたしのいとしい人。愛を込めて心からの口づけを送ります。さようなら。

マイン・リーバー・リョウ！
一九六七年十二月二十八日

カルロビ・バリにて
あなたの　カテリーナ

第5章
プラハの春

政変

しらじらと夜が明けようとしていた。元旦の朝だというのに、まんじりともしなかった。ふと見ると、ソファで眠るシルビアは、何を夢みているのか、口もとに微笑を浮かべていた。

旧市街広場で除夜を過ごした後、カレル橋を回って、亮介のアパートに戻った。真っ先に温かいココアを入れた。二人とも冷えきっていた。カップを両手に抱えて見つめる、パジャマ姿のシルビアが愛らしかった。

カテリーナが焼いた、お土産のクッキーを食べながら、レコードを聞き、折り紙をして遊んでやった。亮介の説明を聞いて、私も願いがかなうよう千羽鶴《せんばづる》を折るのだと、意気込んだ最初の一羽を、不格好ながらやっと自力で折り上げ、歓声を上げたシルビア……。いくら背伸びしてもまだ少女であった。退屈したのか日本の昔話をせがまれた。気配が静かになったかと思うと、千代紙を手に眠りこけていた。毛布を掛けてやり、深い寝息を確かめ、手紙の封を切った。別れの手紙であった。覚悟はしていたが、カテリーナの哀切さが心にしみた。

手紙の中のカテリーナはカテリーナそのものだった。告白は等身大の自画像だった。どこにでもいる普通の女性であり、平凡なつつましい生活にあこがれていた。そのカテリーナを駆り立てたものは一体なんだったのだろう。

良心的な共産党員が反体制活動家の烙印《らくいん》を押され、たったひとりで権力に立ち向かっている。陰険で卑劣なテロを組織したわけではない。徒党を組んで騒いだわけでもない。たったひとりで静かにDDR体制と対決しているのだ。権力はそのたったひとりの勇気ある批判を恐れた。カテリーナを排除するため、DDR体制は手段を選ぼうとしなかった。

カテリーナの手紙に向き合って、亮介は恥ずかしく思っていた。カテリーナへの想《おも》いの矮《わい》小《しょう》さだった。愛とはいいながら単なる執着ではなかったのか。

(情欲を愛情と勘違いしておるだけのことよ)

シュテンツェルの言葉が記憶によみがえり、心を鋭く抉《えぐ》った。もうカテリーナにまつわりつくまい。亮介は決心していた。遠くから見守るつもりだった。いつのまにか夜が明けきっていた。


一九六八年一月三日、チェコスロバキア共産党中央委員会総会が開催された。政局は急展開しようとしていた。ノボトニーの失脚は確実だった。あがきにあがいた権力者は、ついに追い詰められて土壇場にあり、巷《ちまた》の関心は、誰《だれ》が新しい権力者になるかであった。

昨年十二月の臨時党中央委員会総会で設置された「第一書記選出のための諮問委員会」は候補の絞り込みに苦慮していた。委員会の予備選挙ではドゥプチェク七票、レナールト六票、チェルニーク四票、ラストビツカ四票という結果であり、支持票の色分けは、保守派十票に対し改革派十一票と、一票差で改革派がリードしていた。密室の中の権力闘争は、鍔《つば》ぜり合いの状況にあった。

いろいろな情報が飛びから中で、見通しをつけるのは難しかった。亮介は、シュテンツェルの意見を聞きたかった。しかし氏を訪ねることにこだわっていた。

目的が、カテリーナの消息を求める魂胆と思われるのが悔しかった。ひそかに別れを決意していたのだから。ところが、思いは通じるものなのだろうか。偶然に同僚の稲村がチャンスを作ってくれた。一月四日の午後だった。電話がかかってきた。

「あ、いたのか。ちょうどよかった。これからシュテンツェル先生に会うんだ。頼まれた資料があってね。届けに行くことになっているんだ。よかったら一緒に行こう。政局について話を聞こうよ。大学本館のホールで三時のアポイントだ」

二つ返事で飛びついた。

新年の祝詞を交わし、握手をしながら見つめたシュテンツェルの目は、いつものように柔和に静かであった。

「おう、おう、どうかなヘル・ホリエ、変わりはないか。こうしてヨシと押し掛けてくるところを見ると、元気回復、また、わしに議論を吹っ掛けるつもりだな。いや、結構、結構、若者はそうあるべきだ。ホウッ、ホウッ、ホウッ」

嬉《うれ》しそうに笑った。勧められ、ホール隅のベンチに座った。

「はい、そのとおりです。お話を伺いたいことがあります。政局についてですが」

そう言いながら亮介は心が和《なご》んだ。

「ふむ、どうしておるのか案じておった。ま、人生、いろいろあるものだ。男は忍耐が肝心、忍耐は勇気でもある。たとえ痩《や》せ我慢でもなあ。耐えることは男の美学よ。フォオッ、フォオッ、フォオッ」

決断しながら断ち切れないカテリーナへの思慕が見透かされていた。

「ところで、ヨシよ、頼んだもの見せてもらおうか」

「ええ、これです」

文献のコピーであった。稲村が東京から取り寄せたものだった。師弟はチェコ語で話し出した。研究論文らしく、氏は目を輝かせてページを繰った。

亮介はあたりを見回した。休暇明けまもない午後のせいもあって、ホールは閑散としていた。十四世紀半ば創設されたカレル大学は、アルプス以北の最古の大学で、ゴシックとバロック様式が渾然《こんぜん》とする重厚な建物の中は寒々としていた。

カテリーナが、カツ、カツとハイヒールを響かせ、歩いてくるような気がした。紺の長めのスカートに包んだ、まろやかな下肢《かし》のなまめかしさ、白いブラウスと胸の膨らみ、水色のカーディガン、亜麻色のウェーブがかかった髪、首には亮介のクリスマス・プレゼント、エルメスのスカーフを巻いている。独特のデザイン模様と鮮やかな配色。澄んだ美しい目をした白い顔によく映えていた……。

「おい、何考えてるんだ。呆然《ぼうぜん》として」

同僚の声に、われに返った。

「いや、なに、ちょっとね。誰が第一書記に選ばれるのか考えてた」

資料に目を通し終わったシュテンツェルは、満足そうであった。この人が嬉しそうな顔をすると、こちらまで嬉しくなってしまうのだ。

「ありがとう、日本にも相当なスラブ言語学者がおるものだ。いい論文だ。千田教授によろしく言っておいてくれ。わしからもコメントを添えて礼状を出しておこう」

シュテンツェルは改めて、亮介に目を向けた。

「ところでと。ヘル・ホリエ、あんたの質問はわかっておる。第一書記は誰か。ドゥプチェクよ」

事もなげに断言した。ドゥプチェク！　亮介は、テレビや新聞、雑誌で見たことがある風《ふう》貌《ぼう》を思い起こした。いつも柔和な微笑《ほほえ》みをたたえていた。腕を大きく広げ、人々をあたかも抱きかかえるかのようなジェスチャーで、話し、演説する癖がある。そしてスロバキア人であった。

「意外ですね。失礼ですが、わたしの印象では、少し線が細い感じで、権力者というには頼りないイメージです。あのごついロシア人や、陰険なDDRのウルブリヒト、海千山千のゴムルカとやり合うには、役者不足ではないですか？」

氏の眼鏡がきらりと光ったような気がした。

「のう、ヘル・ホリエ、いつもわしが言っておる。流れだよ。歴史の流れだ。人が歴史を作り選ぶのではない。歴史が人を選び、人を作るのよ。早い話がノボトニーだ。あんな男ではなかった。わしとマウトハウゼンの強制収容所にいるとき、ここを無事に出ることができたら、もう政治にかかわるのはこりごり、花でも作って静かに暮らしたいと泣き言を言っておった。想像できるかな。独裁者ノボトニーから。

人間とはそういうものだ。歴史がノボトニーを選び、ノボトニーを作ったのよ。そして今、歴史がドゥプチェクを選ぼうとしているのだ」

ずしんとこたえる言葉であった。生意気なコメントをしたことが恥ずかしかった。

翌五日は暗い曇り空だった。残雪が硬く凍りついた底冷えする寒さ、また雪が降るかのような午後だった。例によって、噂《うわさ》のニュースは早かった。大使館の運転手が聞きこんできた。

「党中央委員会総会は、ノボトニーの第一書記辞任を承認し、その後任にアレクサンデル・ドゥプチェクを選出した」

公式発表がまだないのに情報は瞬く間に巷に伝わった。緊迫のわりに、結果はあっけなかった。政変というには拍子抜けするほどだった。午後五時、テレビそしてラジオの定時ニュースが、新しい第一書記にドゥプチェクが選出されたことを報道した。独裁者はついに失脚した。政変は、ただちに公電で本省に報告された。

予期されたことが現実になっただけのことで、別に反共政権が樹立されたわけではなかった。人々に動揺はなかった。あえていえば、改革派が権力を手にしたことにより、政治の手法が多少変化するかもしれないと、人々は淡い期待をかけたにすぎなかった。

この政変について、クレムリンも評価を誤った。チェコスロバキア共産党の内輪もめ、コップの中の嵐《あらし》にすぎないと見ていた。

「われらがサーシャ（アレクサンデルの愛称）が、チェコスロバキアで権力の座についた。これで万事うまく行くだろう」

ブレジネフは安心したというのである。考えられることであった。さもなければ「それは、君たちの問題だ」と、高を括《くく》ることはできなかったはずである。ブレジネフは政変直前、わざわざプラハを訪問し、政局の収拾に介入していたのだから。

シュテンツェル流にいえば、ブレジネフは歴史の流れを見誤っていたのである。

六日付、党機関紙『ルデー・プラボォ』は、権力者の交替について声明を発表した。いつものように独特の用語と、持って回ったレトリックだった。

亮介は考えるのだった。チェコスロバキアだけではなく、ソ連・東欧の共産党機関紙がわかりやすい直截《ちょくせつ》な言葉で、記事を書かないのは、いや、書けないのは、共産党のあり方そのものに本質的なやましさがあり、秘密主義の結果ではないのかと……。

アレクサンデル・ドゥプチェク。一九二一年生まれの四十七歳、脂が乗り切った働きざかり、親子二代、良心的な共産主義者であった。

父ステファンは木工職人であり、一時、米国に新天地を求め、シカゴに住んだことがあった。一九一八年チェコスロバキアが独立したため、二一年に帰国した。祖国建設に参加するためだった。故郷スロバキアに住居を定めてまもなく、アレクサンデルが生まれた。

しかもステファンは生え抜きの共産主義者であり、チェコスロバキア共産党の創設に参加した数少ないメンバーであった。そして国際主義者でもあった。革命まもないロシアのキルギス開拓に、一家を挙げて率先して参加した。この父に従いアレクサンデルは幼児時代から高校生となるまでソ連に住んだ。ソ連はアレクサンデル、つまりサーシャにとって、第二の祖国であった。

ドゥプチェクは父ステファンの影響を受け、十七歳で共産党員になった。屈辱のミュンヘン協定で祖国がナチに分割された直後、一家は敢然とスロバキアに帰国した。父と息子サーシャは、当然のように非合法の共産党活動に参加し、地下抵抗運動にも従事した。

解放後、党員としてチェコスロバキアを社会主義国家にする活動に没頭した。そして二月革命の後、党のエリートコースを歩むサーシャは選ばれて、一九五五年から五八年までモスクワの党政治大学に留学した。アレクサンデル・ドゥプチェクは正真正銘の共産主義者であった。

ブレジネフが、新しい世代の共産党指導者として、ソ連育ちのアレクサンデル・ドゥプチェクに、親しみを持ち期待したとして不思議ではなかった。

亮介はシュテンツェルの言葉を改めてかみしめた。

「歴史がドゥプチェクを選ぼうとしている」

そしてたしかにドゥプチェクが選ばれた。本省に報告するため、ドゥプチェクの経歴を詳しく調べた。新しい権力者はこんなイメージだった。

世界を広く見た父から受けた影響と薫陶、そして感じやすい少年期に見た「ロシア」そのものとしてのソ連。モスクワ留学時代に味わったソ連型社会主義に対する失望と違和感。五〇年代のスターリン主義的政治テロと粛清に対する幻滅と反感。フルシチョフのスターリン批判と失脚、その反動として硬直した官僚主義と秘密警察の横暴に対する嫌悪。

さまざまに歪《ゆが》んだ社会主義権力の実態を知るひとりの良心的な共産主義者がドゥプチェクだった。彼の意識の流れが、「プラハの春」という歴史のうねりに呼応していったのだ。

寒い朝

一月九日、亮介はシルビアから絵葉書を受け取った。カルロビ・バリで投函《とうかん》されたものだった。DDRに戻る一日前に書かれていた。幼い筆跡の簡単な文面だった。

「ありがとう。楽しかったわ。毎日一つずつ折り鶴を作ります。おばあちゃんがよろしくって。お元気でね」

人目に触れるのを意識した内容だった。カテリーナのことは書かれていなかった。シルビアとその祖母が、カルロビ・バリへ向かったのは一月三日、寒い朝だった。ラシーノボ通りのアパートまで迎えに行き、タクシーを使って駅まで見送った。

シルビアは列車に乗り込む直前まで、亮介の手を取って離そうとしなかった。言葉も少なかった。いじらしさに心が揺れた。

前日の二日、市街電車を乗り継ぎ、三人でプラハを見物して歩いた。亮介が案内した。それだけに別れがつらく、通い合った心が恨めしかった。再会を約束したが、実現の可能性について自信はなかった。人々の交流を、あの手この手で制限し監視する共産党独裁下のDDRだ。簡単に再会できるとは考えていなかった。

シルビアの祖母、いや、恋しい人の母親が抱擁《ほうよう》して別れを惜しんでくれた。太った体に、すっぽり包まれるようだった。日だまりの温もりを感じた。

「あなた様に、神様の御加護がありますように」

そう言って祖母は泣いた。もう二度と会わないことを願っていたのであろう。娘や孫娘にかかわってもらいたくなかったに違いない。DDRの人間にとってアウスランダー（外人）は、不幸をもたらすだけなのだから。ましてや日本人の外交官など、「シタージ」に睨《にら》まれたら、どれほどの身の不幸か。祖母は、この別れをひそかに喜び安心したのではないか。亮介は、祖母の別れの言葉の響きに、ほっとする安堵《あんど》があるのを敏感に感じ取っていた。寂しい別れだった。そっと抱いてやったシルビアが泣いていた。

一月政変後のプラハは、奇妙に静まり返っていた。手ぐすね引いて待ち受けたことだけに、中沢大使以下館員は、気勢をそがれ手持ち無沙汰《ぶさた》でさえあった。政局は、ほんとうにドゥプチェクが第一書記になったのかと思うほど動きはなかった。たしかに公共施設に掲げてあったノボトニーの肖像写真に変わり、ドゥプチェクのそれが掲げられた。

だがノボトニーは依然、大統領として公式行事に姿を見せ、その存在を誇示するかの様に振る舞った。ドゥプチェクと第一書記を争ったレナールトも首相の要職にあり、保守派イデオローグ、ヘンドリフ党幹部会員は相変わらず改革派を批判していた。権力の中枢、党幹部会は、一部異動があったものの改革派は依然少数派であり、党機関のあらゆるレベルでその力は限定的であった。

実際、一月二十二日開催された、スロバキア共産党中央委員会総会で、スロバキア共産党第一書記にワシル・ビリャク党幹部会員が選出された。名うての保守派であり、改革派と激しく対立する人物が、改革派の急先鋒《きゅうせんぽう》であったドゥプチェクの後任となったのである。改革を推進するため、後任は改革派の人物であってしかるべきではないのか、人々は訝《いぶか》り失望した。党、そして政府とも実態に大した変化はなかった。保守派は依然として勢力を保持していた。ひとりドゥプチェクが、第一書記に祭り上げられ孤立するかのようであった。保守派と改革派の睨み合いが続いていたのである。

保守派と改革派が最後の闘いに突入する直前の緊迫が醸す静寂であった。

そんな奇妙な平穏の中で、亮介は人を愛する孤独と苦痛をしみじみ味わっていた。カテリーナも、シルビアも、それぞれに苦痛を抱いているに違いなかった。いたいけない十四歳にもならない少女の愛情を知りながら、その母を恋い慕う自分だった。

人を愛し、人に愛されるとは、なんと罪深いことなのか。愛は本質的に執着であり独占することなのだ。愛することによって人を傷つけ、愛されることによっても、人は傷つく。それゆえ、愛にまつわる償いは、本来、死をもってするほどの重さなのだ。

亮介は悟った。人が生きていくことは、どう生きても、なんらかの形で他人を傷つけているのではないか。生きていくことは、なんと無残なことだろうと。

その政局の静寂には一石が投じられていた。スムルコフスキー党中央委員が、労働組合中央評議会機関紙『プラーツェ』（一月二十一日付）に掲げた論文だった。

ヨーゼフ・スムルコフスキーは、やがて本格化する改革運動に重要な役割を担うこととなる人物であり、この論文こそ、目指すべき改革が何であるかを人々に訴え、改革運動の基本的方向を示唆する、画期的な主張だった。

亮介はこの論文を読んだ。感銘した。何よりもわかりやすく正直だった。直截な言葉だった。マルクス・レーニン主義の用語を使っていなかった。だが、不吉な予感もした。頑迷なクレムリンの権力者たちが果たしてこのような主張を認めるのだろうかと。

大胆な共産党独裁批判がその内容で、改革の目的を噛《か》んで含めるように説いていた。筆者ヨーゼフ・スムルコフスキーは当時五十七歳。戦前からの共産主義者であり、第二次世界大戦中、反ナチ・レジスタンス運動に従事した闘士であった。一九四八年二月、共産党政権の樹立に参画し、農業大臣として社会主義的土地改革を推進した。しかし五〇年代スターリンの政治テロの犠牲になり、無実の罪で投獄された経験を持つ人物であった。

この論文にはチェコスロバキア共産党から、ソ連的ないしスターリン主義的体質を一掃し、祖国に本来の社会主義社会を建設しようという、並々ならぬ決意が感じられ、これをきっかけに情勢は大きく動き始める。


それから数日後、一月二十四日、チェコ作家同盟中央委員会が開催され、空席であった議長に、エドゥアルト・ゴルトシュテュッケルを選出した。元駐イスラエル大使であり、カレル大学副学長にして教授であった。カフカの研究者としても知られ、カフカ諸作品の再評価を主張していた。カフカはイデオロギー的に異端とされ、その著作は封印され禁書とされていた。共産党に都合が悪い文学作品や学術書が多数、禁書に指定されていたのだ。ゴルトシュテュッケルは、そのタブーに挑戦していた。彼は、その経歴にも窺《うかが》えるように見識ある知識人であった。

数カ月前、十月の学生デモ事件について警察の過剰反応を批判し、学生の行動を支持していた。しかも、ゴルトシュテュッケル自身、スターリン主義の犠牲者であった。シオニスト、そしてスパイという無実の罪で終身刑を宣告され再審中であった。

ゴルトシュテュッケルは信念の人であり、不屈の闘士であった。そして、それが人望と信頼の理由であった。どこか、映画スター、ヘンリー・フォンダに似た憂いを含んだ風貌は、人々の心に、強く訴えるものがあった。

その彼が議長になったのだ。作家同盟中央委員会は早速行動した。四カ月前の九月から、保守派の言論弾圧で文化情報省の監督下に置かれていた、作家同盟機関紙『リテラールニー・ノビニ（文学新聞）』を、『リテラールニー・リスティ（文学新報）』と改称して、再刊することを決定したのだ。

ゴルトシュテュッケルは、ラジオやテレビのインタビューに答え、「昨年、高い権威筋によって、われわれの手から奪われた『リテラールニー・ノビニ』は作家同盟に返還され、『リテラールニー・リスティ』として再刊される」と述べた。

また、人々に親しまれ、幅広い支持を受けていた『リテラールニー・ノビニ』を再刊するのに、何故《なぜ》、改称する必要があるのかと問われたのに、彼はこう答えている。

「子供たちを叱《しか》りとばした後、父親である自分の方に、非があることがわかったような場合、父親が馬鹿に見えないような方法を考えなければならないことが、子供たちにも親にも自然にわかってくるものなのだ」

「ノビニ」と「リスティ」は、チェコ語でともに「新聞」という意味であった。ただ語感として「リスティ」のほうがやや軽い感じがした。発行停止された新聞をそのまま再刊して当局の面子《メンツ》を潰《つぶ》すのを避けたわけである。しかし実質的には『リテラールニー・ノビニ』そのものであった。表向き「リスティ」とややへりくだっていながら、隠された揶揄《やゆ》と抵抗が込められていた。チェコ人の権力に対する抵抗精神だった。

この再刊された『リテラールニー・リスティ』は、毎週木曜日に発売され、瞬く間に売り切れた。発行部数は最高四十万部にも達し、やがて単なる文学週刊紙ではなく、社会的、政治的存在となり、「プラハの春」の道しるべとなったのである。闘いの布石は着々と打たれていた。寒い朝、春の気配はそこここにあった。

そんなある日、カレル大学研究室でのことだった。話がとぎれシュテンツェルは戸惑った。目の前に座るカテリーナの感じが違っているのを、改めて実感していた。

カテリーナは、事件以来の助力を感謝し、シュテンツェルに丁重に礼を述べた。そして退院の報告をした。痛ましかった。錯乱し失神するほど取り乱した、無残なカテリーナの記憶はまだ生々しかった。感じが違うのは病み上がりのせいかと考えた。だがそうではなかった。初めはあきらめ悟ったかのような静謐《せいひつ》が漂っている。しかし同時に尖鋭《せんえい》な緊張がこもってもいた。今までと違うカテリーナであった。

シュテンツェルはこう見た。一度壊れてしまった優美なガラスの皿、いや壺《つぼ》だろうか。なんでもいい。ガラスのフォルムだ。たしかに巧妙に復元されている。だが、よく見ると鋭い亀裂《きれつ》が走り、鋭利な短剣のような緊迫が包み込まれているのだ。

「一つお尋ねしてよろしいでしょうか?」

カテリーナが沈黙を破った。

「ほう、何かな。改まって……」

「言語学の権威でいらっしゃる先生に、是非お尋ねしたいと思っていました」

特徴のある大きな澄んだ瞳《ひとみ》が見つめていた。シュテンツェルは感動していた。なんという美しい瞳かと。

「言葉というものは、人間にとってどういう意味、いいえ、力を持つのでしょうか？」

「うむ、言わずもがなのことよ。言葉は人間にとって魂そのものであり、叡智《えいち》の根源だ。わしらの研究仲間、プラハ言語サークルでは、言葉を難攻不落の砦《とりで》にたとえておる」

「旧市街広場のヤン・フス像の台座に『真実を愛し、真実を語り、真実を守れ』という言葉が刻まれていますね。ヤン・フスは十五世紀、宗教改革の先駆者としてカトリック教会の腐敗と世俗化をたったひとりで批判しました。当然に異端者として捕らえられ、コンスタンツの宗教裁判で火炙《ひあぶ》りの刑に処せられました。彼は真実を語ったのに、なぜ認められなかったのでしょうか。真実を語ることは死を代償としなくてはならないのでしょうか。同じような例は、歴史上たくさんあります」

「そのとおりだ。命をかけて真実を語る言葉は無敵であり、永遠の力を持つ真理となる。言葉は魂だ。『それでも地球は回る』と言ったガリレオしかり。異端審問にかけられ幽閉された。教会の天動説に逆らう真理を語ったがゆえの弾圧だった。既成権力は、よって立つ権力基盤を脅かすものを過酷に弾圧し排除しようとする。しかし歴史の大河において永遠なる権力はない。ガリレオの肉体は滅びたが、その言葉は永遠だ。弾圧した教会の権威はいまや跡形もない。真理の存在ではなかったからだ」

「コミュニズムはある種の宗教なのでしょうか」

「あくまでもイデオロギーだ。しかしロシアでは、ある種の宗教になった。レーニンが教祖だ。ツァーリの守護神、ロシア正教に取って代わった。歴史の流れというものは、時に皮肉なものだ」

「ソ連で、イデオロギーがなぜ宗教化したのでしょうか?」

「イデオロギーによって権力を手にしたものが、宗教は阿片《アヘン》だといって教会権力を駆逐した。しかし人間は心のよりどころなくしては生きられない。権力を守るためイデオロギーを疑似国家宗教として利用しただけのことよ。宗教化したイデオロギーは、とりわけ民主主義を知らないロシアの無知な大衆を誑《たぶら》かし、統制するのに持ってこいの道具となった。要するにマインドコントロールの道具にしたのだ」

「イデオロギーの呪縛《じゅばく》があっても、ヤン・フスやガリレオのように、死を恐れなければ真実を語るのをためらうことはないんだわ……」

カテリーナが遠くを見る視線で呟《つぶや》いた。シュテンツェルは襟をただす思いで聞いていた。曇った寒い日だった。大学の薄暗い研究室、カテリーナの白い顔が不思議なエネルギーを放っていた。

ドゥプチェクの動きは、人々の意表をつくものだった。第一書記になって真っ先にしたことは、故郷ブラチスラバに戻り、アイスホッケーの試合を見物したのである。ドゥプチェクが家族とともに、一般観衆と一緒になって、ひいきの地元チームを声援する光景は微笑ましくさえあった。当然、テレビが詳しく報道した。また、ドゥプチェクがプールで水泳を楽しむ姿もニュースになった。余裕というべきか、演出された意図的なものであったのか。いずれにせよ、国民は好感と親しみを覚えた。いかめしく尊大なノボトニーとは、まったく違う行動であり人柄がかいま見えた。ドゥプチェクをよく知らなかった人々も注目した。共産党員だけで選出する指導者など関心がないと、独裁政治に背を向ける人も、「おやっ」と思った。次第にその存在と行動に目を向けるようになっていた。共産党員らしからぬ柔和さと明るさに、人々はいつのまにか魅せられていたのだ。

政敵を無実の罪で死刑にし、平然と恥じない犯罪者の影を持つ権力者ではないことを、人々は直感した。スターリン主義の、暗く冷たい根雪が張りつくような雰囲気が次第に消え、心和むムードと期待が静かに広がった。この男なら信用してもよさそうだと。もっともドゥプチェクが、保守派を党中枢から追放し、本当の権力を手中にするのは三月になってからのことである。ドゥプチェクは、社会主義の再生、いや、「人間の顔をした社会主義」を目指す改革プランを胸に満を持していた。

そのドゥプチェク新党第一書記に、クレムリンが最初に公式接触してきたのは一月十日であった。チェルボネンコ・ソ連大使が表敬訪問し、ブレジネフ・ソ連共産党書記長の公式招待を伝達したのである。しびれを切らしたクレムリンの督促だった。

東欧諸国共産党の指導者は、問題があれば、何をおいてもモスクワに飛んでいくのが慣例なのだ。新任であればなおさらのこと……。ドゥプチェクはあえて無視していたのだろうか、それともためらっていたのか。そして、ようやく訪ソすることになった。督促されてから、ほぼ二十日が経過していた。日程は一月二十九日から三十日まで二日間だった。

招待を受諾したドゥプチェクはこう考えていた。

「あまりありがたい招待ではなかったが、火星に住んでいるわけではない以上、行かないわけにはいかなかった。わたしは、ブレジネフをはじめとするソ連の指導者たちに、どのような話をしたらいいのか、じっくり考えてみた。東側ブロックの他の国のリーダーたち、特にハンガリーとポーランドの首脳とも、できれば意見を交換する機会を持ちたいと思っていた」

ブレジネフとどう話せばよいのか、ドゥプチェクの気の重い予感は当たっていた。

「約束」の手紙

カテリーナはベーナー夫人に手紙を書いた。あの「約束」の手紙であった。

一九六八年一月八日、プラハにて

敬愛するベーナー夫人様

心ならずもご無沙汰いたしておりました。思いがけないことで、しばらく入院し、サナトリウムで療養しておりました。お便りすることができなかった理由です。あしからずお許しください。一月初め退院しプラハに戻りました。もう、すっかり元気になりました。大学の授業にも出ております。今日はそんなことからお話ししたいと存じます。久し振りに学生たちと会って驚きました。彼らの表情がどこか生き生きしているのです。ほんの数ヵ月前、ストラホフの学生デモが警察の弾圧で抑え込まれたとき、彼らは一様に暗い表情で押し黙っていました。教え子にヤン・パラフという哲学専攻の学生がいます。彼はこのデモ事件の首謀者として逮捕されました。幸いゴルトシュテュッケル副学長の奔走で、他の学生とともに釈放されたのですが、初めて警察に取り調べられたのが相当ショックだったようで、授業にも出ないで落ち込んでいました。わたくしが入院したのはその直後のことでした。

ところが、久し振りに教壇に立って彼に会ったのです。見違えるように元気になっていました。ほかの男女学生たちも。理由は簡単でした。ドゥプチェク新第一書記の登場でした。わたくしは外国人ですし、ドゥプチェクさんがどんな方なのかまったく存じ上げません。ドゥプチェクさんの登場だけで、どうして、彼らの表情があれほど明るく変化したのか理解できないことでした。新第一書記は、具体的にまだその政策を発表していません。漠然と改革と社会主義の再生について希望を表明しているにすぎません。一体何が彼らを明るくさせたのか、メンザ（学生食堂）で、学生たちと昼食をしながら聞いてみました。

「ドゥプチェクさんが、第一書記になったことを、あなた方はどう受け止めているのかしら。外国人のわたしには、よくわからないわ。テレビで拝見していると、たしかに素敵な笑顔だわ。優しそうな方ね。少し頼りないくらい」

まわりにいた学生たちが、あっけらかんと異口同音に、こう言いました。

「そう、彼の笑顔ですよ。あれは演技してできる笑顔ではありません。嘘《うそ》をついていない笑顔です。今まであんな笑顔を見せてくれた共産党指導者は数えるほどです。隠すようなことをしていないから屈託なく、自然ないい顔ができるのです。独裁的な権力者の表情が硬く、暗い顔であるのは、人殺しを含め、後ろめたい悪行を積み上げた結果なのです。人相が悪くなるのは当然でしょう。そんな人間は笑えないのです。ドゥプチェクの笑顔は人間的な誠実さの証《あかし》なのです」

わたくしはこの言葉につかれました。たしかにそうです。わたくしたちの指導者ウルブリヒトは、めったに笑わないので有名でした。彼が笑ったような表情をしても、目は決して微笑《ほほえ》まないのです。

「ドゥプチェクは、きっと、われわれの期待に応《こた》えてくれます。ぼくは信じているんだ。あの人は、われわれ人民を心から信頼していることを。人民を信頼しない権力者を人民がどうして信頼するのですか。見ててごらんなさい。いまにきっと春の嵐が吹きまくるんだ。チェコスロバキアに本来の社会主義を実現するための大掃除ですよ。忙しくなるぞ。頑張らなくっちゃ」

そう言ったのは、ヤン・パラフ君でした。きらきらと目が輝いていました。純真な若者の喜びと期待に圧倒され、わたくしは、一言も反論することができず黙って聞いていました。DDRの状況に重ね合わせ、何かが違うことを痛切に感じました。それは彼らが模索する自らの社会主義を確信し、誇りに思っているのみならず、既成社会主義体制に対する鋭い批判精神でした。

一九六八年一月十一日、プラハにて

敬愛するベーナー夫人様

わたくしは、プラハへ来て二年間、党や社会主義運動について意識して考えないように過ごしてきました。普通の女になることを願っていました。平凡に女として生きることを夢見ていました。ラインハルトとの生活は、もうやり直すことができないにしても、新しい素敵な恋をしてみたいと少女のような夢を見ていました。亡くなった弟にたしなめられたことがありました。もちろん、いろいろなところで男たちに言い寄られました。どれも卑《いや》しくあきれました。相手にしませんでした。

そんなときでした。ひとりの年下の青年に出会いました。プラハの日本大使館に勤務する青年外交官でした。よく気がつく、優しい人です。情熱家なのに控え目で、お行儀がいい真面目な青年でもあります。その青年に、年がいもなく恋をしてしまいました。女であることを強く意識するようになって初めてのことでした。

お招きいただいたとき、わたくしとラインハルトとの結婚のことが話題になりましたね。覚えていただいたことを嬉しく、そして哀しく思いました。あれは、もうひとりのカテリーナでした。カテリーナは二人いるのです。わたくしはあの頃《ころ》、社会主義に熱烈な恋をしていたのです。そしてDDRのために党SEDと結婚しました。わたくしは党を信頼し、誠実に献身しました。愛を捧げました。しかし党は応えてくれませんでした。それどころか、わたくしをうるさい女だと遠ざけるようになったのです。社会主義への、わたくしの恋は失意のうちに終わろうとしていました。ところが日本の青年に恋をして、改めて社会主義への恋心が、いや愛情と信頼が醒《さ》めていないことを知ったのです。もう一度燃え上がったのです。女性として人間として、生きる喜びを知って、社会主義への愛情も再生しました。

恋をした青年に愛された喜びと幸せが、社会主義への思いに反射したのでしょうか。もちろんきっかけはありました。それはある政治的な出来事でした。昨年六月のチェコスロバキア作家同盟第四回大会です。別に、わたくしが大会に参加したわけではありません。大会が終わって偶然、手に入れることができた発言者の演説テキストと決議文でした。尊敬するある方から貸していただいたのです。限られた数のコピーが、心ある人々の間で、ひそかに回覧されていたのです。衝撃でした。

発言はいずれも大胆なものでした。作家ミラン・クンデラの『文化と民族の存在理由』、カレル大学副学長エドゥアルト・ゴルトシュテュッケルの『社会主義と文化』、哲学者カレル・コシークの『理性と良心』、ジャーナリストであり作家であるルドビーク・バツリークの『市民と権力』という、それぞれの発言でした。

演説の内容を個別にご紹介するのは省略いたします。しかしその四人の演説に共通する論点はただ一つ、とりまとめて申し上げればこんなことでした。

「チェコスロバキアの既成社会主義体制は、本来の文化と民族を体現しておらず、単なる権力支配のシステムに成り下がっている。したがってチェコスロバキア本来の社会主義とその体制を再生し、失われた文化と人間性を回復しなければならない」

つまり、紛れもない共産主義者である作家たちと党官僚との間で、チェコスロバキアの既成社会主義体制とは一体何であったのか、が論争されたのです。いうまでもなく、スターリン主義的な傾向を持つ権力者たちの怒りを買い、九月の言論弾圧で、クンデラとバツリークは、党から除名され作家活動が禁止されました。

わたくしがこの発言テキストを読んで直感したことは、もしチェコスロバキアの実験が成功すれば、社会主義はきっと再生するに違いないということでした。そして成功するかどうかは、社会主義が二十一世紀に向かって新しく飛躍することができるかどうかの、鍵《かぎ》になると確信したのです。そして、この実験をすることができるのは、チェコスロバキアをおいて他にないと。あきらめようとしていた社会主義への期待と情熱がよみがえりました。

思えば、この大会での論争は、ノボトニーが退陣し、ドゥプチェクが登場することになった流れの源泉をなすものでした。わたくしは、ドゥプチェク新第一書記の指導のもと、これから始まるに違いない社会主義再生のための実験に、胸をときめかせています。

社会主義は、わたくしの、もうひとりの、かけがえのない恋人なのですから……。

一九六八年一月十八日、プラハにて

敬愛するベーナー夫人様

これからチェコスロバキアは嵐の日々になるであろうと確信します。改革のプロセスの中で、混乱や錯誤が起こるかもしれません。しかしそれは生みの苦しみの一時的なものなのです。社会主義を信奉する理性と良心の人々であれば、きっとこの苦しみをわが苦しみとし、チェコスロバキアの人々を励まし支えるに違いありません。

しかし、わたくしは自分自身の経験から、再生のためのチェコスロバキア社会主義が果たして無事に生まれ落ちるものなのかどうか、不吉な予感がしてなりません。生まれ落ちる前に、その生命が絶たれることになるのではないかと。

申し上げるまでもありません。社会主義を解放と人類愛のイデオロギーとするのではなく、絶対的な権力支配のための神託とする勢力が存在する以上、新しい神託の解釈は異端として拒否され弾圧されるからです。

この点について、一つだけ申し上げておきたいことがあります。仮に社会主義再生のための運動が、外部勢力に干渉される事態――口にするだけでもおぞましいことですが、例えば軍事介入といった極端な事態つまり、ハンガリー動乱の様な――になったとしても、チェコスロバキアの人々が武器を持って抵抗することはありません。断言できます。これは彼らが屈服するという意味ではありません。言論をもって果敢な闘いを展開するであろうことは当然です。言論が彼らにとって唯一の武器なのですから。干渉の結果として、一時的に暴力が言論を封殺することはできるでしょう。スターリン主義者が再び権力を振るうこともあるでしょう。でも、その弾圧と圧制は社会主義の最終的な敗北と破滅を予告する末期的行動なのです。わたくしは確信しています。こんな偽りの社会主義は二十一世紀まで生き延びることはできません。

しかもこの歪曲《わいきょく》された、まやかしの既成社会主義体制が崩壊することで生じる、社会主義の真理そのものが受ける打撃は、人類にとって悲劇的な結果をもたらすことになるのです。資本主義の悪なる部分に対抗するアンチテーゼがなくなるのです。資本主義はとどまるところなく暴走し、その本性をさらけ出すことでしょう。競争と弱肉強食の独占論理が人間社会の隅々にまで行き渡り、好むと好まざるとにかかわらず、人々を窒息させるのです。社会主義の自滅のゆえに、資本主義そして経済帝国主義が野放しになるとき、大資本による果てしない搾取と人心の荒廃、そして環境破壊が進行し、人類滅亡の危機が迫るでしょう。人々が気づくときはもう遅いのです。願わくば心ある真の社会主義者たちが、チェコスロバキアの事態を冷静に見守る勇気と理性を持ち続けることを祈ってやみません。

カテリーナは「約束」の手紙を何通もベーナー夫人にあてて書いた。ベーナー次官夫妻を監視する特務機関が、これらの手紙を見逃すはずがなかった。配達前、専門家の手により開封、コピーされていた。予期されたことであった。ベーナーは一体何を考えていたのだろうか。特務機関は、ベーナー夫人とカテリーナの関係、そしてこれらの手紙が何を意図するものか測りかねていた。ベーナー次官夫婦とカテリーナの接触は一回きり、とりたてて注目すべき動きはなかった。ヘスをプラハに派遣しカテリーナの身辺と行動を探った。彼らはカテリーナがベーナーの陰謀で米国や西独の諜報《ちょうほう》機関の手先になったのではないかと疑っていた。しかし疑惑を証明することはできなかった。特別調査にもかかわらず、格別の発見はなかった。特務機関がまとめた報告の結論はこうだった。

「反党分子カテリーナ・グレーベが、チェコスロバキアの改革運動の影響を受け、確信犯としてDDR体制に極めて危険な存在となりつつある。ベーナー次官夫妻との関係は不明、引き続き内偵の要あり」

自らの屈辱的な失敗を隠そうとするヘスは、すべてを特務機関上層部に報告していなかった。つまり、盗撮したフィルムと写真を何者かに奪われたばかりか、カテリーナの個人的秘密を突き止め、逆工作員にしようとする作戦が失敗したことを隠していた。作戦は特務機関の命令であったが、どういう方法を取るかは機関員ヘスの裁量だった。ヘスには倒錯した邪心があった。変貌したカテリーナの私生活を知りたいという興味だった。捜査に事寄せた、のぞきの心理だった。あわよくばカテリーナを犯そうともくろんでいた。

違法とダーティワークを当然とする特務機関員は、機関命令と個人的興味の区別をつけることができなかった。コントロールする手段もなかった。したがって特務機関員は権力のために、殺人はもちろん、すべての悪が許される極め付きのアウトローだった。

しかもヘスは失敗の原因を邪推し、ベーナー次官に対する疑惑を強めた。「シタージ」の組織的反撃、妨害だと思ったのだ。

（このおとしまえは必ずつけてやる）

ヘスはベーナーの秘密を追及しようとあらためて決意し、個人的執念を燃やした。暴き出して手柄を立てようとする功名心もあった。

名もない老人の手によってフィルムと写真が奪取されたとは、想像もできないことだった。

猜　疑

一月二十一日付、党機関紙『ルデー・プラボォ』は、ドゥプチェク第一書記が二十日、西スロバキアの小さな町ノベ・ザムキで、ハンガリー社会主義労働者党（共産党）第一書記ヤノシュ・カダールと急遽《きゅうきょ》、会談したことを報道した。

亮介は、ドゥプチェクがいよいよ動き出したと考えた。ソ連との信頼関係をいかに確保するか、訪ソを控えたドゥプチェクがカダールに助言を求めたに違いないと。

カダール第一書記とは、「ハンガリー動乱」と、その後を収拾した人物のことであった。その動乱は「プラハの春」に先立つこと、わずか十二年前の悲劇であった。

第二次世界大戦後、ソ連軍とその傀儡《かいらい》であったハンガリー共産党により、強引かつ犯罪的に社会主義化されたハンガリーの歴史は、チェコスロバキアのそれと五十歩百歩であった。スターリン批判をきっかけに、恐怖政治的手法による共産党の圧制に反発する空気が高まった。一九五六年秋、デモや集会で民主化を求める運動が極限に達した。学生、労働者、そして知識人を中心に、人々はハンガリー各地で蜂起《ほうき》した。ブダペストでは共産党の秘密警察部隊が、デモの群衆に無差別発砲し、多数の死傷者が出た。いきり立った群衆は、共産党地区委員会事務所や警察署を襲い、共産党員や秘密警察要員がリンチされた。民衆の怒りは凄《すさま》じいもので、殺された共産党員が針金で街路樹や電柱につるされた。報復だった。共産党指導部はソ連軍の出動を要請し、幹部は家族とともにソ連に逃亡した。

ソ連軍が介入した十月末、抵抗運動はいったん鎮圧され、ナジ首相とカダール第一書記による政治的妥協が模索されるかに見えた。カダールは、ソ連の後押しで急遽、共産党最高指導者のポストについたのだった。穏健派と見られていたナジ首相のもとで連立政権が発足したものの、共産党が少数派となり、ワルシャワ条約機構から脱退を宣言する事態となった十一月、ソ連は再び大軍をもって本格的に軍事介入したのである。

ハンガリーの人々は軍や警察から武器を入手し、激しく抵抗した。首都ブダペストは凄じい市街戦の戦場となった。だが巨大な軍事力に抗すべくもなく、人々は殺戮《さつりく》され鎮圧された。ナジは反逆者として逮捕され、秘密軍事裁判の結果、ソ連軍の手により処刑された。そして十二年、カダールは、ようやく混乱を収拾したところであった。

チェコスロバキア情勢を見守る多くの人々がハンガリー動乱の悲劇を連想し、危惧《きぐ》した。歴史は繰り返すかもしれないと。

亮介もそうだった。東欧問題を専門にするようになって、ソ連の東欧支配の実態を詳しく勉強していた。ソ連がどういう行動をとる国であるか、経験深い先輩たちからたたき込まれていた。亮介が、ソ連という超大国に甘い幻想を持つことは決してなかった。

だがハンガリーの悲劇が世界を震撼《しんかん》させた一九五六年、亮介はまだ大学生だった。苦学していたせいもあり、麻疹《はしか》のようにマルクス主義思想にかぶれた時期だった。『資本論』研究会に属し、仲間たちとわけのわからぬ議論に陶酔していた。ソ連は社会主義の祖国としてあがめられ、ハンガリーの反ソ・民主化運動が信じられなかった。

亮介は、新聞に報道されるブダペストの学生デモに関心を持った。デモはやがて騒乱になった。ナチに勝るとも劣らない、ハンガリー共産党の圧制と蛮行が暴き出された。ショックだった。しかもソ連軍が本格的に軍事介入したのである。手加減しない破壊と殺戮だった。

そして悲惨な難民の群れだった。それを見て亮介から憑《つ》きものが落ちた。

騒然とする大学のキャンパスで、亮介はソ連擁護の過激なアジ演説をする共産党シンパの学生と論争し、ソ連の横暴を非難した。そのために敵だときめつけられ、リンチ寸前の目にあった。亮介が、共産主義はファシズムだと思うようになった最初の実体験だった。考えてみると奇妙な時代だった。左翼系の教授たちは威勢よく格好がよかった。カテリーナに比べると気楽な反体制活動だった。日本では言論の自由と人権が一応保障されていた。

ルイセンコというソ連共産党の御用学者が唱える、怪しげな生物学説ないし遺伝学説がもてはやされ、大学の教壇でもっともらしく講義されていた。とんでもないインチキ学説であることが暴露されるのは、しばらくしてからのことだった。

同じこのとき、ドゥプチェクは、党幹部要員としてモスクワの党政治大学に留学していた。そのためにハンガリーで何が起こっているのか、十分な情報に接することはできなかった。米国に結託する反ソ・帝国主義者の陰謀による反革命が起こったため、ソ連軍が軍事介入し社会主義労農政府を支援した。反逆者を鎮圧するために軍事力の行使はやむを得ないことだったという公式発表がすべてであった。

だが一方、ソ連に留学した多くの外国共産党エリートが感じたように、ドゥプチェクも、ソ連的マルクス・レーニン主義の解釈と適用に、いわく言いがたい違和感を抱いた。「プラハの春」をリードする彼の信念は、おそらくこのような経験の積み重ねがあってのことであろう。だが、その当時のドゥプチェクは、「異端者」として、自分がクレムリンの司祭たちに裁かれることになるとは、夢想もしていなかったに違いない。

ドゥプチェクのモスクワ訪問に先立ち、カダール・ハンガリー党第一書記から会談の申し込みがあった。カダールは大至急会いたいと、突然電話をかけてきた。会談は非公式なものであり、通訳も交えず二人だけの会談ということだった。カダールの申し出をドゥプチェクは喜んだ。これから進めようとする政策について、カダールがよき理解者になってくれるのではないかと考えた。カダールがスターリン主義的システムのもとで投獄され、名誉回復されたのも束の間に「ハンガリー動乱」と、その後を収拾するため、ソ連との交渉に心を砕いた人物であったからだ。

ドゥプチェクは、改革について信念をカダールに語った。熱情を込めて社会主義の再生を語るドゥプチェクの熱弁をカダールはどう受け止めたのであろうか。だが危険な兆候を感じたのであろう。カダールはブダペストに戻ると、ただちにモスクワに電話し、ブレジネフに会談の一部始終を報告した。クレムリンの猜疑《さいぎ》を意識しながら、ごく限られた範囲の改革と自由化を進めることによって、ようやく国民の消極的な支持を確保し、権力基盤を固めつつあったカダールにとって、仮に内心共感することがあったとしても、ドゥプチェクのプランはあまりにも大胆であった。とてもクレムリンが納得するはずがないと判断したカダールは、保身のため、ドゥプチェクに距離を置かねばならなかった。ソ連の猜疑心を恐れたのだ。

亮介は、ドゥプチェクがまるで免許とりたてのドライバーのように権力を操縦するかに見えた。慎重であり抑制的であった。ところが一見ひ弱に見えるこの人物は、意外にしたたかではないのかと思われる行動をとった。

一月十一日のことだった。突如、マムラ将軍を解任したのである。将軍は、党公安部長でありノボトニーの腹心であった。不発に終わったとはいえ、逆クーデターをはじめ、改革派弾圧の陰謀をめぐらした張本人でもあった。ドゥプチェクは、後任にバーツラフ・プルフリーク将軍を任命した。まず何よりも党直轄公安部隊という、権力の牙《きば》を自分のものにしたのだ。プルフリーク将軍は、マムラの陰謀を察知しクーデターを未然に防いだ功労者の一人だった。将軍はチェコ国軍きっての秀才といわれた軍人であり、愛国者だった。

亮介はこの人事を公電に起案した。事実を報告する短い電文だ。石崎参事官の決裁を得た後、亮介は、中沢大使の執務机の前に座っていた。大使は一読すると電信案に署名した。ほっとした。大使の決裁をもらうとき、緊張するのはいつものことだった。

大使が電信のファイルを差し出して言った。

「ドゥプチェクがいよいよ動き出したようだね」

「はい、そう思います」

「もっとも、具体的な政策について、まだ何も発表していないが、何故だと思うかね」

大使の質問だった。

「はい。自動車運転免許のとりたてで、用心しているのだと思います」

亮介は思っていたことをそのまま答えた。

「免許のとりたてか。おもしろいことを言うね」

大使は微笑んだ。

「付け加えるなら、ドゥプチェクが運転免許を取って、いきなり走らなければならない道路の片側は、安全柵《さく》もない断崖《だんがい》絶壁だ。それに道路は狭く穴だらけだ。いつハンドルを取られるかわからない。道路工事をしてからでなければ動けまい。その道路工事が至難の業《わざ》だ。マムラの追放は、最初の道路工事というわけだろう」

冗談めかした大使の言葉だった。しかしその表情は厳しかった。亮介は、大使が何を考えているか、すぐわかった。内にあっては党内保守派との闘いであり、外にあってはソ連、DDR、そしてポーランドとの関係調整である。どれもドゥプチェクにとって至難の業だった。

しばらくして一月二十五日、党幹部会が開かれた。ドゥプチェクは注目される措置を指示したのである。党指導部の活動について、下部党組織を通じ、人々にわかりやすく広報することを要求したのだ。マルクス・レーニン主義用語を羅列した形式的で紋切り型の通達や公式発表では、一般の人々が党の活動を理解できるはずがない。そんなことで党が、人々の支持を得られるはずがないとしたのである。

しかも言論活動について、抑圧的な姿勢を緩和すべきであるという考えを示し、保守派の党イデオローグ、ヘンドリフ党幹部会員に、作家同盟代表者と対話の機会を持つよう指示したのである。信じがたい転換であった。

ドゥプチェクは、広報の重要性を説いた初めての共産党指導者であった。従来の一方的かつ独善的なプロパガンダでは、もはや人々をリードすることはできないと説き、検閲を緩め自由な言論を喚起しようとしたのである。抑圧に沈黙するしかなかった世論を味方につけ、国民との信頼関係を基礎に改革を進めようと、ドゥプチェクは考えたのだ。

カテリーナは大学の講義に出るほかは、アパートに閉じ籠《こも》って過ごすことが多かった。一応回復してはいたが、十分な健康体とはいえなかった。医者に処方された薬を飲み、努めて思い詰めるのを避けようとしていた。薬の副作用で眠くなることもあって、ソファに横になり、うつらうつらすることが多かった。それでもレコードをよく聞いた。もともと好きだったし、医者の勧めでもあった。バッハやヘンデルをよく聞いた。

涙がこぼれた。亮介に会いたいと思った。別れを告げたことを後悔していた。突然、亮介が訪ねてくるのではないかと思った。

もし本当に亮介が訪ねてきたらどうしよう。黙ってその腕の中に飛び込もう。そんなことを真面目に考えている自分がいとしかった。たまらなくなって電話をかけようとダイヤルに指を掛けながら、何度思いとどまったことだろう。手紙を書きかけては、あきらめ燃やしてしまった。ひとりでいることがこんなにも虚《むな》しく寂しいとは……。

カテリーナは、気分を変えようと何気なくラジオのスイッチを入れた。プラハ放送のニュースだった。ドゥプチェク第一書記が初めてソ連を公式訪問したことを伝えていた。

カテリーナは、思わず聞き耳を立てた。ニュースはそれだけだった。いよいよドゥプチェクが動き出したのだ。それにしても変だった。ドゥプチェクが第一書記に選出されたのは、一月五日のことだった。もう三週間以上経《た》っている。普通だったら何はともあれ、モスクワに飛んでいくのが東欧指導者の常識だった。それにブレジネフと会談する前に、カダールと会談したことが奇妙に思われた。カテリーナは次第に推理にのめり込んでいた。

これはよくない兆候だ。カテリーナはそう思った。クレムリンの法王とその枢機《すうき》卿《けい》たちがドゥプチェクに不信と猜疑の目を向けているに違いなかった。

ソ連を訪れたドゥプチェクは、チェコスロバキアの歴史的な背景と現状から説き起こし、チェコスロバキアの社会が、ずっと以前から近代的な政治制度、政治風土に慣れ親しんできたこと、現在の共産党独裁体制がそういう歴史と環境になじめず、むしろ対立と緊張を生み、社会の停滞と危機の原因となっていることを指摘した。そして大胆にも、ドゥプチェクは、社会主義システムを有効に機能させるため、これまでのやり方を変えていくと主張した。

ドゥプチェクは確実に走り出していた。もはや徐行運転ではなかった。断崖絶壁を走り抜けるハンドルさばきに自信があったのだろうか。

凶　兆

プラハの政治的な空気が次第に濃密になっていくのが感じられた。ドゥプチェクが動き始うなるのか。チェコスロバキアはどうなるのか。ドゥプチェクがどんな舵取《かじと》りをするのか。漠然とした不安が亮介の心をとらえてはなさなかった。

そして切ない思いがよみがえった。忘れようとして忘れられないカテリーナへの思い。抱き締めた生々しい感触が消えなかった。たしかに別れの手紙は受け取った。一方的な別れであり、亮介は、自分が何も意思表示していないことにこだわっていた。

黙っているのは間違いではないのか。激情にまかせ、ラシーノボ通りのアパートに押し掛け、ベルを鳴らす。カテリーナは、驚き、ためらいながらも迎えてくれるに違いなかった。強引に抱き締める。唇を奪う。彼女の優しさと孤独、そして女の性《さが》に付け込むのだ。拒まないだろう。男と女の愛欲の無間《むげん》地獄に落ちていくのだ。地獄へ落ちてもそれでいいではないか。邪悪な運命の女神が、ほくそ笑んでそそのかした。

シュテンツェルの言葉が耳の底にこびりついていた。嘲《あざけ》りの笑いが聞こえた。

「情欲を愛情と勘違いしておるだけのことよ。フヘッ、ヘッ、ヘッ」

さらに、涙をたたえた無垢《むく》な瞳が哀願していた。

「ママをパパに返してあげて。その代わり、わたしがママのように素敵な女性になりますから。……わたし、リョウのこと大好きなの」

シルビアだった。忘れられない言葉だ。無意識のうちにシルビアの存在が大きくなっていた。

そんな日々、歴史の流れは次第に速度を増していた。亮介は、その流れの行き着く先を知る由もなかった。しかし早瀬に渦が巻くのを見て、流れの先に思いもかけない瀑布《ばくふ》があるのかもしれないという不安が、心を去ることはなかった。

カテリーナは、チェコスロバキアの政治情勢を詳しく観察していた。「プラハの春」の改革運動を現地で、つぶさに観察できるめぐりあわせを、幸運だと思っていた。寂しさが紛れた。今、自分がこのプラハにいるのは運命だとさえ思うようになっていた。DDRで果たせなかった社会主義再生の願いを実現するため、何か貢献できるのではないかとも考え始めていた。

そして二月になった。チェコスロバキア政治情勢は、歴史の流れにも早瀬が渦を巻くことがあるかのような展開になっていた。とりわけカダールがドゥプチェクと会談を重ねるのが注目された。カテリーナは積極的に情報を集めた。ほとんどが新聞や雑誌でありラジオやテレビの報道だった。検閲が緩められたせいか、チェコスロバキアのマスコミは生き生きとし、DDRでは考えられない情報の質と量だった。

カダールに続いて、二月七日、ドゥプチェクはポーランドのゴムルカ第一書記と会談した。モスクワ訪問が終わって、畳みかけるように東欧首脳が押し掛けドゥプチェクと会談した。改革路線をめぐる意見の対立があることは明らかだった。

カテリーナは、毎日、一日遅れでキオスクに並ぶ『ノイエス・ドイッチェラント』（DDRのSED党機関紙）を待ちかねて買った。その報道は、「プラハの春」に、あからさまな不快感と警戒心を示していた。論評の独善と硬直は際立っていた。カテリーナは、怒りとともに新たな闘志を覚えるのだった。

それから程なく、ブレジネフをはじめソ連・東欧諸国首脳がプラハに集まることになった。二月二十二日、二月革命二十周年記念式典に参列するのが名目だった。

この式典は、一九四八年二月二十五日、チェコスロバキア共産党が、無血クーデターで国家権力を奪取したことを祝賀するものだった。プラハ城スペインの間で盛大な式典が行われた。カテリーナは、テレビのニュースを見ていた。

依然、大統領にとどまるノボトニーがドゥプチェクを差し置き、主人のように振る舞っている。プラハ城は大統領官邸であった。ブレジネフが大統領官邸に到着するシーンだった。衛兵が捧《ささ》げ銃《つつ》をするそばで、ノボトニーがブレジネフに抱きつかんばかりに出迎えた。ドゥプチェクが少し硬い表情で立っていた。やがてゴムルカ、ウルブリヒト、ルーマニアのチャウシェスク、カダール、そしてブルガリアのジフコフが到着した。

式典が始まり、ドゥプチェクの演説だった。淡々と草稿を読み上げた。最前列に居並び、演説を聴く首脳の表情をテレビカメラが克明にとらえていく。

「われわれの新しい任務は、まず政治改革に着手しなければならないことである。多くの未解決の政治的問題が山積しており、これを放置しておくことはできなくなった。第一段階の措置はすでに取られたが、さらに第二段階の措置が取られなくてはならない」

ドゥプチェクがそう発言したときだった。クローズアップされるブレジネフの顔が異常に緊張しているのがわかった。ゴムルカは不機嫌だった。ウルブリヒトは下品なまでに首を振り、唇を歪め不快感をあからさまにするのを、テレビカメラが執拗《しつよう》にとらえた。カダールはポーカーフェースだった。

凶兆だった。ドゥプチェクは、あくまでも改革路線を継続することを、ブレジネフらに挑戦するかのように宣言したのだった。だがドゥプチェクは挫折《ざせつ》することになるだろう。そんな予感がした。カテリーナは、その思いをベーナー夫人への手紙に託した。

一九六八年二月二十七日、プラハにて

敬愛するベーナー夫人様

二月になりました。厚く凍てついた雪の下で、雪割り草が芽吹くときを待ちかねたかのように、チェコスロバキアの改革運動が動き出しました。わたくしは息を詰めて、その光景を見守っています。しかし風は冷たく強くなるばかりです。早春の気配はまだありません。わたくしは、この春は短く、一瞬のうちに冬に逆戻りするのではないかと思えてなりません。先日、プラハで二月革命二十周年記念祝賀集会が開かれました。チェコスロバキア共産党が政権を奪取してもう二十年が過ぎたわけです。

しかし、ドゥプチェク第一書記が、その二十年の共産党の成果について批判的な演説をしたことが、ブレジネフ書記長はじめソ連・東欧諸国首脳の気に入らなかったようです。

わたくしは素晴らしい演説だと思いました。これからドゥプチェクが進めようとする改革の青写真を見ることができたからです。社会主義の再生を目指す基本設計図でした。大胆かつ斬新《ざんしん》な視点と発想でした。民主主義を復権させることによって、社会主義本来のモラルと活力を取り戻そうとする試みなのです。残念ながらこれを理解した首脳はいなかったようです。なぜなら彼らはもはや、社会主義者ではなく、単なる権力主義者にすぎないからなのです。権力の魔力というべきなのでしょう。

わたくしは、権力は本質的に悪である、善なる権力は存在しないと確信しています。しかも本質的に悪である権力を行使するものは人間です。神ではありません。だからこそ権力を手にするものは、不断に腐敗するのであり、絶対的権力者は絶対的に腐敗するのです。

その絶対的権力者たちに包囲されたチェコスロバキアの改革運動は、必然的に挫折せざるをえないのです。絶対的権力者の権力の行使は尽きるところ暴力的であることを不可避にするからです。しかし絶対的権力者でさえ、大いなる摂理のもとでは矮小なる存在にすぎません。いずれにせよ歴史の大河の流れにおいて断罪され破滅する運命にあるのです。

その大河の流れに身を委ね、今、ここプラハで、わたくしに何ができるのか？　運命に従いたいと思っています。

プラハ国営放送総裁イジー・ペリカンが、母校カレル大学にシュニテンツェル講師を訪ねたのは久し振りのことだった。新しい放送番組が企画されたのだが、肝心のところで準備が行き詰まり、八方手をつくしたあげく、苦し紛れの思い尽きだった。企画は局内から出たものではなく、党最高指導部からの指令だった。一カ月ほど前、ペリカンは、党中央委員会から一通の封書を受け取った。何気なく開けてみると、見慣れた筆跡のメモが入っていた。

「大至急企画されたし。DDR、ポーランド、ハンガリーおよびソ連向け国際放送による政治広報番組。スタイルは音楽番組とする。放送時間帯は週末夜のゴールデンアワー。アナウンサーないしナビゲーターは、ロシア語、ドイツ語を母国語同様にする三十代の教養ある魅力的な女性。オンエアは遅くとも四月とする」

有無を言わさぬ命令だった。チェコスロバキア共産党第一書記アレクサンデル・ドゥプチェクの署名があったのだから……。

ペリカンはスタッフを集め、早速準備に取り掛かった。あっという間に素晴らしい番組台本ができあがった。ところが、ナビゲーターが見つからないのだ。五十人ほどオーディションをしたものの、誰もいまひとつだった。八方手を尽くして探した。映画女優や舞台女優はもちろん、心あたりを全部当たったがだめだった。そして思いついたのが大学関係者だった。これでだめなら、企画を中止するしかないとまで思い詰めていた。

手土産に持ってきたスリボビッツェのボトルがもう半分になっていた。万年講師はなぜか上機嫌だった。

「イジーよ。お前、学生時代は結構、女子学生にもてておったではないか。それがプラハ国営放送総裁になったら、適当な女性が見つからんと、わしに泣きついてくるのか。皮肉なものよ。罰があたったんだ。プラハ国営放送総裁も形無しだった。

恩師の前では、プラハ国営放送総裁も形無しだった。

「心あたりがないわけではない」

「ええっ。本当ですか。じらさないで教えてください」

ペリカンは、慌てて万年講師のグラスに琥珀色《こはくいろ》の液体を注いだ。

「条件にぴったりだ。いや、もったいないぐらいだ」

万年講師は突然、真顔になって言った。

「問題はチェコ人ではないということだ。それにいろいろ事情があって、簡単には引き受けてもらえないだろう」

「外国の女性ですか。ちょっと、まずいですね」

「まずいかどうかは、会ってから決めろ」

眼鏡の奥でシュテンツェルの目が光った。

「DDRの人だ」

「ますます、まずいですね」

ペリカンはがっかりしていた。

「じゃあ、この話はなかったことにしよう。そのほうが、あの人のためだ……」

「待ってください。会うだけ会ってみます。お名前になんという方ですか」

「カテリーナ・シュ……、いや、カテリーナ・グレーベ」

ヤン・パラフ

三月になった。亮介はウィーンにいた。慌ただしい日程のクーリエだった。普通、二泊三日なのだが、今回は一泊だ。後にしたプラハは、ただならぬ雰囲気であった。

こんなとき、館員が持ち場を離れることは、暴風雨圏に突入しようとする九人乗り組みのヨットから、重要なポジションの乗組員が一人欠けるようなものだった。しかし本省から送られてくるパウチは、遅滞なく受け取らなければならなかった。クーリエは、外務大臣の許可なく任地を離れることができない大使を除く、全館員が順番に果たさなくてはならない任務であった。

「できることなら日帰りしてもらいたいよ。今のプラハは、何が起こっても不思議ではないんだから」

心配性の参事官が、苦笑とともに冗談めかして漏らした本音だった。亮介は一刻も早くプラハに戻りたかった。朝早くからフォルクスワーゲンを走らせ、注文の買い物や用事に駆け回った。銀行の用務も処理した。気がつくと午後二時を回っていた。空腹なのに昼食を取る暇がなく、サンドイッチを買った。車を走らせながら食べるつもりだった。最後に大使館に立ち寄り、パウチを受け取ればよかった。あとは一路プラハへ走るだけだ。

だが、その前に、もう一つ大事な買い物をしなければならなかった。花、真紅の薔薇《ばら》を……。亮介が望むような薔薇を、プラハの花屋で手に入れることは難しかった。今日三月七日を忘れるはずがなかった。日本大使館の近く、聖シュテファン寺院の前に露店の花屋があった。いつも見事な花々を並べていた。その花屋に立ち寄った。

太ったうえに着膨れし、膝《ひざ》に毛布を掛け、テントの陰に寒そうに座っていた老婆《ろうば》が、ゆっくり立ち上がった。七十歳を過ぎているのだろうか。春先とはいえ薄曇り、路上の風はまだ冷たかった。

「何を差し上げましょう?」

「紅い薔薇をください。上等の薔薇を……」

「今朝、市場から来たばかりの、いいものがありますよ」

「あまり開いてないのがいいな、長持ちするように。プラハまで持って帰るのだから」

「おやまあ、プラハにお住まいのお方ですか?」

ひどい訛《なま》りのドイツ語だった。オーストリア人ではなかった。もちろんドイツ人でもない。東欧の人に違いなかった。好奇心にかられ聞いてみた。

「おばあちゃん、どこから来たの?」

「わたしはハンガリー人ですよ。一九五六年に逃げてきました」

「えっ、あの動乱のときに？」

「おや、知っておいでかな。ハンガリー動乱を、もうひと昔前のことですよ」

ネッカチーフで頬《ほお》かぶりした皺《しわ》くちゃの顔、灰色の髪がほつれていた。黒い瞳が、じっと亮介を見つめていた。

「ロシア人、いや、ソ連軍にひどいことされたのでしょう」

「……、それで、薔薇を何本ですかな」

老婆はなぜか話をそらした。

「三十七本……」

「そんなにたくさん、ありがとうございます。でも、何にお使いですか？」

「誕生日のお祝いなんだ」

ふいに胸が熱くなった。もう三カ月になる。どうしているのだろう。

「それはそれは、どなた様か存じませんが幸せなお方です」

「そうだといいのだけど」

不安が込み上げた。

「こんなきれいな薔薇を、いや、お花をもらって怒る人はおりますまい。女であればなおのこと、恋しい殿方の花の贈り物ほど嬉しいものはありますまい。三十七歳ですか。わたしが生きてきた人生のちょうど半分ですよ」

老婆は微笑んだ。深く刻まれた皺、人生の四季をとどめる記録だった。背中をまるめ、前《まえ》屈《かが》みに薔薇を揃《そろ》える後ろ姿がすべてを物語っていた。

「おばあちゃん、ひとりで暮らしているの?」

思わずつまらない詮索をしてしまった。

「孫娘と暮らしております。連れ合いと息子は動乱でソ連兵に殺され、家は焼かれました。着のみ着のまま、嫁と孫娘三人でウィーンに逃れてきたんですよ。嫁は苦労が重なり、三年前に病死しました。それでも、人様のお情けで今日まで生きてきました。生きていくことはつらいことばかり。それでも、こうして花を商って自分が食べるぐらい稼いでおります。ありがたいことです」

亮介は、シルビアとその祖母にイメージを重ねていた。

(もしかして……、いや、そんなことはない!)

老婆は、いつのまにか問わず語りに、訥々《とつとつ》と身の上を明かした。短い言葉に難民の苦難がこもっていた。ソ連の圧制と、共産党独裁を嫌って祖国を捨てた老婆に、亮介は同情よりも、やりきれない怒りを覚えるのだった。老婆の語りには、外国で肩身狭く細々と暮らす孤独とあきらめがこもっていた。亮介は、そんな思いをしても帰国しようとしない老婆の胸中を想像した。それはカテリーナがDDR体制を嫌悪し、憎悪する思いと同じに違いなかった。

背中をまるめた老婆は、薔薇を一本一本丁寧に揃えていた。破れたテントがパタパタと風にはためいていた。

唐突に、遠い記憶がよみがえった。自分自身の難民の記憶が……。

貨車にすし詰めになっていた。亮介は、まだ小学生、いや国民学校の二年生だった。母が大急ぎで縫った手づくりのリュックサックを背負い、貨車に押し込まれた。ソウルからプサンまで三日がかりで移動した。父母、そして幼い妹弟たちとともに、亮介は、引き揚げ者という難民の群れの中にいた。みんな疲れきっていた。無口だった。植民地支配の手先にすぎなかったことを思い知らされた庶民は、当然のことながら全財産を没収され、追い出されたのである。被害者は加害者だったのだ。不安と疲労に不機嫌な父、マラリアに苦しむ母、疫病にかかった瀕死の赤ん坊の弟……。レール上の単調な振動に耳を澄まし、暗闇《くらやみ》の中で、亮介は漠然とした不安に息を殺していた。身動きできないまま、折り重なるように寝静まった人々の間にはさまって……。

生きていくことが、不安の旅であることを知った最初の消えない記憶であった。

「ユンガーマン（お若いの）、これでいかがですか？」

亮介はわれに返った。薔薇は長さを揃え、刺《とげ》を落とし、下葉を払い軽く束ねてあった。

「ありがとう。豪華な花束だ。プラハまでしおれないでしょうね」

「これでよければ、しっかり束ねて、しおれないようにしてあげますよ。任せなさい」

老婆は自信たっぷりに微笑んだ。柔和な目つきが印象的だった。涙を流し尽くした果ての、優しい眼差《まなざ》しだった。

「お花を買いにくる人は、どなたも優しい心で来られます。人様の優しい心を、いっそう引き立てるお手伝いですよ。商売冥利《みょうり》に尽きます。嬉しいことです。お誕生日にこんな見事な花束をもらうお方は、きっと喜ばれますよ。請け合います。あなたのお心は通じます。通じますとも……」

春先の突風が吹き抜けるような政局の激動は、スキャンダラスな亡命事件から始まった。二月二十五日、シェイナ少将が愛人とともにローマ経由米国に亡命したのだ。将軍はノボトニーの腹心だった。一月政変をめぐる緊迫の最中、改革派弾圧のため、逆クーデターを画策した首謀者の一人だった。マスコミは一斉に事件を報道した。

シェイナは軍用物資を横流しし、三十万コルナに達する公金を着服していたのである。世論は憤激した。しかもシェイナは外交旅券を持って、あたかもお膳立《ぜんだ》てされたかのように、国外逃亡したことが暴露された。

シェイナは、さしたる功績もなく、軍人としてのキャリアも能力も普通でしかなかった。その男が、ノボトニーにとりいるだけで少将にまで昇進したのだ。頼りにするノボトニーの影響力の低下を目の当たりにし、早晩、悪事がばれることを予感し逃亡したのであった。非難は当然、ノボトニーに向けられた。その責任を追及するとともに、依然、大統領の職にしがみつくノボトニー自身に対する非難となった。

三月四日付『ゼムネジェルスケー・ノビニ（農民新聞）』が、ノボトニーを名指しで非難し退陣を迫る論評を掲げた。これをきっかけに、ノボトニー辞任要求の世論が沸騰した。保守派と改革派の最後の闘争が始まったのだ。

しかもその展開は、東欧の社会主義国として、ありえない様相を示していた。ラジオやテレビが特別番組を編成して報道したのである。事実関係の報道とともに、視聴者の意見を取り上げ、ノボトニー時代の積もり積もった悪弊と、共産党の犯罪を積極的に糾弾し始めたのである。マスメディアが動員された。改革派の戦略だった。反保守キャンペーンは絶大な効果を発揮した。レナールト首相、ヘンドリフ党幹部会員、ロムスキー国防相、クドゥルナ内相、ダビド外相、バルトゥシュカ検事総長、フジーク・スロバキア民族評議会議長ほか、保守派要人が次々と非難の槍玉《やりだま》に上がった。

新しい権力者ドゥプチェクは、三月四日、まずヘンドリフ党幹部会員をイデオロギー担当書記からはずした。思想統制の最高責任者として君臨し、ネオ・スターリン主義的手法で言論を統制し支配した人物であった。進めようとする改革に邪魔だった。後任はシュパチェクだった。気骨ある党官僚であり、ノボトニー批判の急先鋒であった。

流れは明らかに変化していた。三月十一日、内務省は、十月の学生デモ事件について調査結果を発表した。警察官の行動に問題があったことを認め、警察官の再教育に必要な措置を取ることを約束した。しかも、不当な取り扱いを受けた学生に対し、しかるべき謝罪と補償をするとされた。ニュースは即座に伝わった。カレル大学で、ストラホフの学生寮で、喜びと勝利の歓声が上がった。特別集会が開催され、大学界隈《かいわい》は、まるでパリの学生街カルチエ・ラタンのようになった。信じられない光景であった。

亮介は、テレビに映し出される光景にくぎづけになっていた。旧市街広場で、ヤン・フスの像を背にし、マイクを片手にレポーターが興奮気味にしゃべっていた。

「みなさん、ご覧ください。ここはプラハ、旧市街広場です。パリのカルチエ・ラタンではありません。学生や若い労働者たちが続々と集まっています。デモは誰が組織するでもなく自然発生的に始まりました。なかでもカレル大学の学生たちは、昨年十月のデモ弾圧は警察当局の行き過ぎであったとする内務省の公式発表を歓迎し、興奮しています……。みなさん、とうとうチェコスロバキアにも民主主義の時代が始まろうとしています。新しい指導者、ドゥプチェク・チェコスロバキア共産党第一書記は、共産党自らの手でその誤りを正し、わが祖国を新しい社会主義の道へ導こうとしているのです……」

テレビカメラが移動した。若者たちの輪がいくつもできあがっていた。スクラムを組むグループもあった。チェコスロバキアの国旗を打ち振る青年……。

「ドゥプチェク万歳」「チェコスロバキア共産党万歳」、その嬉しそうな顔、顔……。

マイクを突き出された初老の紳士が感動の面持ちでしゃべった。

「夢を見ているのではないだろうか。これがプラハなんだ。チェコスロバキアの民主主義なんだ。自由に自分の意見がしゃべれるなんて、なんと素晴らしいことだろう」

若者たちのデモは、ナ・プシーコピエからバーツラフ広場へと繰り出した。市民たちは共感と連帯の拍手を送った。交通が渋滞したが、誰も怒っていなかった。タクシーの運転手が派手にクラクションを鳴らして歓迎した。

この夜、ビアホールやカフェ、そして酒場が大繁盛した。用心深い中年の労働者や勤め人までもが、若者たちの議論の輪に加わった。夜が更け、店じまいとなっても議論は尽きなかった。追い出されたグループが、酔った勢いも手伝って、まだ寒い路上での即席討論会を開いた。たしかにチェコスロバキアの人々は言葉の民であった。

興奮さめやらぬ三月十五日、クドゥルナ内務大臣とバルトゥシュカ検事総長が解任された。古いスターリン主義的体質の警察権力が解体されていった。

ドゥプチェクは、保守勢力と対決するには世論が味方であることを知っていた。人々は民主主義の期待に燃えていた。このエネルギーをさらに強化しなければならなかった。

ドゥプチェクが次に打った手は、報道統制と検閲を規定していた報道法を改正し、検閲を撤廃したことである。言論・表現の自由の確立であり、共産党政権の国家として空前のことであった。

やがてプラハ市内のあちこちで、いや、チェコスロバキア各地で、学生や労働者の政治集会が組織的に開催されるようになった。テーマは、社会主義のあり方をめぐる諸問題であった。コントロールする者は誰もいなかった。無届け集会を理由に警察が介入することもなくなった。あらゆる市民たちが堰《せき》を切ったように発言した。言葉の民が自由にしゃべり始めたのだ。パンドラの箱を開けたどころか、ひっくり返し、ぶちまけたような論争が始まった。

チェコスロバキア建国の父トマーシ・ガリグ・マサリクとその息子ヤン・マサリクをしのぶ一連の行事が、カレル大学学生有志により組織されたのは、そうした興奮の最中のことであった。三月七日は、マサリク初代大統領の生誕百十八周年だった。

トマーシ・ガリグ・マサリクはチェコスロバキアの再生を象徴する人物であった。一八五〇年のこの日、スロバキア人を父とし、チェコ人を母として生を享《う》けた。

少年時代貧苦の中で徒弟奉公をしながら勉学し、ウィーン大学に進み、哲学博士の学位を得て卒業した後、ライプツィヒ大学で哲学、心理学、国民経済学を研究した学究であった。そして一八七九年、母校ウィーン大学の講師に任ぜられ、八三年には、カレル大学教授になった。彼の思想は、ヒューマニズム、個人主義、実証主義を根底にするものであり、学位論文『自殺と近代文明』は、近代文明に絶対的価値を置く思想の誤りと病患を衝くものだった。この気鋭の論文は、当時のヨーロッパ論壇に一大センセーションを呼んだ。

しかしトマーシ・ガリグ・マサリクは単なる学究ではなかった。一八九一年、青年チェコ党から立候補し、オーストリア帝国議会に選出された政治家でもあった。その政治目的は、チェコスロバキアの独立であった。チェコ問題の解決は、自己改善と「頭脳そして心の革命」によって、自らの存在を世界に認めさせ、フスの宗教改革の伝統と結合した民族復興運動を完成することにあると説いた。また人道主義的立場から、労働者の物質的条件の向上、八時間労働制、男女性差別の撤廃、反ユダヤ主義批判など、社会・労働問題に取り組んだ。もっとも階級的な観点には立たず、マルクス主義を批判し、道徳的社会主義を根拠にする姿勢であった。

マサリクは、やがて一九〇〇年、チェコ人民党を結成し、本格的な政治活動を開始した。

そして第一次世界大戦の勃発と同時に、ハプスブルク帝国の解体を目指す運動を展開、一九一八年、大戦の終了とともに独立したチェコスロバキアの初代大統領に選ばれたのだ。国民にとってマサリクは、ほとんど神話化された存在であった。

だが、一党独裁をほしいままにした共産党は、マサリクの業績をチェコスロバキアの歴史から抹殺したばかりか、優れた論文や著書を禁書にしていた。マルクスを批判した曲学阿世《きょくがくあせい》の徒としていたのである。人々はマサリクの名を口にするだけで、反共主義者として摘発の対象になった。

カレル大学の学生たちが、マサリクをしのぶ墓前祭を実行したのは、不当に無視されてきた祖国の先達に対する敬愛の表明とともに、特別の意味があった。チェコスロバキアの再生と民主主義を目指す運動のシンボルにしようとしたのだ。

しかもトマーシ・ガリグ・マサリクの墓のそばには、その息子ヤン・マサリク元外相も眠っていた。彼は、一九四八年二月、共産党がクーデターで権力を奪取した直後、外務大臣の要職にありながら変死した悲劇の人物であった。一応、自殺とされていた、その死について語ることはタブーであった。その命日、三月十日、学生たちは同じく墓前祭を催した。

あろうことかドゥプチェク新第一書記が、マサリク父子に対する共産党従来の態度を批判し、歴史は歴史として正当に評価されるべきであるとしたのである。青天の霹靂《へきれき》であった。プラハ近郊、ラニの墓地は、チェコスロバキアの再生を目指す運動の、新しいメッカになっていた。

そんな興奮の日々の中の、ある日曜日のことであった。旧市街広場、ヤン・フス像の前で、学生たちが討論会を開催するという情報を耳にして、亮介は様子を見に行くことにした。こまめに現場で情報収集することは重要な任務であった。討論会は興味深いものであった。学生や若い労働者だけでなく、一般市民も交じっていた。発言は活発だった。反対のやじが飛び、同調する掛け声があがった。学生だけに過激な発言があいついだ。感心したのは、彼らが社会主義に絶対の信頼を寄せ、チェコスロバキアこそ、本当の社会主義社会を実現できる歴史的、政治的、社会的、経済的そして文化的基盤を持っていると確信していることだった。反共的、右翼的発言もなくはなかった。だがそれらは、やじられ無視された。そしてこんな発言をした若者がいた。

「みんないろいろなことをしゃべっているが、ぼくは釈然としない。去年、ストラホフの学生デモが警察に弾圧されたとき、仲間を見捨てて逃げた奴《やつ》がたくさんいた。ドゥプチェクが第一書記になって、改革路線が動き出したら、急に民主主義だの自由だのと、大きな口をたたく奴が増えてきた。マサリク父子の墓参りをする者が急に増えてきた。今まで見向きもしなかったくせに、なぜだ。秘密警察にマークされるのが、怖かったのだ。信念を持たず勇気がなかったからだ。

そんな人間が自由を守れるはずがない。チェコスロバキアの屈辱の歴史は、いつもそうなのだ。ハプスブルク帝国の囚人から、マサリクによって解き放たれた束の間の自由と独立を果たして以来、われわれが民族としての誇りを全うした年月はあまりにも短い。土壇場で屈服してしまうのだ。そして権力者にへつらうのだ。

残念なことだが、われわれの指導者が、最後まで毅然《きぜん》として民族の信念を守り通したことはない。信念を守るということは死を恐れないことだ。ヤン・フスという民族の先達を考えてみるがいい。彼は火炙りの刑に処せられても信念を曲げなかった。

われわれは、ドゥプチェク同志を、最後まで裏切らないで支持することができるのだろうか。もしかして、ハンガリー動乱のように、われわれの改革運動を阻止するため、ソ連が軍事介入するかもしれない。武力弾圧されるかもしれない。そのとき、死を恐れず自由と独立、そして民主主義のためにたとえ素手でも闘うことができるだろうか。

ぼくは、それを問いたい。わが愛すべき兵士シュベイクのように無抵抗の抵抗が美化される時代はもう終わった。ソ連の抑圧は、ハプスブルク帝国のそれに比べえない野蛮なものだ。真理と信念のため、死を賭《と》して闘う者だけが、チェコスロバキアを本当のチェコスロバキアにすることができるのだ。

それは社会主義を再生させうるか否かの問題ではない。もっともヨーロッパ的なわれわれの文化が、ソ連の全体主義的な政策に屈従することは、単なる政治体制やシステムの問題ではなく、民族的かつ文化的アイデンティティを確保することができるか否かの根本的な問題なのだ……」

とても二十歳そこそこの青年の言葉とは思えない重さがあった。聴衆は一瞬たじろぎ、やがて拍手と賛成の声が巻き起こった。

亮介は感動しながら、日本の学生運動を思った。生かじりの左翼用語を並べ、現実からかけ離れた論旨不明の過激なアジ演説に自己陶酔するゲバ学生の無残さと哀れさ。自分をも含め、祖国日本の青年たちの知的かつ精神的貧困をかみしめた。あり余る自由のありがたさがわかっていなかった。

演説をした青年は、どこかで見かけたような風貌《ふうぼう》だった。真っ直ぐな癖のない髪、やや硬い表情だが、シャイな優しい目が印象的であった。黒い厚手の毛糸のセーターとベージュのコーデュロイのズボン、洗いざらしだった。

いかにもカレル大学の学生だった。痩せて、実際以上に背が高く見えた。死んだハインツに似た雰囲気があった。いや少し違う。

(誰かに似ている。誰だっけ……)

不意に面影が浮かんだ。なんだ、洋三じゃないか。自分の弟だった。数日前、珍しく葉書をよこした。老成した達筆で黒いペン字、外務省に入るため、外交官上級試験を受けると書いてあった。先に入省した兄貴に敬意を表したつもりらしかった。亮介は喜んだ。演説をした青年は弟に似ていた。

それにしても、このチェコの青年の、ポケットに時限爆弾を忍ばせたような緊迫感は何だろう。

話しかけたのは亮介だった。

「ぼく、日本大使館の堀江っていうんだけど。きみのスピーチとてもよかったよ。ぼくはチェコ語を専門にしないので、正確に理解したか自信がないんだ。少し質問していいかな。きみ、ドイツ語わかるの?」

「もちろん、わかりますよ」

きれいなドイツ語で返事が戻ってきた。外国人同士の初対面だったが、よそよそしさは五分と続かなかった。二人は直観的に仲間であることを識別していた。青年は、ヤン・パラフと名乗った。

薔薇

三月になって、プラハでは一日一日が、まるで数時間のように短く過ぎていった。歴史の歯車がチェコスロバキアだけ特別に早く回るかのようだった。

新しい権力者ドゥプチェクは、秘書が取り次ぐ重要な電話に、来客、会議、そして決裁しなくてはならない重要書類や文書の山に、おそらく分刻みのスケジュールで動き回っていた。多くの人々は、ただならぬ政治の気配にテレビやラジオのニュースに聞き耳を立て、新聞を読んだ。そして一日があっという間に過ぎていった。歴史の奔流が人々を押し流そうとしていた。

シュテンツェルとその義母ハナが、カテリーナの三十七歳の誕生日を祝ってくれた。二日遅れの九日、土曜日だった。氏の自宅に招待された。とりわけハナが喜んだ。すっかり元気になったカテリーナと久し振りに会ったのだから。去年の暮れの、カテリーナの入院以来のことだった。ささやかな夕食会だったが、楽しかった。車椅子《くるまいす》のハナが家政婦のマリエとともに用意した、心尽くしの食卓だった。シュテンツェルは上機嫌だった。話が弾んだ。例によってスリボビッツェのせいだったのかもしれない。ワインにほんのり頬を染めたハナも、いつになく饒舌《じょうぜつ》だった。ひとしきりよもやま話が弾んだ後、話題が変わった。

「カテリーナさん、また美しくなったわね。あなた、お誕生日を繰り返すたびに美しくなるのかしら。羨《うらや》ましいわ。素敵ねそのスカーフ、よくお似合いよ」

エルメスのスカーフだった。

「あら、嬉しいわ。でもときどき、鏡の中の自分に目をそむけることがありますの。暗い心のときは、老けた醜い顔をしてますわ。きょうはおめかしして来ました」

「それそれ、本当に美しい女は、年とともに、ますます美しくなるんだ。それになあ、年をとって、つらい恋をする女ほど美しいものはない。ハナ、あんたもそうだった。フゥオッ、フゥオッ、フゥオッ」

「ハインリッヒ、からかうのはよしなさい」

ハナが睨んだ。とてもセクシーだった。

「カテリーナさん、カレル・チャペックってご存じでしょう」

「ええ、チェコスロバキアを代表する有名な劇作家ですわ。『盗賊』とか『ロボット』などの作品を知っています」

「プラハ演劇学校を十九歳で卒業してすぐ、彼のビノフラディ実験劇場に参加したの」

「あら、ちっとも存じませんでしたわ」

「それから、六十歳になるまで、数えきれないほどのお芝居をしたのよ」

「数えきれないほどの恋もね」

シュテンツェルが冷やかした。ハナが舞台女優であったことを初めて知った。車椅子に座りながらも、身のこなしがどこか違っていた。芝居がかっているわけではなかったが、動作にめりはりがあった。女優ならではのことだった。七十歳を過ぎているのに、何とも言えない色気もあった。

「そうよ、みんな素敵な恋だったわ」

ハナは、遠くを見つめる眼差しだった。

「でもね、思い出すだけでも体が震えるような恋はただ一つなの。最後の恋だったわ。それがベラの父親だったの。政治家だったわ。もちろん彼には妻子がありました。はじめからかなわぬ恋でした。まだ古い時代に、未婚の母になるのは大変なことでね。それに、彼の政治的な名声を傷つけるわけにはいかなかったの。政敵に付け込まれるのを恐れました。どんなことがあっても、彼を守らなければならなかったし。

チェコスロバキア全人民の運命が、彼の双肩にかかっていたのですから。ベラにさえ父親が誰なのか明かしていませんでした。うすうす気づいてはいたようですが、わたしを問い詰めるようなことはしませんでした。あの子は優しい性格でね。父親そっくりの激しい気性でもあったけど」

ワイングラスを手にするとハナは一口飲んだ。

「ベラが積極的に反ナチ・レジスタンスにかかわったのは、ナチのボヘミア支配の代理総督ハイドリッヒ暗殺に協力した後、地下に潜行したハインリッヒを思う一心に始まったことです。そしてロンドンからラジオで、ナチス・ドイツ占領下にあるチェコスロバキア国民に愛国的なメッセージを送り、ハイドリッヒ暗殺を命令した人が、他でもない、自分の父親であることを知ってからいっそう激しくなったのです。いつ死んでもいいようにと決心して、秘密を明かしたの。戦争末期、追い詰められたドイツ軍は、一般市民を無差別に殺戮しかねないほど狂っていたのです。ベラは進んで、危険な任務に携わりました。父とともにファシズムと闘うつもりだったのでしょう。そしてゲシュタポに捕らえられたのです。ラーフェンスブルクの強制収容所で亡くなったことは、もうお話ししました」

カテリーナは息をのんだ。ハナが語る思いがけない秘密だった。その人の名を口にしかけてカテリーナは絶句していた。知らぬ者はなかった。亡命政権の大統領であり、クーデターで追放された悲劇の人だった。シュテンツェルの優しい目が潤んでいた。

「ねえ、カテリーナさん。あなたドイツ人として、こんな話を耳にするのはつらいでしょう。

わたしたち、あなたのことを、真実のお友達と思っているから、こうしてお話しできるの。だからこそ、あなたがいろいろ苦しんでいるのを見て、わたしたちも哀しいの。

　あの事件があってから、あなた変わったわ。ハインリッヒが心配してますの。なにか思い詰めているようだって。まさか、あなたがテロをするとは思いませんが、自分で自分を必要以上に苦しめているのではないかしら。お病気のことも知りました。あなたの生真面目さが原因の一つではないかしら。カテリーナさん、あの日本の青年、どうしたの？」

　とうとう予期した質問が飛んできた。

「ええ、あんなことがあってから、会っていません」

　別れの手紙のことは言いよどんだ。別れを告げたのは自分だった。それっきり連絡は見事なほどに途絶えた。これ幸いと、青年は去っていったのだろうか。特務機関に監視される、いわくありげな年増のDDR女から。裏切られたような思いが、心の隅に引っ掛かっていた。

シュテンツェルが口をはさんだ。

「まだ、特務機関の男につきまとわれておるのかな？」

「わかりません。授業が終わると大学の図書館に行くか、アパートに戻るか、判で押したような生活をしていますから、尾行されているのかどうか……。買い物も、近くのマーケットで済まし、出歩くことはほとんどありません」

「ねえ、カテリーナさん、恋をなさい。激しい恋をして、もっとセクシーにおなりなさいな。恋をする女は強いのよ。闘う方法はいろいろあるわ。あなたの美貌とローレライのような優しい声は、あなたの武器なのよ。ウルブリヒト、いいえ、ブレジネフだってかなわないわ。あなたには素敵な武器があるのよ」

ハナが言っていることは、二週間ほど前、シュテンツェルから持ちかけられたことだった。ラジオの国際放送番組に出演してくれないかという相談だった。

カテリーナは、黙ってうつむいた。氏とハナが目配せした。

「実は、あんたの誕生日のためにプレゼントが届いておる」

氏は、キッチンに向かって手をたたいた。家政婦を呼んだ。

「マリエ、持ってきておくれ、あれを」

「はい、旦那様《だんなさま》！」

半開きのドア越しに弾むような返事が聞こえた。ドアが広く開いて、家政婦のマリエがワゴンを押して出てきた。一瞬、部屋の空気が、甘い芳香とともに真紅に染まるかに見えた。薔薇だった。カットグラスの花瓶に見事な薔薇がこぼれんばかりであった。

ヤンが無心に料理を食べていた。このレストランの名物、牛ヒレ肉のクリーム煮だ。ブルタバ川の中洲《なかす》の島、ナ・カンピエにある「クルプ・カンパ」だった。十七世紀に造られ、もともと馬具職人や石鹸《せっけん》職人の工房であった建物を改造したレストランだった。料理もさることながら、静かなたたずまいを亮介は気に入っていた。話をしながら、ゆっくり食事を楽しむことができる、恋人たちのレストランでもあった。

「どう、おいしい?」

目を上げたヤンが、にっと笑った。

「いやあ、メンザ（学生食堂）の飯とは、けた違いです。こんなうまいものが世の中にあったんですね」

亮介は、身につまされた。同じせりふを口にしたことがあったのだから。ほんの五、六年前だった。神保町近くにあった大手出版社でアルバイトしていた。どんなはずみであったのか忘れてしまった。上司である編集長に連れられ、新宿のレストラン「高野」で、ビーフシチューをごちそうになった。学生食堂で、素うどん、カレーライスを食べる毎日、支給されたばかりの奨学金を手に、メンチカツを奮発するのが楽しみだったあの頃、驚嘆する美味であった。胃袋の記憶が消えるはずがなかった。

「よかった。ぼくも学生時代は、きみと同じだったんだ。貧乏でね」

満足そうにナプキンを口に当てた弟によく似た青年とは、旧市街広場の野外討論会で知り合って以来、すっかり意気投合していた。

「どう?　ビール、もう一杯」

「ええ、いただきます」

青年は嬉しそうだった。

「ところで、さっきの話だけど実に興味深い。シュテンツェル先生が言語学の大家であることは知っていた。しかし、そのプラシェスキー・リングビスティツキー・クロウジェク（プラハ言語サークル〉っていうの、今まで聞いたこともなかった。門外漢にはね」

「サークルっていうより、学派っていったほうがわかりやすいのかな。カレル大学教授で、機能言語学の提唱者だったビレム・マテジウスを中心に、一九二六年、結成されたサークルなのです。シュテンツェル先生は、そのマテジウス教授の高弟なんです」

「素人にわかるように説明してくれないかな。そのサークルの学説」

「さっきヘル・ホリエが、チェコ人を言葉の民って言ったでしょう。実にいい表現だ。そうなんですよ。われわれ抑圧され続けたチェコ人にとって、その存立を主張し防衛する手段は、武力ではなく言葉だったのです。言語こそ『難攻不落の砦』であるとして、言語の機能的分析、簡単に言ってしまえば、真理をいかに正確に伝達するか。そのために言語の意識と構造、つまり言語の有機的結合をできるだけ明示的に法則化するというのが、このサークルのテーゼなのです」

「なるほど、デマゴーグで成り立つファシズムや唯我独尊の共産党と対立するわけだ」

「ね、わかるでしょう? 一九三九年ナチスが、なぜ、このサークルを目の敵にし弾圧、解散させたのか。そして一九四五年、活動を再開したこのサークルを、今度は、共産党が徹底的に弾圧したのです。そんなわけで、サークルは団体として存在していませんが、シュテンツェル先生を中心に研究は細々と続いています」

「先生が万年講師なのもそういうわけなんだ」

「いいえ、あのノボトニーは、人民に馬鹿にされるほど無学だったせいか、学者にひどいコンプレックスがありましてね。しかもナチ占領時代、ノボトニーは先生と同じ強制収容所にいたことがありましたね。先生に随分世話になったのだそうです。

ノボトニーは恩義を感じていたのか、政府に命じて、先生を教授に昇格させようとしたことがありました。ところが先生は、サークルの復活を認めないのであれば、教授などなってもしかたがないと拒否したのです」

「いかにも先生らしいね。ありそうなことだ。万年講師の謎《なぞ》が解けた」

「独裁者は、右であれ左であれ、必ず言論弾圧するものなのです。その社会が本当に民主主義であり、自由であるかを測定する基準は単純明快、言論の自由が保障されているか否か。その一点に尽きるのです」

「とすれば、ドゥプチェクが着手したことは、大変なことなんだな。ブレジネフ、ウルブリヒト、ゴムルカといった、胡散臭《うさんくさ》い連中が恐慌を来すわけだ」

「そうなんです。ドゥプチェクは、言論の自由と民主主義のもとで、堂々と第一党になれる共産党を目指しているのです。秘密警察やテロなどの犯罪を必要としない共産党になろうとしているのです。既成のソ連・東欧社会主義体制を根本から揺るがす実験です。

ドゥプチェクは、言葉の民であるチェコスロバキアの人々に、言葉を回復させようとしています。真実の言葉と表現の自由を奪うことが、どれほど野蛮かつ非人間的なことであるかを、彼は知っているのです。被抑圧民族としてチェコ人、スロバキア人は、言論、そして表現の自由にことのほか敏感なのです」

亮介は、青年の言葉に圧倒されていながらも、心の中で呟いていた。

（そうかもしれない。きみの言うとおりだよ。しかし、きみはまだ権力のなんたるかを知らない。おれは官僚の端くれとして、国家権力のなんたるかを見てしまった。権力とは本質において陰険なものなのだ。しかも権力を握る者は神ではない。所詮《しょせん》、矮小な人間なのだ。その人間が権力を行使するのだ。しかも権力の行使という犯罪が公然と行われるのは、なにもソ連や東欧だけのことではない。権力の犯罪性を担保するのが、言論の自由であり、表現の自由なのだ。唯我独尊のクレムリンがドゥプチェクの改革を認めるだろうか）

亮介は、思わず口にしていた。

「大丈夫だろうか。頑迷なロシア人、しかもクレムリンのマフィア的な権力者たちが、ドゥプチェクの実験を認めるだろうか。ウルブリヒトもゴムルカもそうだ。権力者として、いかがわしい出自だけに、改革を偏執的に憎悪している。いや、恐怖しているのだ。ドゥプチェクの実験を押し潰そうと陰謀を凝らし、すきを狙《ねら》っているのは明らかだ。ぼくは不安だな」

青年の表情が曇った。ジョッキに伸ばした手を引っ込めて、しばらく考え込んだ。

「チェコスロバキアの実験は、社会主義が二十一世紀においても、進歩的な人間解放の政治理念として存続することができるかどうかを見極める、最後のチャンスなのです。ひとりチェコスロバキアが、本来あるべきチェコスロバキアになるための実験ではありません。『プラハの春』は、社会主義再生の先駆的なモデル実験なのです」

ヤンは、自分の気持ちを引き立てるように断言した。きらきら輝く目がこちらを見つめている。亮介は思わず目をそらしてしまった。心の底に不安がよどんでいた。この純真な青年が挫折する悲劇を思ったのだ。

ふいにカテリーナの面影が脳裏をよぎった。ヤンが知らないはずがない。消息を聞いてみようと思った。シュテンツェルに花束の伝達を頼んだとき、カテリーナの消息を聞くことはしなかった。彼は快諾しながら、何も語らなかった。

亮介が頼んだ、二杯目のジョッキが来た。

「じゃあ、もう一度カンパイ！」

弟によく似た青年ヤンが元気よくジョッキを上げた。教えたばかりの日本語だった。

「ナ・ズドラビー」

亮介はチェコ語で応えた。ヤンがにっと笑った。心がほぐれる笑顔だった。

「あっ、そうだ。こんど三月二十日、文化と休息の公園にある公会堂で、青年集会を開くんです。カレル大学青年同盟メンバーを主体とする組織委員会が主催します。学生だけでなく労働者や一般市民、いや、関心がある人ならだれでも参加できるのです。もちろん外国人も。ヘル・ホリエも来てくれませんか。ぼくが司会をするんです」

ヤンは勢い込んでいた。

「ほう、青年集会ね。ヤンが司会するのか。この前の野外討論会のような集会なの？」

あまり乗り気ではなかった。学生たちの議論ばかりを聞いてもしかたがない。

「いや、パネルディスカッションです。パネリストは、スムルコフスキー、ゴルトシュテュッケル、シク、プロハースカといった人たちです」

亮介は思わず身を乗り出していた。改革派の錚々《そうそう》たるオピニオンリーダーたちであった。

「すごいじゃない。よくそんな人たちを」

「でしょう」

ヤンがまた、にっと笑ってビールを飲んだ。満足そうに。

「一万人ぐらい、動員できると思っているんです」

「一万！　すごいね。ヤンが組織したのか？」

「そうですよ。手応え十分です。去年十月、学生デモではひどい目にあいましてね。今度はそのリターンマッチです」

「あのとき、ぼく現場にいたんだ。みんな見ちゃったよ。ひどかったね」

こんどはヤンが驚いた。二人は、また、夢中になって話した。どうやって「プラハの春」を成就させるのか。学生がどんな役割を果たすべきか。結局、カテリーナのことは話題にならなかった。いや、あえて持ち出さなかった。

プラハ青年集会

プラハに吹き荒れる春の嵐は、隣国ポーランドを巻き込んだ。独裁者たちが恐れたとおりの事態が発生していた。とりわけゴムルカにとって悪夢が……。

三月になってまもなく、ワルシャワを中心に、ほとんど全国的規模の激しい学生デモが繰り広げられた。数千の学生たちが警官隊と衝突した。

発端は一月だった。ポーランドの愛国詩人ミッケービチの史劇『祖先の祭り』が上演されることになっていた。ところが、突然、その内容が反ソ的であるとの理由で、政府は上演を禁止したのである。ワルシャワ大学の学生たちは、ただちに抗議デモを組織した。出動した警官隊ともみあいになり、二人の学生が逮捕され、騒ぎはとりあえず収まったかに見えた。だが隣国チェコスロバキアでは政変と民主化運動の高まりがあった。ポーランドも厳しい検閲と情報統制下にあったが、プラハの熱気が伝わらないはずがなかった。

三月八日、逮捕された二人の学生の釈放を求めるデモが組織された。ワルシャワ大学構内では抗議集会が開かれた。狼狽《ろうばい》した大学当局は解散を命じたが、学生たちは応じなかったばかりか、座り込みを強行した。当然のように警官隊が介入した。学生たちは待ち構えていて、激突した。投石と殴り合いだった。三人の学生が重傷を負い、十数人が負傷し、二人が逮捕連行された。翌九日、ワルシャワ工科大学でも、デモと抗議集会が行われた。事態を重く見た内務省は、暴徒鎮圧のため特殊部隊を投入した。催涙ガスが撃ち込まれ、学生たちは容赦なく殴打された。凄じい弾圧だった。

事態を見守る教授たちが、そのあまりの野蛮さに抗議した。十一日、ワルシャワ大学では、三十人の教授と二千人もの学生が参加する全学抗議集会が行われ、当局の弾圧を非難する決議を採択した。

やがて学生や若い労働者たちの連帯と抗議のデモがクラクフ、ポズナニ、グダニスクとポーランド全土に広がり、数万の若者たちが行動を起こし、警官隊と激しく衝突した。逮捕された学生は全国で五百余人にも達したばかりか、学生を支持した多数の教授も拘束された。とりわけSBと呼ばれる共産党直轄の秘密警察が猛威を振るい、暴力は日常茶飯事、学生たちは令状もなく逮捕、勾留《こうりゅう》された。そして抗議運動は分断され次第に抑え込まれていったのだ。

いくつもの反政府暴動や抗議デモを力でねじ伏せてきたゴムルカは、弾圧に、いささかも躊躇《ちゅうちょ》することはなかった。

右であれ左であれ、独裁者がおのれの非を認めることは決してない。すべて敵の陰謀ときめつける。しかしこの混乱にゴムルカは震えあがり、プラハのせいだと思った。

やがてゴムルカは、ドゥプチェクを反革命、反社会主義分子と断じ、DDRのウルブリヒトとともに、なりふりかまわず「プラハの春」を押し潰そうとするのである。自らの権力体制を守るため、チェコスロバキアの改革運動を疫病のように嫌悪し敵視した。

DDRの首都、東ベルリンのリヒテンベルクの国家治安省「シタージ」本部。十六階の幹部食堂兼ラウンジに、ひとりの男が座っていた。第一次官ウィルヘルム・ベーナー中将であった。午後三時を少し回ったいまは他に誰もいず、彼は一人でベルリン市街を見下ろし、物思いに耽《ふけ》っていた。
この食堂は局長以上の幹部職員の施設であり、ホテル並みに豪華であった。ミールケ大臣の好みで造られたバーもあった。贅沢《ぜいたく》な酒が並んでいたが、せいぜいビールかワインを、少ししかたしなまぬベーナーにとって、どうでもいいことだった。それどころか、スコッチ、ブランデー、コニャック、ウオッカ、ワインそしてリキュールと、インターショップ以上の酒が揃っているバーを見るたびに、ベーナーは道義的な不快感を覚えた。ミールケは酒に目がなくアル中気味だった。大臣官房がおもねるように、このバーを調えたのだ。もっとも賓客接待というのが表向きの名目だった。実際、ソ連や東欧の秘密警察関係要人がこのバーで情報交換し密談した。

退庁時間後、ミールケは、取り巻きを引き連れ、このバーでしばしば酒盛りをした。いまいましいことであったが、第一次官として、ベーナーは忠誠を疑われない程度につきあった。いつであったか、この男に揶揄されたことがある。

「ウィルヘルムがいる限り、わが『シタージ』は、役所の中の役所であり、祖国DDRと党SEDは安泰なのだ。まったくコンピューターよ、この男は。KGBのアンドロポフ同志が、こんな男が是非欲しいと言ったもんだ。言ってやった。もし、わしにBRD（ドイツ連邦共和国＝西独）をくれるのであれば、ウィルヘルムを進呈しましょうとな。しかし、このコンピューターにも弱点があってなあ。酒と女が大嫌いなんだ。ゲハハハハ……」

ラウンジのサービスを担当する制服の女子職員が、遠慮がちに尋ねた。

「次官、コーヒーをお持ちしましょうか?」

「いや、結構だ。何もいらない」

われに返って、ベーナーは答えた。実際、この幹部食堂兼ラウンジを、彼が私的に利用することはなかった。公務上の会食であるとか、外国賓客接待のため職務上やむを得ない場合を除いて、コーヒー一杯飲んだことはなかった。

しかしほとんどの幹部が、この食堂を利用できる特権を当然のこととしていた。メニューは少なかったが、贅沢な食事を楽しむことができた。牛肉のステーキや、上等の生ハムなど、ふんだんに食べることができたし、ロシア産のキャビアもあった。市内のマーケットの野菜コーナーに、干からびた人参と硬いキャベツしかないときでも、幹部食堂のテーブルには、新鮮なキュウリ、トマト、サラダ菜の料理が並んだ。

ベーナーは社会主義者のモラルとして、そうした特権的な食事を楽しむ神経を持たなかった。省内の職員用購買部にインターショップ並みの輸入品が豊富に並んでいるのも、許せないことであった。もっとも彼のそうした個人的な感情が、他人に悟られることは決してなかった。意思と感情の自己制御は完璧《かんぺき》だった。そう、コンピューターのように。だからこそ第一次官にまで上り詰めたのだ。だが、その完璧さに、特務機関の冷たい目が注がれていた。

ベーナーはひとりでこのラウンジに座るとき、いつも考えごとをしていた。いや、くじけそうになる心を励まし、決意を新たにする祈りのひとときであった。

窓一杯に、無残な東ベルリンの光景が広がっていた。分断された祖国ドイツの悲劇と原罪の光景であった。ちぐはぐで荒涼とした風景だった。

今朝のことだった。突然ウルブリヒトに呼ばれ、ミールケ大臣とともに党本部に出頭すると、ホーネッカー政治局員を陪席させ、待ちかまえていた。ウルブリヒトは不機嫌で、笑ったことがない顔が、苦虫を嚙み潰したように歪んでいた。

「首脳会談をドレスデンで開催することにした。ブレジネフに了承してもらった。ブレジネフは、ドゥプチェクをモスクワに呼びつけるつもりだったらしい。わたしは反対した。あのたわけた若造を、みんなで思い知らせてやらねばならん。ゴムルカ、カダール、ジフコフも出席する。チャウシェスクは呼ばない。ワルシャワのあの騒ぎを見てみろ。とんでもないことだ。会議は二十三日、一日だけだ。みんなその日のうちに帰国する」

老人は、吐き捨てるように言ったものだった。

「ゴムルカは珍しく反対しなかった。あの頑固者、さすがにおじけづいているようだ。血の気が多いポーランド人のことだ。プラハの騒ぎにたきつけられて、とんでもない騒ぎを引き起こしかねない。『ワルシャワにもドゥプチェクを』と不良どもが騒いでいるそうじゃないか。ちょっとひねって始末すればいいんだ。スターリン時代がまったく懐かしいよ。これからは、わしが取り仕切らねばなるまい」

首脳会談は予想したことだった。ベーナーは驚かなかった。もっと先を読んでいたのだ。次のチェコスロバキア共産党中央委員会総会で、幹部会からノボトニーおよびその一派が追放されると見ていた。ドゥプチェクに圧力をかけ、保守派に梃入《てこい》れするタイミングとしてはぎりぎりだった。問題はどこで開催されるかだった。モスクワだと見当をつけていた。それがドレスデンになった。ウルブリヒトがドゥプチェクを査問にかけるつもりでいることを知った。それならそのようにやらねばなるまい……。

プラハのDDR大使館から送られてくる報告は、使いものにならなかった。ドゥプチェクを反社会主義、反ソ・反革命、修正主義と罵《ののし》るだけだった。情報分析になっていなかった。もはや、改革の流れを止めることはできない。ベーナーの結論だった。行くところまで行く、そう思っていた。

カテリーナの「約束の手紙」が貴重な情報だった。

三月二十日。プラハ市内、「文化と休息の公園」公会堂に一万を遥《はる》かに超える聴衆が詰めかけ、白熱する対話が繰り広げられていた。午後五時に始まり、まもなく八時になろうとしている。席を立つ人はほとんどいない。逆に午後七時のテレビニュースが会場の模様を伝えると、今からでも遅くはあるまいと、人々が駆けつけたのだ。

亮介は、同僚の稲村と、その熱気の渦の中にいて、発言を記録するのに夢中だった。組織委員会の許可をもらってテープレコーダーを持ち込んでいたのだ。会場の雰囲気は、緊迫しながらも和気あいあいとしたものだった。哄笑《こうしょう》、爆笑、壇上のパネリストと聴衆が一体になっていた。いかに「プラハの春」の改革運動を守り抜くか。チェコスロバキアをあるべき姿に再生させるためにどうすればよいか。聴衆はパネリストに質問を浴びせ、臆《おく》することなく自分の意見を述べた。壇上で司会を務めるヤンに、殺到する質問や意見を巧みにさばき、簡潔に問題点を提起し、リードしている。

スムルコフスキーの鋭く核心をつく応答、生真面目でいかにも経済学者らしいシク、言葉鋭くレトリックに富んだプロハースカ、いかにも闘う作家にふさわしく満場を唸《うな》らせた。だが、なんといっても圧巻はゴルトシュテュッケルだ。権力をいかに制御すべきかを説き、真の民主主義と基本的人権の確立が鍵であると訴えた。無実の罪で終身刑を宣告されながら、権力の横暴を指弾し続けた不屈の闘士、行動する知識人だった。

ようやくその討議が終わって、ヤンが十五分の休憩を宣言した。周囲の若者たちは、まだ議論に夢中だった。亮介は会場の熱気に呆然としていた。抑圧され続けていた人々が自由を謳歌《おうか》する光景に感動した。

われに返って亮介は、テープレコーダーを点検した。新しいテープに替えておいたほうがよさそうだった。バッグの中をかき回して、テープをさがした。そのとき場内にどよめきとともに、拍手がわき起こった。次のプログラムの外国人パネリストがゲスト席に着こうとしていた。

「おいっ、あの人じゃないのか！」

同僚の押し殺した低い声に、亮介は顔を上げた。

壇上に紅一点、女性がいた。目を凝らした。人違いではなかった。カテリーナだった。四カ月ぶりの再会である。

ドレスデン首脳会議

亮介は、プラハ青年集会で録音したテープを聞き取るのに夢中だった。録音状態はよくなかった。会場の喧騒が交じり合っているのだ。

紹介された外国人ゲストは、カテリーナの他、ユーゴスラビアの新聞『ポリティカ』特派員、パリ大学教授、イタリア共産党中央委員、そして意外にもモスクワ大学教授の五人だった。傍聴したこの青年集会のディスカッションにコメントし、会場からの質問に答えるという形式だった。モスクワ大学教授が改革の行き過ぎを非難した。

その教授は民主主義のなんたるかをほとんど理解していなかった。ロシア人を説得することは至難の業かと思われた。ゲストはそれぞれ母国語もしくはチェコ語で発言した。もちろん通訳が入った。カテリーナはドイツ語で話した。通訳の必要はなかった。ほとんどの人々が理解したからだ。発言は心にしみた。

しかし聴衆は、まずその優雅さに魅了された。ベージュ色のツーピースに黒いタートルネックの薄手のセーター、そして思いきったミニスカートから、黒いストッキングの長い足が伸びて、焦茶色のハイヒールをはいていた。ファッションモデルが歩くように腰が揺れた。亮介はぞくっとするような衝撃を受けた。見たこともないカテリーナだった。少し痩せて髪を短くしたのが新鮮で、一瞬、人違いではないかと思ったほどだ。

テープレコーダーから喧騒に交じってカテリーナの声が流れてきた。

「ご紹介いただいたカテリーナ・グレーベです（シュナイダーとは名乗らなかった）。カレル大学でドイツ語の教師をしています。組織委員会のヤン・パラフ君から、ゲストとして……。随分迷いました。わたくしはDDR人であり、SED党員ですが、党員資格を停止されている身分です。プラハでは、一切政治活動をしないという、約束を……、違反――それを承知でゲストになることをお受けいたしました。それから考えることがあって、ドイツ語で発言させていただきます。チェコ語でお話しすることが礼儀であることを、忘れたわけではありません」

会場を揺るがすような拍手が起こった。

「カイネ・ゾルゲ（心配するな）！　ぼくらが守ってあげるぞ」

ドイツ語の激励だった。カレル大学の学生に違いなかった。喚声と拍手にカテリーナの声がかき消された。テープを早送りしてカテリーナの声を拾った。

「この青年集会を傍聴して、わたくしは社会主義に対する確信を深めました。いろいろな発言は、カオスのように聞こえますが、社会主義の理念をいかに最高のレベルまで具体化するか、チェコスロバキアで実験し検証するプロセスなのです。

社会主義は権力支配の手段ではなく、目的であり理念なのです。と、すればその方法について、いろいろな議論がなされるのは当然のことでしょう。

わたくしたち、ドイツ人の反省と経験によれば、正しいと思ったこと、おかしいのではないかと思ったことを、信念をもって発言する勇気がいかに大切であるかということを忘れてはいけません。ナチズムのデマゴーグとプロパガンダに踊り踊らされ、侵略とユダヤ人迫害に積極的に荷担した大衆精神の薄弱さ。それに引き替え、チェコスロバキアの人々の言葉の自由に対する執念と勇気、チェコスロバキア共産党が、言論の自由を求め約束するのは当然のことです。

チェコスロバキアの人々に課せられた歴史的な役割を、友好国や同盟国の普通の人々に広く理解していただくことが、大切なのではないでしょうか。

わたくしは、最近、ある本を読みました。お誕生日のプレゼントにいただいたのです。それはチェコスロバキアの人々なら、誰でも知っているミレナ。そうですわ、カフカの恋人ミレナ・イエセンスカーの伝記でした。夢中になって読みました。

ヒトラーの時代、ラーフェンスブルクの女性強制収容所での、悲劇的な彼女の死について、わたくしは、ドイツ人として言い知れぬ羞恥《しゅうち》を、そして人間として女性として言葉に尽くせない哀しみと怒りを覚えます。彼女こそ、真の社会主義者でした。いいえ、真の女性であり、女でした。

カフカが『ミレナへの手紙』として知られる、美しいラブレターの数々を彼女に捧げたのはよく知られていることです。羨ましくさえあります。こんな素晴らしいチェコの女性がいたことを知って、わたくしは心から感動しました。ジャーナリストとして真実を追求することに厳しくはあっても、彼女の、優しさ、賢さ、温かさ、激しさ、強靭《きょうじん》さ、愛らしさ、繊細さ、哀しさは、母なる祖国、チェコスロバキアそのものなのです。みなさんが、いま取り組んでおられる社会主義の再生を目指す運動とミレナの生き方は、精神的根源を一つにするものと言って過言ではありません。民族の心、思いなのでしょう。わたくしは、ミレナのように生きたいと思っています。真実のために死を覚悟するとき、人間は崇高なまでに強くなれるものであることを教えられました。もちろん宗教改革に命をかけたヤン・フスを挙げるまでもありません（爆発するような拍手、口笛、喚声が入り交じって何も聞こえなくなった）。

　わたくしは今、自分がSED党員であることを誇りに思っています。党員権を停止されていても、わたくしは、あなた方とともにある社会主義者なのです。『プラハの春』は、社会主義者として、共産党員として生きる力と自信を与えてくれました。ミレナは、女性として、女として生きる喜びを教えてくれました」

　テープレコーダーのスピーカーがおかしくなるほどの喚声に、亮介は、慌ててボリュームを下げた。近くにいた若者たちが流れる涙を拭《ぬぐ》おうともせず、拍手し続けていたことを思い出した。集会が終わり、カテリーナが退場するとき、会場の全員が起立し、手拍子を取って、歓呼したのであった。

「ミレナ、カテリーナ、ミレナ、カテリーナ、ミレナ、カテリーナ」と。

　そしてカテリーナは、まるでスターのように聴衆に投げキスしたのである。紋白蝶《もんしろちょう》があでやかな揚羽《あげは》蝶になって、高く遠くへ飛翔《ひしょう》しようとするかのようであった。

ドレスデン首脳会議が開催されたのは、三月二十三日だった。ソ連・東欧ブロックの経済協力について協議する首脳会議という名目で、ブレジネフとウルブリヒトが画策したことであった。ドゥプチェクは、党からビリャク党幹部会員、コルデル党中央委員会・経済計画担当書記を、政府からレナールト首相、チェルニーク国家計画委員会議長をともない首脳会議に臨んだ。だが、ドレスデンに乗り込んだドゥプチェクは、いきなり平手打ちを食うことになった。チェコスロバキアの政治状況を検討するのが、首脳会議の本当の目的であることを、悟らなければならなかった。

首脳会議のとげとげしい雰囲気は、前日二十二日、ノボトニーがついに大統領を辞任し、保守派の敗北が決定的になったことによって、いっそう増幅されていた。チェコスロバキア共産党指導部は、あたかも潮が満ちるかのように改革派の勢力が増大していた。

ノボトニー失脚のニュースが伝わると、バーツラフ広場や旧市街広場に、若い労働者や学生たちをはじめ市民たちが繰り出し、祝杯を上げ大騒ぎした。暗い時代が終わったことを、人々は確かめた。プラハは自由圏の都市になったかのようだった。

ドレスデンに集うソ連・東欧首脳たちは苛立《いらだ》った。ブレジネフを裁判長とし、ウルブリヒト、ゴムルカ、カダールそしてジフコフが検事を務める法廷が、弁護人なしで裁こうとしたのは、被告人アレクサンデル・ドゥプチェクであり、チェコスロバキアそのものであった。傲慢《ごうまん》にも、チェコスロバキアの民族、歴史、そして文化を裁こうとするに等しかった。ドゥプチェクを激しく攻撃したのに、ゴムルカとウルブリヒトだった。とりわけウルブリヒトは異常なまでヒステリックに、ドゥプチェクが検閲を廃止したことを非難した。そして検閲が廃止されたことをいいことに、プラハ国営放送が退廃的な番組を流すようになったのは、ペリカン総裁の陰謀であり、ペリカンはCIAの手先ではないかとまで罵《ののし》る始末であった。会談は冷やかなムードの中で終了した。結論は何も出なかった。もちろん共同声明が出るはずもなかった。例によって、わけのわからぬ共産党用語を羅列したコミュニケが出ただけだった。

三月二十八日、党中央委員会総会が開催された。議題は大統領候補の指名だった。その人、ルドビーク・スボボダ将軍が政治の舞台に登場したのである。

三十日、国民議会は賛成二百八十八票、棄権六票の圧倒的多数で、将軍をチェコスロバキア大統領に選出したのだ。人々は熱狂した。忘れられていた英雄が、突然、よみがえったのだから。見事な白髪、眼光炯々《けいけい》とした寡黙な風貌、そして肩幅の広いがっしりした体軀《たいく》、とても七十三歳とは思えぬ迫力と威厳がある。

スボボダは第二次世界大戦中、在ソ連・チェコ軍団を率い、ドイツ軍と闘った英雄で、ソ連邦英雄との称号も与えられた。戦後はベネシュ政権に国防相として入閣し、一九四八年二月、無血クーデターによる共産党政権の発足とともに、共産党に入党し、引き続き国防相を務めた。

スボボダは、もともと政治的には中道左派であり、必ずしも共産主義者ではなかった。革命前夜当時は、左右勢力の対立は激化する一方だった。陰謀が渦を巻き、チェコスロバキアは内乱の危機に直面していた。スボボダは軍の中立を維持し、同胞相争う流血を回避しようと、心を砕いた。この軍の中立こそが、無血クーデターによる、共産党政権の樹立を可能にしたのであった。

だが、その後五〇年代、スターリンによる粛清の犠牲となり、入獄こそしなかったものの、軍人としてのすべての栄誉を剝奪《はくだつ》され、地方農業組合の書記に左遷されたのである。一九五五年、名誉回復されたものの、軍事歴史博物館館長の閑職に甘んじていた。どんなときにも沈着、剛毅《ごうき》にして清廉、生粋の軍人であった。

カテリーナは返事に窮していた。シュテンツェル講師の狭い研究室だった。かすかに本の黴《かび》がにおっている。復活祭の休暇を控えた放課後のこと、大学構内は森閑としていた。押し黙った三人は重苦しい空気に密閉されていた。

「どうしても、わたくしでなくてはならないのでしょうか?」

沈黙に耐えかね、カテリーナはひとり言のように尋ねた。

「あなた以外考えられません。理由はご説明したとおりです。先日のプラハ青年集会で、あなたのパネリストぶりを拝見してから、この確信は不動のものになりました。お引き受けいただけないのであれば、この番組は中止するつもりです。あきらめます。党上層部にはそのように報告いたします」

「カテリーナ、何度も言ったことだが、無理はしないで欲しい。話を取り次いだ者として、大いに責任を感じておる。わしに頼まれたから断りきれない、と、そんなことで引き受けるのであれば、わしが願い下げる。なまなかのことでできる仕事ではない」

シュテンツェルの言葉は厳しかった。

「申し訳ありません」

カテリーナは、切羽詰まっていた。もう三週間余り返事を引き延ばしているのだ。たびたび督促を受けながらためらっていた。相談する相手もなく、ひとり思い悩み、眠れない夜を過ごした。もちろん決断は自分ですることである。しかし、よりどころが欲しかった。心の支えを求めていた。亮介がそばにいて欲しかった。

しびれを切らしたペリカン総裁が改めて直談判してきたのだ。人目につきにくい大学構内を会合の場所にしたのは、シュテンツェルの配慮であった。

イジー・ペリカンはプラハ国営放送総裁。四十歳そこそこで要職についたこの人物。中肉中背、快活にして頭脳明晰《めいせき》、何よりも気鋭の改革派党員であり、ドゥプチェク側近でありブレーンのひとりであった。カテリーナはその熱意とエネルギーに圧倒された。

「もう一日だけ、お時間をください」

カテリーナはそう言いながら引き受ける覚悟をしていた。

運命

大学を出るとき、ちらっと見た腕時計は午後六時になろうとしていた。あたりは夕暮れの気配がし、冷たい空気が心地よい。緊張と興奮の余韻に、まだ顔がほてっていた。カテリーナはこのままアパートに戻りたくなかった。久し振りに、外で食事をしたかった。いや、放送に出演することを決意した自分を激励するつもりだった。

パリ通りを、ブルタバ川の方へ歩いていた。チェフ橋で市街電車に乗る、いつものコースだ。とりとめもないことを考えながら歩いていると、かすかに甘い花の匂いがした。ふっと面影が心の隅をよぎった。そうだ、青年に会ったのは去年の今頃だった。

「危ないっ！」

薄暗い路地から自転車が飛び出した。急ブレーキをかけてつんのめったのか、若い男が自転車ごと倒れた。危うく身を避けたため、こちらには何事もなかった。カテリーナは駆け寄って声をかけた。

「大丈夫ですか、あらっ、ヤンじゃないの」

「なんだ、先生か」

若い男が起き上がりながら、呟いた。

「ごめんなさい。ちょっと、考えごとをして歩いてたの。でも危ないわ。ヤンだって、自転ぶっ飛ばし過ぎよ。もし、わたしがおばあさんだったら、避けそこなってぶつかってたわ」

若者も無事だった。しかし、ひどく不機嫌だった。

「お説教はやめてくれ。ぼくだって急いでるんだ。これから人に会うんだから。でもやっぱりドイツ人は嫌いだな。一言多いんだ」

思いがけない言葉だった。ヤンは苛立っていた。自転車にまたがると走り出そうとした。

カテリーナは慌てて、自転車の荷台に手を掛けた。

「ごめんなさい。気に障ったら謝るわ。変だわ。何をそんなに怒っているの?」

ヤンは黙っていた。

「ね、ごめんなさい。わたしがぼんやりしてたわ。自動車でなくてよかった。きっと神様が、カテリーナ、変だぞ気をつけろって教えてくださったのかもね。よかったらどこかで夕食しない? お詫《わ》びにごちそうするわよ。青年集会以来だったわね。その後のお話も聞きたいし……」

ヤンは直接返事しなかった。

「先生、乗れよ。電車のところまで送ってやるよ」

「ありがとう。でも、ゆっくり走ってね」

荷台に横座りした。

「ほら、ぼくの腰にしっかりつかまって」

言われるまま、ヤンの背に身を預け、振り落とされないようにつかまった。擦《す》り切れそうな革のジャンパーを通して若者の体温を感じる。青い健康な匂いがした。記憶が生々しくよみがえり、体の芯《しん》が熱くなった。思いがけなく込み上げる切なさを抑制することができず、カテリーナはひっそり涙を流した。

「先生、ごめんよ。さっき変なこと言ったけど、ドイツ人でも先生は違うんだ」

気配を察したのか、ヤンが申し訳なさそうに言った。優しい声が厚い背中を通して聞こえた。ヤンは、ゆっくりペダルを踏んだ。

「ありがとう。嬉しいわ。でも、どうしてあんなに怒ったの?」

「ウルブリヒトだよ。ドレスデンで、ドゥプチェクに散々言いがかりをつけたらしい。ブレジネフと一緒に、ドゥプチェクを騙《だま》して引っ張り出したんだ。民主化運動を反革命と非難したらしい。あの糞爺《くそじじい》、改革運動を潰そうとしてるんだ。やり方が汚いよ。卑怯《ひきよう》だよ」

「知らなかったわ、そんなこと。でも論争になったことは見当がつくわ。『ノイエス・ドイッチェラント』(DDRのSED党機関紙)が、チェコスロバキアの改革を中傷する激しい論評をしているの」

「それだけじゃないんだ。ウルブリヒトは、スムルコフスキーとペリカンを口汚く罵ったんだ。許せない」

「ペリカン? プラハ国営放送の?」

たった今、会っていた人物ではないか。不吉な予感を覚えた。

「そうだよ。この前まで、国際学生連盟の議長をしてたんだ。ぼくらの兄貴分なんだ」

「でも、誰に聞いたの？　ワルブリヒトがペリカンを非難したって」

「友達さ。これからまた、その友達に会うんだ」

「どこまで行くの？」

「カレル橋のちょっと先まで」

「じゃあ、わたしもそこまで連れて行って」

「いいですよ」

「そのお友達、紹介してよ。カレル大学の学生なんでしょう？」

　カテリーナは尋ねた。

「紹介するわけにはいかないんだ。学生仲間じゃないんだ」

　ヤンの言葉が天啓のように聞こえた。もしかして！

「外国人でしょう？」

　体を預けるヤンの背中に動悸《どうき》が響いた。ペダルを漕《こ》ぐスピードが落ちた。

「どうしてわかるんですか？」

　当惑したようにヤンが聞いた。

「神様に、教えていただいたの」

「まさか、そんなこと」

「そうよ。神様のお導きなの。日本大使館の人でしょう。その人」

　自転車が止まった。ヤンが絶句していた。

振り向いたヤンが緊張しきってカテリーナを見つめた。ふっと優しい目に変わった。

「ヤン、走りなさい。飛ばしなさい。わたしも会いたいの。彼もわたしに会いたがっている

はずだわ。ずっと会っていなかったの」

涙声だった。ヤンは黙ってハンドルを握り直し、力一杯ペダルを踏んだ。白馬にまたがっ

たかのように走った。アマゾンの女王ペンテジレーアが白馬を走らせていた。恋しいアキレ

ウスに会うために。カレル橋の橋塔をくぐり抜け、一気にブルタバ川を駆け渡った。灯《とも》った

ばかりのライトが、プラハ城をいつになく華《はな》やかに浮き立たせていた。夜会に集う貴婦人や

騎士たちを迎えようとするように。春も近い三月が終わろうとする夜だった。

亮介はヤンを待っていた。マラー・ストラナに近い路地、地下の小さなワインケラーの個

室だった。ヤンが指定したのだ。学生運動の仲間がよく集まる酒場と聞いた。プラハ青年集

会やその後の学生の動静について情報交換を約束したのだ。

そして今度こそ、カテリーナの消息を聞いてみようと思っていた。いや、それが本当の目

的だった。青年集会で偶然に目撃したカテリーナは変身していた。

なぜ？　一体何があったのか？　何をしようとしているのか？　別れの手紙に記されてい

た言葉の断片を、とりとめもなく思い出していた。

「ヘル・ホリエでしょう？」

人が階段を下りる気配がした。ヤンに違いない。誰か連れがいるようだった。ドアが開い

た。そして、そこにヤンと一緒にいるのは、なんとカテリーナだった！　彼女は泣きそうな顔で微笑んでいた。

「神様に連れてきていただいたの。会いたかったわ。わがまま、ごめんなさい」

カテリーナがかすれた低い声で言った。亮介は、呆然《ぼうぜん》としていた。咄嗟《とっさ》に何と言えばいいのかわからなかった。かすかに金木犀《きんもくせい》の香りが懐かしかった。言葉もなく立ちつくす二人を、ヤンがまぶしそうに見守った。

しかし、それからしばらくして、三人は議論に緊張しきっていた。カテリーナが持ちかけた相談は、あまりにも重大なことであった。甘い再会の喜びはどこかへ吹き飛んでしまった。亮介は頭から反対した。ヤンは賛成した。当のカテリーナをさしおいて、激しい論争になった。三本目のワインボトルが空になったのに、だれも酔っていなかった。いや、酔えなかった。

「企画そのものは素晴らしい。ロシア語とドイツ語の国際放送番組、しかもディスクジョッキーで、音楽プログラムとともに、いろいろな話題に交え、チェコスロバキアの民主化運動を伝えるなんて、アイデアはさすがだよ。是非やるべきだ。

しかしよりにもよって、カテリーナが番組のナビゲーターだなんて、危険だ！　チェコ人かスロバキア人を探すべきだ。内容がどうであれ、政治的な目的を持った番組であることは間違いない。カテリーナの立場を考えてごらん。DDRの反体制活動家として追放されたんだ。それも特別の配慮でね。本当だったら、カテリーナは政治犯として刑務所にいなくちゃならなかったんだよ。この番組に出演することは、公然とある種の政治活動をすることになるんだ。プログラムは大変な人気になるに違いない。DDRやポーランドで、いやソ連やハンガリー、それにオーストリアや西ドイツでも、きっと評判になる。そんな番組のナビゲーターが、DDRの反体制活動家、カテリーナ・グレーベだとわかったらどうなるか。もちろん、すぐわかってしまうさ。そうしたら『シタージ』どころかKGBがどんな手を打ってくるか。考えてもごらんよ。あまりにも危険だ。ぼくは反対だ。絶対反対だ。やめたほうがいい。カテリーナにもしものことがあったらどうするんだ。帰国を待ちわびるシルビアと年老いた母上もいる。とんでもないことだ」

亮介はそう主張した。

「わかったよ、あんたの言い分は」

ヤンは興奮のあまり、乱暴な言葉で食い下がった。

「あんた、やっぱり保守主義者だよ、このえせヒューマニスト野郎！」

「やめて、ヤン！　そんな言い方はないわ」

たまりかねたカテリーナが、大声を出した。ヤンが少し言葉を和らげた。

「ヘル・ホリエ、改革を成功させるための試みに、リスクがつきまとうのは当然のことじゃないか。しかも五十人も面接して決まらなかったんだ。適当な候補者がいなくて、ペリカン総裁は、苦し紛れにシュテンツェル先生に相談したんだよ。そして白羽の矢が立ったんだ。グレーベ先生が降りたら、この番組は潰れるんだ。ドゥプチェクじきじきの素晴らしい番組がだめになっちゃうんだぞ」

　ヤンの鋭い視線が亮介を見据えていた。

「たった今の今まで、ヘル・ホリエが先生と愛し合っていたなんて知らなかった。しかしどんなに先生を愛しているにしても、あんたにこの企画を潰す資格も権利もない。ぼくは、見損なったね。がっかりしたよ。どうせあんたは資本主義国日本の外交官だよ。危ないことにはかかわりたくない。絹のハンカチを汚したくないのさ。出世にかかわることだもんね。馬脚をあらわしたってところだな」

　ヤンの追及は容赦ないものだった。亮介は黙って聞いていた。不思議に腹は立たなかった。もし自分がヤンの立場だったら、同じことを言うだろうと思っていた。

「グレーベ先生が、追放されたＤＤＲの反体制活動家だったとして、万が一のことを考えるのだったら、ぼくらが親衛隊を組織して守るさ。素手で闘うのだったら、『シタージ』なんかに指一本触らせるものか。ペリカン総裁だって、先生の安全について最大限保証するって言ってるそうじゃないか。ここはチェコスロバキアなんだ。プラハなんだ。オスト（東）・ベルリンやモスクワじゃないんだ。それに反共や反ソはテーマにしないことを、グレーベ先生は、はっきり要求したんだ。ペリカンも当然のことと約束したそうじゃないか。純粋にチェコスロバキアのことだけを取り上げるのに、どこに問題があるんだ」

　ヤンは、自分のことのように真剣だった。

「ねえ、ヤン。落ち着いて考えてくれよ。カテリーナが単なるＤＤＲ市民ではないということとを。それが問題なんだ。きみは、DDRという国家体制の怖さを知らないんだ。奴らは、ドゥプチェクの改革路線を潰すのに必死なんだぞ。それだけじゃない。ウルブリヒトは、ペリカンとプラハ国営放送を名指しで攻撃しているんだぞ。反社会主義だと言ってね。ドレスデン首脳会議がどんなものであったか公表されていない。しかし、ぼくは職務上、いろいろな非公開情報を知ることができるんだ。ドレスデンでウルブリヒトのペリカンに対する個人攻撃は常軌を逸するものだったんだ。ぼくは、この番組のことは反対していない。是非やるべきだと思ってるよ。しかしカテリーナのことは別だ。誤解しないでもらいたい」

ヤンがうつむいて聞いていた。

「ぼくは、まだ信じられないんだ。カテリーナとこうして一緒にいることがね。四カ月ぶりなんだよ。もう会えないと思っていた。会ってもらえないとあきらめてた。カテリーナが決断して去っていったことを素直に受け止めた。ぼくは、カテリーナを愛しているんだ。さっきカテリーナが言ったように、神様がこの機会を与えてくださったのなら、カテリーナがぼくのことを愛しているのであれば、出演には絶対反対する。カテリーナを失いたくないんだ。プラハ青年集会で偶然、彼女を見たときどんなに嬉しかったことか。遠くから元気な姿を見ることができただけで満足だった。しかし今は違う。

聞けば聞くほど、今日のめぐり逢いには神秘なものを感じる。一年前のちょうど今頃だった。雨のパーキングエリアで、カテリーナとシルビアに出会った。あれは偶然だったのだろうか。いや、約束されていたんだ。そして今度は、きみがカテリーナを連れて来てくれた。

これも偶然なのだろうか？　違う。約束されていたんだ。お願いだからカテリーナを奪わないでくれ。あんまりだよ。こんなに喜ばせておいて、またカテリーナを連れ去るなんてあんまりだよ。残酷だよ。残酷過ぎるよ。ぼくの手が届くところにカテリーナを置いてくれ……」

カテリーナが顔をそむけ、声を出さずに泣いていた。狭く薄暗く、天井が低い地下の隠し部屋は、かつてワインの貯蔵庫だと聞いていた。十人も座れば息苦しくなるような部屋だった。そこに三人だけ、粗末な長方形のテーブルを囲んで座っていた。話がとぎれ、三人とも黙りこくっていた。近くの路上を走る市街電車の震動に、ランプをデザインした年代ものの電灯が揺れた。窓がない灰色の汚れた壁は、なんの飾りもなく洞窟《どうくつ》のようだった。三方の壁に穿《うが》たれた換気孔から、かすかに冷たい風が流れ込み、激論にほてった空気を和らげた。

「ねえ、カテリーナ、ぼく怒ってるんじゃないんだ。会えて嬉しいよ」

顔を上げたカテリーナが、やっと微笑んだ。ローズピンクのルージュがなまめかしい。ヤンが空になったワイングラスをもてあそんでいた。

「ぼく、わかるんだ。カテリーナはもう決心している。この番組に出るつもりなんだ」

亮介の言葉に、ヤンの手が止まった。

「カテリーナが、プラハ青年集会で発言したこと、もちろん覚えているよね。きみは、ミレナ・イエセンスカーがひとりでファシズムと闘ったように、スターリン主義者と闘うつもりなんだ。ねえ、カテリーナそうでしょう。ひとりでウルブリヒトと対決するつもりなんだ。

いや、ブレジネフと一騎打ちするつもりなんだ。

はっきり言いましょうか。

カテリーナがあの集会にゲストとして参加し発言したことは、SED党員として、ひとり、チェコスロバキアの民主化運動に参加することを宣言する儀式だったんだ。だからドイツ語で発言した。あれはDDRに向けたメッセージだったんだ。

カテリーナ、ぼくのことを愛しているのだったら、本当のことを言ってください。そしたら反対しない。お願いだから、ぼくを騙さないで。たとえカテリーナがテロリストになっても驚かない。みんなが、カテリーナに石を投げるようなことになっても驚かない。きみにかぶさって守ってあげる。カテリーナ！　ぼくがカテリーナのためにできることは何だろうね。番組を成功させるために……」

カテリーナが、声を上げて泣いた。ヤンが低い天井を睨んでいた。ワインに酔っていたのだろうか。この小さなワインケラーはナチ占領時代、レジスタンスのメンバーが連絡場所にした秘密のアジトだった。

カテリーナは来たときと同じように、ヤンの自転車に相乗りして帰っていった。用心するに越したことはなかった。別れ際、ヤンが気を利かしてしばらくの間、二人だけにしてくれた。カテリーナの抱擁《ほうよう》とロづけは激しかった。人が変わったかと思われるほどに。成熟した年上の女性はまばゆいばかりであった。なされるままに受け止めながら、亮介はとまどっていた。シュテンツェルの言葉の呪縛は、まだ解けていなかった。

（情欲を愛情と勘違いしておるだけのことよ）

カテリーナが耳もとでうわごとのように囁いた。

「お別れしてからも、リョウのことばかり考えていたの。会いたかった。突然、薔薇の花束をいただいてどんなに嬉しかったことか。でも、どうやってリョウに会えばいいのかわからなかったの。そしたらこんな形でリョウに会えたの。神様がわたしの思いをかなえてくださったんだわ。何もかも許してくださったのよ。きっとそうよ。愛してるわ。愛してる。食べてしまいたいほど好きよ。

イッヒ・ブラウヘ・ディッヒ（わたし、リョウが必要なの）！」

涙をためたブルーサファイアの大きな瞳が亮介を見つめていた。


（下巻につづく）

集英社文庫　目録（日本文学）

集英社文庫　目録（日本文学）

東野圭吾　毒笑小説
引間徹　19分25秒
樋口一葉　たけくらべ
樋口修吉　針路はディキシーランド
樋口修吉　銀座ラプソディ
樋口修吉　シネマ倶楽部
樋口修吉　銀座北ホテル
ヒサクニヒコ　国鉄あちこち体験記
日高義樹　日本いまだ独立せず
日野啓三　あの夕陽
日野啓三　抱擁
氷室冴子　冴子の東京物語
氷室冴子　ターン—三番目に好き
氷室冴子　冴子の母娘草
氷室冴子　ホンの幸せ
姫野カオルコ　A.B.O.AB

姫野カオルコ　愛はひとり
平井和正　決定版　幻魔大戦一
平井和正　決定版　幻魔大戦二
平井和正　決定版　幻魔大戦三
平井和正　決定版　幻魔大戦四
平井和正　決定版　幻魔大戦五
平井和正　決定版　幻魔大戦六
平井和正　決定版　幻魔大戦七
平井和正　決定版　幻魔大戦八
平井和正　決定版　幻魔大戦九
平井和正　決定版　幻魔大戦十
平石貴樹　だれもがポオを愛していた
平岩弓枝　華やかな魔獣
平岩弓枝　女の足音
平岩弓枝　この町の人
平岩弓枝　女と味噌汁

平岩弓枝　やきもの師
平岩弓枝　ハサウェイ殺人事件
平岩弓枝　女のそろばん
平岩弓枝　釣女　花房一平捕物夜話
平岩弓枝　女櫛　花房一平捕物夜話
平岩弓枝　結婚飛行
平尾誠二／松岡正剛　イメージとマネージ
平義克己／ティム・タリー　フリーズ！
平田精耕　一切は空
ひろさちや　現代版　福の神入門
ひろさちや　お父さんのための子育て講座
広瀬隆　東京に原発を！
広瀬隆　不完全犯罪
広瀬隆　赤い楯　全四巻
広瀬隆　地球のゆくえ
広瀬隆　恐怖の放射性廃棄物　プルトニウム時代の終り

集英社文庫　目録（日本文学）

集英社文庫　目録（日本文学）

藤原英司　ふれあいの旅動物の旅
藤原英司　雪国のライオン
藤原審爾　結婚までを
藤原審爾　赤い殺意
藤原審爾　秋津温泉
藤原審爾　大妖怪
藤原審爾　武士道地獄
藤原新也　全東洋街道(上)(下)
藤原新也　アメリカ
船戸与一　猛き箱舟(上)(下)
船戸与一　炎流れる彼方
船山馨　放浪家族
古井由吉　行隠れ
古井由吉　水
古井由吉　山躁賦
古舘伊知郎　えみちゃんの自転車

古山高麗雄　半ちく半助捕物ばなし
保坂展人　いじめの光景
保坂展人　学校は変わったか
保坂展人　続・いじめの光景
星新一　きまぐれフレンドシップ①②
細川布久子　部屋いっぱいのワイン
細川隆元 牧野昇　隆元　先端技術に挑む
細川隆元 牧野昇　ちょっと待て先端技術
堀田善衞　19階日本横町
堀田善衞　スフィンクス
堀田善衞　若き日の詩人たちの肖像（上・下）
堀田善衞　記念碑
堀田善衞　奇妙な青春
堀田善衞　審判（上・下）
堀田善衞　オリーブの樹の蔭に
堀田善衞　バルセローナにて

堀田善衞　キューバ紀行
堀田善衞　スペイン断章(上)(下)
堀田善衞　橋上幻像
堀田善衞　広場の孤独　漢奸
堀田善衞　めぐりあいし人びと
堀晃　恐怖省
堀辰雄　風立ちぬ
堀越千秋　アンダルシアは眠らない　フラメンコ狂日記
本城美智子　十六歳のマリンブルー
本多勝一　北海道探検記
本多勝一　きたぐにの動物たち
本多勝一　憧憬のヒマラヤ
本多勝一　冒険と日本人
本多勝一　食事と性事
本間洋平　家族ゲーム
牧羊子　おかず咄

集英社文庫　目録（日本文学）

牧　羊子　味をつくる人たちの歌
牧　羊子　語りかける女たち
牧　羊子　遠いこえ近いことば
フレディ松川　新版 今からわかるボケる人ボケない人
フレディ松川　健康法あぶない話
フレディ松川　少しだけ長生きをしたい人のために
松原英多　ガンの噂　ウソ・ホント
松原泰道　こころの開眼
松本侑子　巨食症の明けない夜明け
松本侑子　植物性恋愛
松本侑子　偽りのマリリン・モンロー
松本侑子　作家以前
松本侑子　美しい雲の国
松本侑子　花の寝床
モンゴメリ 松本侑子・訳　赤毛のアン
松本　葉　おいしい結婚

松山千春　足寄より
眉村　卓　かなたへの旅
眉村　卓　黄色い夢、青い夢
眉村　卓　午後の楽隊
丸谷才一　彼方へ
三浦綾子　裁きの家
三浦綾子　残像
三浦綾子　果て遠き丘
三浦綾子　石の森
三浦綾子　北国日記
三浦綾子　天の梯子
三浦綾子　風はいずこより
三浦綾子　ちいろば先生物語(上)(下)
三浦綾子　明日のあなたへ
三浦朱門　犠牲
三浦朱門　楕円

三浦朱門　雑草の花
三浦朱門　道の半ばに
三浦朱門　わかもの天国
三浦朱門　人妻
三浦朱門　再会
三浦朱門　教師
三浦哲郎　冬の狐火
三浦哲郎　夜の絵
三浦哲郎　しづ女の生涯
三　浦　浩　京都大学殺人事件
三　浦　浩　ウォッカは死の匂い
三　浦　浩　消されたスクープ
見尾田瑞穂　猫がタンゴを踊るとき
見川鯛山　田舎医者
見川鯛山　医者ともあろうものが…
見川鯛山　続・医者ともあろうものが…

集英社文庫　目録（日本文学）

- 見川鯛山　本日も休診
- 見川鯛山　また本日も休診
- 見川鯛山　山医者のうた
- 見川鯛山　山医者のちょっと一服
- 三木卓　砲撃のあとで
- 三木卓　われらアジアの子
- 三木卓　はるかな町
- 三木卓　青春の休み時間
- 三木卓　かれらが走りぬけた日
- 三木卓　昆虫のいる風景
- 三木卓　馭者の秋
- 三木卓　野鹿のわたる吊橋
- 三島由紀夫　夜会服
- 三島由紀夫　幸福号出帆
- 三島由紀夫　肉体の学校
- 三島由紀夫　命売ります
- 三島由紀夫　複雑な彼
- 水口義朗　解体珍書
- 三田誠広　僕のうちあけ話
- 三田誠広　僕の赤ちゃんたち
- 三田誠広　空は終日曇らず
- 三田誠広　いちご同盟
- 三田誠広　トマトケチャップの青春
- 三田誠広　高田馬場ラブソング
- 三田誠広　ペトロスの青い影
- 三田誠広　春のソナタ
- 三田誠広　父親学入門
- 三田誠広　ワセダ大学小説教室 天気の好い日は小説を書こう
- 三田誠広　ワセダ大学小説教室 深くておいしい小説の書き方
- 三田誠広　ワセダ大学小説教室 書く前に読もう超明解文学史
- 水上勉　流れ公方記
- 水上勉　高瀬川
- 水上勉　野の墓標
- 水上勉　しがらき物語
- 水上勉　虚名の鎖
- 水上勉　くも恋いの記
- 水上勉　あひるの靴
- 水上勉　冥府の月
- 水上勉　女ごころ風景
- 水上勉　蟲の宴
- 水上勉　しらかわ巽橋
- 水上勉　白蛇抄
- 水上勉　足もと提灯
- 水上勉　砂の紋章(上)
- 水上勉　砂の紋章(下)
- 水上勉　京の夕立ち
- 水上勉　湖北の女
- 水上勉　鳥たちの夜(上)(下)

集英社文庫

プラハの春《はる》 上《じょう》

2000年3月25日　第1刷
2000年6月7日　第3刷

定価はカバーに表示してあります。

著　者　春《はる》江《え》一《かず》也《や》

発行者　小島民雄

発行所　株式会社　集英社
東京都千代田区一ツ橋2—5—10
〒101-8050
(3230) 6095（編集）
電話　03 (3230) 6393（販売）
(3230) 6080（制作）

印　刷　中央精版印刷株式会社　株式会社美松堂

製　本　中央精版印刷株式会社

落丁・乱丁の本が万一ございましたら、小社制作部宛にお送りください。送料小社負担でお取り替えいたします。

ISBN4-08-747173-X C0193